Werner Bareis/Niels Nauhauser
Lexikon der Finanzirrtümer

W0195106

Werner Bareis/Niels Nauhauser

LEXIKON DER FINANZIRRTÜMER

Teure Fehler und wie man sie vermeidet

Econ

2. Auflage 2008

Econ ist ein Verlag der Ullstein Buchverlage GmbH

ISBN 978-3-430-20061-5

© Ullstein Buchverlage GmbH, Berlin 2008
Alle Rechte vorbehalten
Gesetzt aus der ITC Leawood
Satz: Pinkuin Satz und Datentechnik, Berlin
Druck und Bindearbeiten: CIP – Clausen & Bosse, Leck
Printed in Germany

»Eine Investition in Wissen bringt
immer noch die besten Zinsen.«
Benjamin Franklin

INHALT

Sich Klarheit über Finanzirrtümer zu verschaffen kostet etwas Zeit. Nichtwissen kann noch viel mehr kosten.

Wie heißt die Hauptstadt der Mongolei? Richtig, Ulan-Bator. Ob es für Sie von Nachteil ist, wenn Sie bei der Frage passen müssen? Wohl kaum, falls Sie nicht gerade bei Günther Jauch Millionär werden wollen oder zu einem Empfang bei Nambaryn Enchbajar, dem mongolischen Staatspräsidenten, eingeladen sind. Ganz anders sieht es aus, wenn Ihr Wissen über Finanzen Lücken aufweist. Das kostet praktisch immer bares Geld. Wenn Sie ohnehin genug auf dem Konto haben, dann ist das natürlich kein Problem. In allen anderen Fällen hilft Ihnen dieses Buch weiter.

Bei einer Umfrage der Commerzbank zum Thema Finanzen konnten 42 Prozent der Teilnehmer nicht einmal die Hälfte der Fragen korrekt beantworten. 60 Prozent der Bundesbürger schaffen es nicht, aus drei Vorgaben die richtige Definition für Rendite herauszufinden. Obwohl die Medien täglich ausführlich über den DAX berichten, sind nur 41 Prozent der Menschen in der Lage, zu erklären, was es mit einem Aktienindex auf sich hat. Gleichzeitig fühlen sich 80 Prozent der Deutschen bei der Planung und Abwicklung ihrer Finanzen zumindest »einigermaßen sicher«. Wie das zusammenpasst? Eigentlich gar nicht! Da klafft eine riesige Lücke zwischen Selbsteinschätzung und wirklichem Finanzwissen.

Die Folgen einer mangelnden Allgemeinbildung in Sachen Geld? Jahr für Jahr kommen in Deutschland beispielsweise über 50000 Häuser und Wohnungen unter den Hammer. Wichtigster Grund für die Zwangsversteigerungen: Das Finanzierungskonzept stand von Anfang an auf tönernen Füßen – die Konditionen waren ungünstig, die Flexibilität gering oder die Kreditsumme so hoch bemessen, dass der Kapitaldienst den Schuldnern die Luft abschnürte.

Weit verbreitet ist auch das Phänomen, »auf Kredit zu sparen«: Da stottert jemand eine Hypothek ab oder ist ein halbes Jahr lang mit seinem Girokonto im Minus, zahlt aber gleichzeitig Monat für Monat brav in eine private Rentenversicherung ein. Zur selben Zeit 5 oder 12 Prozent Schuldzinsen abdrücken und nur 3 Prozent Zinsen für die Ersparnisse einfahren – sicherer kann man sein Vermögen gar nicht pulverisieren.

Sehen wir uns ein anderes Beispiel an: Deutsche Anleger erzielten von 1991 bis 2006 auf ihr Vermögen im Durchschnitt Erträge von lediglich 2,3 Prozent, die Inflationsrate bereits abgezogen. Weshalb fallen die Renditen so mickrig aus? Es fehlt eben am finanziellen Know-how.

Es existieren weitere Ergebnisse aus Befragungen, die ein ähnliches Bild zeichnen: Zum Beispiel, dass gerade mal die Hälfte der Teilnehmer den Unterschied zwischen Aktien und festverzinslichen Papieren richtig erklären kann. Die Folge? Was der Anleger nicht richtig versteht, das legt er auch nicht ins Depot. Zudem glaubt nur jeder Dritte, dass Aktien auf lange Sicht rentabler sind als andere Geldanlagen. Weiterhin haben lediglich 11 Prozent der Befragten etwas von Indexfonds und ETFs gehört, Anlagen, die das Geld der Anleger mit besonders niedrigen Verwaltungskosten vermehren. Und ein Drittel der Menschen in Deutschland weiß nicht, dass die Kündigungskosten von Kapital-Lebensversicherungen und privaten Rentenversicherungen in den ersten Jahren nach Vertragsabschluss die höchsten aller Anlageprodukte sind. Deshalb sollte ein solcher Abschluss besonders gut überlegt sein. Doch vorzeitige Kündigungen kommen so häufig vor, dass die Verluste der Versicherten nach einer Hochrechnung der Verbraucherzentrale Hamburg pro Jahr mehr als 3 Milliarden Euro betragen!

Und noch so ein hartnäckiger Irrtum: Die »gefühlte Rendite« von Sparbuchanlagen beträgt Umfragen zufolge 3 Prozent. Tatsächlich können die meisten Sparbuchbesitzer froh sein, wenn sie zurzeit ein schlappes Prozentchen Zinsen gutgeschrieben bekommen. Diese und eine Unmenge weiterer Wissenslücken schmälern ganz klar das Vermögen der Anleger.

Jetzt sagen Sie vielleicht, hier und da mal ein paar Euro zu verlieren sei nicht so schlimm. Wenn es denn dabei bliebe. Denn dramatisch sind die langfristigen Folgen. Hier ein Beispiel: Ein durchschnittlicher Haushalt in Deutschland legt Monat für Monat etwa 200 Euro an Ersparnissen zurück. Gelingt es ihm, 4 Prozent Rendite zu erzielen, dann besitzt er nach 35 Jahren gut 59 000 Euro mehr, als wenn er nur die üblichen 2 Prozent Rendite pro Jahr einführe. Übrigens: Dieser Betrag ist bereits in heutiger Kaufkraft ausgedrückt.

4 Prozent Rendite klingen übrigens nur scheinbar niedrig, denn sie verstehen sich hier nach Abzug der Kosten für die Geldanlage, der Steuern sowie der Inflationsrate. Aber mit einer verbesserten finanziellen Allgemeinbildung muss dieses langfristige Renditeziel nicht unrealistisch bleiben.

Lassen Sie sich das mal auf der Zunge zergehen: Ein gutes Finanzwissen kann in einem Durchschnittshaushalt zu einem Mehreinkommen von 1700 Euro pro Jahr führen! Natürlich auf den Lebenszyklus betrachtet. Denn in den letzten Jahren vor der Rente würde dieses Mehreinkommen deutlich höher ausfallen als zu Beginn des Arbeitslebens, wenn weniger Ersparnisse vorhanden sind. Das Tolle ist, dass es für dieses Zusatzeinkommen nur eine Bedingung gibt: Die Anleger müssen dazu bereit sein, sich 10 oder 20 Stunden im Jahr mit ihrer Geldanlage zu beschäftigen, und einer Reihe von Verlockungen der Finanzindustrie widerstehen. Der Stundenlohn ist ein Traum für jeden Normalverdiener: 85 bis 170 Euro pro Stunde – im Durchschnitt wohlgemerkt.

Lücken im Wissen um finanzielle Angelegenheiten machen sich im Übrigen auch beim Versicherungsschutz bemerkbar. Eine große Anzahl an Haushalten hat überflüssige Versicherungen für unbedeutende Risiken wie den Verlust des Handys oder Glasbruch abgeschlossen, während Risiken, die eine Existenz zerstören könnten – Berufsunfähigkeit oder Todesfall – seltener abgesichert sind. Zudem können Haushalte bei den gezahlten Prämien enorm sparen: Eine Privathaftpflichtversicherung etwa können Sie bei vergleichbaren Leistungen für 140 Euro, aber auch für 55 Euro jährlich abschließen. Der Bundesverband der Versicherungsberater beziffert die Einsparpotentiale auf 400 Euro pro Haushalt und Jahr.

Auch zu den bisweilen ziemlich fragwürdigen Angeboten von Versicherern erfahren Sie in diesem Buch mehr. Aber vor allem geht es uns darum, Sie vor Tricks, Kniffen und zweifelhaften Produkten von Banken, Anlageberatern und Finanzmaklern zu warnen – und generell aufzuklären!»Herzlichen Dank für die öffentliche Darlegung der Betrügereien im Bankengeschäft. Auch ich gehöre zu den Betrogenen. Von meinem wenigen Geld – ich bin chronisch krank und arbeitslos und mein bisschen Erspartes muss bis zu meinem Tod reichen – hat mir die Bank einen großen Teil mit falschen Anlagen kaputtgemacht«, schreibt ein Leser zu einem Artikel in der *Wirtschaftswoche* im März 2008. Dieser Kommentar ist nur einer von vielen, die uns Autoren sehr bewegt und unsere Motivation verstärkt haben, Sie in diesem Buch auf gängige Finanzirrtümer hinzuweisen. Wir wollen Ihnen zeigen, dass man weder André Kostolany heißen noch ein ausgewiesenes Mathe-Genie sein muss, um auf überdurchschnittliche Renditen zu kommen.

Jeder, wirklich jeder kann sich gegen unseriöse Geschäftemacher und dubiose Finanzvertriebe und, ja, immer wieder auch gegen stinknormale Banken und Sparkassen wehren, die den Anleger mit überteuerten Produkten abzocken und mit zweifelhaften Kapitalanlagen ins Verderben stürzen. Es bedarf lediglich einer etwas breiter angelegten Allgemeinbildung zum Thema Finanzen, die Sie vor solchen Enttäuschungen schützt.

Ach ja, noch ein Hinweis für unsere Leserinnen: Wissen Sie eigentlich, wer die besseren Anleger sind – Männer oder Frauen? Mehr dazu erfahren Sie ebenfalls in diesem Buch. Und wer Bedenken haben sollte, dass Finanzthemen normalerweise sehr trocken und mit Fachbegriffen gespickt serviert werden, den können wir auch beruhigen: Das *Lexikon der Finanzirrtümer* bietet profundes Wissen in leicht lesbaren und gut bekömmlichen Häppchen – mit geldwertem Nutzwert. Selbst auf Profis warten noch viele Aha-Erlebnisse! Ausgewählte Links zu den jeweiligen Themen sowie ein umfassendes Schlagwortregister bieten den Lesern zudem fundierte Unterstützung bei wesentlichen Finanzfragen.

Wir wünschen Ihnen viel Spaß beim Lesen und natürlich viel Erfolg beim Steuern Ihrer persönlichen Finanzen.

Werner Bareis und Niels Nauhauser

Göppingen und Stuttgart im September 2008

PS: Die Mythen der Finanzwelt sind mannigfaltig. Wenn Sie auf Finanzirrtümer stoßen sollten, die Sie in diesem Buch vermissen, schreiben Sie uns bitte – am besten über unsere Homepage: www.Lexikon-der-Finanzirrtuemer.de

ERFOLGREICH INVESTIEREN

Was nichts kostet, ist nichts wert?

Irrtum: *Bei Geldanlagen gilt: Qualität hat ihren Preis.*

Richtig ist: *Gerade die Kosten einer Geldanlage sind ausschlaggebend für den Anlageerfolg – je niedriger, desto besser.*

Auf dem Markt für Geldanlagen gibt es eine Reihe seltsamer Phänomene. Eines der merkwürdigsten ist, dass Menschen, die sonst die Preise für Digitalkameras und sogar Gewürzgurken vergleichen und Telefontarife bis auf ein Zehntel Cent herunterbeten können, bei den Kosten für Geldanlagen eine schier unglaubliche Großzügigkeit an den Tag legen. Dabei geht es gerade hier keinesfalls nur um Bruchteile von Cents, sondern regelmäßig um Tausende von Euro pro Haushalt.

Die Kosten einer Geldanlage werden häufig deshalb unterschätzt, weil die meisten Leute kein Gefühl für die Langzeitwirkung von Zins und Zinseszins haben. In der menschlichen Entwicklung brachte die Fähigkeit zum Zinsrechnen eben keinen Überlebensvorteil mit sich. Wichtiger war es in der Steinzeit, die Anzahl der gesichteten Mammuts grob zusammenzuzählen und flink laufen zu können, wenn ein Säbelzahntiger um die Ecke kam.

Auch heute sichert die Fähigkeit des Zinsrechnens nicht unbedingt Ihr Überleben, bringt Ihnen aber gewisse Vorteile. Stellen Sie sich vor, zwei Personen legen einmalig 10 000 Euro an. Die eine erreicht 5 Prozent Rendite, bei der anderen reduzieren höhere laufende Kosten den Ertrag auf 3,5 Prozent pro Jahr. Nach zehn Jahren ist der erste Anleger um 6300, der zweite nur um 4100 Euro reicher geworden. Läppische anderthalb Prozentpunkte mehr

Rendite führen zu einem Unterschied von 53 Prozent beim Ver-
mögenszuwachs. Nach 20 Jahren vergrößert sich der Vorsprung
sogar auf 67, nach 30 Jahren auf 84 Prozent. Dann kann sich der
eine Anleger über einen Zuwachs von über 33 000 Euro freuen,
während der andere nur um 18 000 Euro reicher geworden ist.
Wie sieht nun die Kostenbelastung bei verschiedenen Geldanlagen in der Praxis aus? Kostengünstig sind Indexfonds und
ETFs. Was das ist? Erklären wir gleich. Das Erste, was Sie wissen sollten: Die jährlichen Kosten belaufen sich hier bisweilen
nur auf 0,3 Prozent. Dagegen liegt die Gesamtkostenquote aktiv
gemanagter Aktienfonds inzwischen durchschnittlich bei 1,8 Prozent pro Jahr, Tendenz steigend. Übrigens geht von der jährlichen
Managementgebühr häufig rund die Hälfte an den Vertrieb. So
viel zu den »kostenlosen« Beratungsgesprächen bei Banken und
Finanzdienstleistern. Indexfonds kommen hingegen ohne aktives
Management aus. Sie bilden einfach passiv einen gängigen Index
nach, etwa den DAX oder einen Index für festverzinsliche Wertpapiere – eine erfolgversprechende Strategie. Denn dadurch fallen
die Kosten des Fonds deutlich geringer aus. Das soll fürs Erste
reichen. Wir werden später darauf zurückkommen.

Bei Lebens- und privaten Rentenversicherungen reduzieren
die jährlichen Kosten auch ohne Absicherung des Todesfallrisikos
die Rendite um bis zu 2 Prozentpunkte pro Jahr. Auch die bei den
Anlegern in jüngster Zeit recht beliebten Zertifikate scheinen nur
auf den ersten Blick günstig zu sein, denn zu den ausgewiesenen
Kosten kommen noch verdeckte hinzu. »Im Durchschnitt haben
Zertifikate intransparente Kosten von 3,5 Prozent«, sagt Ralph Sie-
bald von der auf Banken spezialisierten Unternehmensberatung
Dr. Seebauer & Partner in der *FAZ*, nachdem er 2000 Papiere unter
die Lupe genommen hat. Und zu den genannten jährlichen Kosten
kommen einmalige Kosten: So können bei Investmentfonds die
Ausgabeaufschläge 5 Prozent und mehr betragen. Bei Lebensversicherungen fallen meist zwischen 3,5 bis 9 Prozent der Versicherungssumme als Abschlusskosten an.

Wichtig ist, Anlageformen zu wählen, die bei ähnlichen Erfolgs-
chancen niedrige Kosten ausweisen. Hier einige Tipps dazu:
- Besonders hoch fallen die Kosten für eine Geldanlage aus, wenn
  ein Anleger es sich immer wieder anders überlegt und laufend

Aktien oder den Investmentfonds wechselt. Es ist schon was dran am Börsenspruch »Hin und her macht Taschen leer«.

- Wenn eine Lebensversicherung oder private Rentenversicherung in Frage kommt, sind die Wahl des Anbieters und dessen Kostenquoten entscheidende Gesichtspunkte für den langfristigen Erfolg der Anlage. Die einschlägigen Vergleiche in Finanzzeitschriften wie *Finanztest*, *Capital* und *Wirtschaftswoche* sind hier bares Geld wert.

- Wer auf Investmentfonds mit aktivem Management setzt, kann die Kosten für die Ausgabeaufschläge reduzieren, indem er sie über spezielle Fondsvermittler kauft. Fondsdiscount beispielsweise oder auch Dima24 verlangen für ihre Beratung Honorare anstatt der sonst in Deutschland üblichen, vom Anlagebetrag abhängigen Provision. Eine Liste günstiger Direktbanken für Indexfondssparpläne finden Sie im Kapitel zum Cost-Average-Effekt (S. 160).

- Bei Fonds können Sie die laufenden Kosten generell minimieren, indem Sie sich für Fonds mit niedriger Kostenbelastung entscheiden. Die Gesamtkostenquote (Total Expense Ratio, abgekürzt TER) drückt aus, welcher Prozentsatz des Vermögens bei Fonds jährlich für Kosten anfällt. Dazu später mehr.

Doch nun die entscheidende Frage: Bringen kostengünstige Anlagen weniger Ertrag? Was nichts kostet, ist auch nichts wert, könnte man meinen. Dem ist aber nicht so. Eine ganze Reihe von Untersuchungen etwa des amerikanischen Finanzdienstleisters Standard & Poor's, des britischen Finanzdienstleisters und Datensammlers Fitzrovia oder des Fondsmagazins *e-fundresearch* zeigen: Fonds mit niedrigeren Kosten bringen sogar höhere Renditen. Jörg Finsinger, Professor für Finanzdienstleistungen an der Universität Wien, meint, dass auch bei Lebensversicherungen der Erfolg der Top-Ten-Lebensversicherer nicht von ihrer geschickten Geldanlagepolitik abhängt, sondern von ihren niedrigen Kosten.

Magier mögen es für gewöhnlich nicht, wenn man ihre Tricks verrät. Die »Zauberer« der Finanzindustrie, die in ihren Glaspalästen sitzen, werden davon auch nicht angetan sein. Vor allem dann nicht, wenn ihre Zauberkunststückchen darin bestehen, Teile der Erträge aus den Geldanlagen ihrer Kunden über diverse Kostenposten völlig legal in die eigenen Taschen umzuleiten. Doch genau das ist der Trick, mit dem sie es schaffen, ihr eigenes Vermögen beständig zu mehren und unter anderem besagte Glaspaläste aus dem Hut zu zaubern.

Was bei Geldanlagen wirklich zählt

Irrtum: *Erfolgreiche Geldanlagen erfordern umfassende Informationen und viel Zeit.*

Richtig ist: *Für Geldanlagen braucht es einen langen Atem, aber nicht viel Zeit. Zu viele Informationen schaden sogar.*

Gehören Sie auch zu denen, die sich gerne mehr um ihre Finanzen kümmern würden, wenn sie denn nur mehr Zeit hätten? Dann haben wir eine gute Nachricht für Sie: Insbesondere wenn Sie Aktionär sind, ist es sogar von Vorteil, wenn Sie nicht zu viel Zeit haben. Ein wesentlicher Unterschied zwischen erfolgreichen und erfolglosen Anlegern besteht nämlich darin, dass Letztere sich täglich über Neuigkeiten bei den Unternehmen und die aktuellen Börsenkurse informieren. Sie lesen alles, was ihnen in die Hände kommt, und verlieren sich in Details, ohne das große Ganze zu sehen. All das führt nur zu einem hektischen Hin und Her, zu übereilten Kauf- und Verkaufsentscheidungen. Und genau das ist tödlich für Aktienanlagen. Denn bei jedem Kauf und Verkauf von Aktien fallen Kosten an, die von der Rendite abgehen.

Eine Studie des Max-Planck-Instituts für Bildungsforschung kam zu dem Ergebnis:»Je weniger man vom Aktienmarkt wusste, umso besser entwickelte sich das Portfolio.« Auch eine Reihe von Experimenten hat bestätigt, dass schlechter informierte Anleger oft im Vorteil sind: Sie lassen sich nicht so leicht durch vermeintlich wichtige, den Profis bereits bekannte Informationen, die sich schon längst auf die Aktienkurse ausgewirkt haben, fehlleiten. Klar, manchmal kaufen Laien auf gut Glück billig ein, manchmal haben sie auch Pech, und dann wird es teuer. Aber insgesamt erzielen sie einen akzeptablen Durchschnitt – im Gegensatz zu Anlegern, die am Wochenende die Unternehmensnachrichten in der Zeitung lesen und am Montag glauben, daraus noch Profit schlagen zu können.

Über eine besonders originelle Studie berichtete die *Süddeutsche Zeitung* 2007: Hierin haben die US-Finanzwissenschaftler Tom Arnold, John Earl und David North Titelgeschichten bekannter Wirtschaftsmagazine wie *Business Week*, *Fortune* und *Forbes* von 1983 bis 2002 untersucht. Sie ordneten 549 Artikel danach, ob ein Unternehmen darin positiv, negativ oder neutral dargestellt wurde. Gleichzeitig beobachteten sie, wie die Aktienkurse der betroffenen Firmen sich in den 500 Tagen vor und nach dem Erscheinen der Artikel entwickelten. Das Ergebnis: Unternehmen, die positiv bewertet wurden, hatten vor dem Erscheinen der Titelgeschichte stets außergewöhnlich gut abgeschnitten. Ihre Kurse lagen im Schnitt 43 Prozent über dem maßgeblichen Index. Ein anderes Bild ergab sich nach der Veröffentlichung: In den folgenden 500 Tagen lagen die gelobten Unternehmen nur noch 4,2 Prozent über dem Schnitt. Bei Negativberichten kam es gar zur Trendwende: Vor Erscheinen der Artikel entwickelten sich die Kurse solcher Firmen durchschnittlich um 35 Prozent schlechter als der Vergleichsindex. Danach legten die Aktienkurse los: Im Schnitt entwickelten sie sich nun um 12 Prozent besser. Was diese Studie zeigt? Für Anleger sind viele Stories schon an ihrem Erscheinungstag veraltet. »Information is Ruination«, meinte schon der gute alte André Kostolany, seines Zeichens Spekulant und Autor zahlreicher Börsenbücher.

Fazit: Geduld ist auch und vor allem beim Geldanlegen die Mutter der sprichwörtlichen Porzellankiste. Und: Eine ausgewogene Mischung macht's! Denn was viele Anleger falsch einschätzen, ist, dass der Erfolg nicht in erster Linie davon abhängt, ob es gelingt, mit zeitraubenden Recherchen gute Einzeltitel zu niedrigen Kaufpreisen zu ergattern. Auf Dauer sind hierdurch bewerkstelligte außergewöhnliche Erfolge ohnehin selten. Entscheidend ist, überhaupt investiert zu haben, und zwar möglichst breit in den verschiedenen Vermögensklassen, also parallel etwa in Tagesgeldern, Anleihen, Aktien, Immobilien und Gold.

Geld- oder Sachwerte ohne Alternative?

Irrtum: *Anleger können nur in Geld- und Sachwerte investieren.*

Richtig ist: *Investitionen in das Humanvermögen werden oft vergessen. Dessen Renditen lassen sich sogar berechnen.*

Anlegern wird oft suggeriert, sie hätten grundsätzlich nur zwei Möglichkeiten, ihr Geld anzulegen: in Geld- oder Sachwerte. Zu den Geldwerten gehören etwa Bargeld, Tages- und Termingelder, festverzinsliche Wertpapiere, alle Arten von Zertifikaten sowie die meisten Lebens- und privaten Rentenversicherungen. Ihr gemeinsamer Nenner: Man leiht anderen seine Ersparnisse aus. Zu den Sachwerten zählen vor allem Aktien, Aktienfonds, Immobilien und Gold. Manche betrachten freilich auch ihren gutgefüllten Weinkeller oder gar ihren gutgefüllten Bauch als Sachwert.

Mit letzterem Körperteil liegen sie nicht einmal so weit daneben, nur spielt in unserer heutigen Wissensgesellschaft stattdessen das Gehirn die entscheidende Rolle. Gemeint ist das Humanvermögen, das der Sparer in seinem Kopf mit sich herumträgt: Dazu gehören Sprach- und Computerkenntnisse ebenso wie zwischenmenschliche Kompetenzen sowie seine Führungserfahrung, sein Fachwissen und nicht zu vergessen seine Kreativität und Ideen. Was das mit Vermögen zu tun hat? Ganz einfach: Ein 20-Jähriger kann eine Erbschaft über 100 000 Euro beispielsweise in Sparbriefe, Aktien oder eben in seine Ausbildung investieren. Bei Sparbriefen locken Zinsen, bei Aktien Dividenden und Kursgewinne – die Früchte einer hochwertigen Ausbildung bedeuten idealerweise ein lebenslang höheres Einkommen.

Wie rentabel sind Investitionen in das eigene Humanvermögen oder auch in das der Kinder? »Das beste Investment sind Sie selbst« titelte unlängst das *Handelsblatt* und liegt damit goldrichtig. Nach Angaben von Friedhelm Pfeiffer vom Zentrum für Europäische Wirtschaftsforschung (ZEW) in Mannheim haben Menschen mit einem fünfjährigen Studium später im Schnitt ein um 30 Prozent höheres Einkommen pro Jahr als Realschüler, die eine dreijährige

Ausbildung gemacht haben. Und die verdienen ihrerseits wiederum deutlich mehr als Menschen ohne abgeschlossene Ausbildung. Jeder weiß, dass es nicht ganz egal ist, was man studiert hat. Ein Forschungsergebnis der Universität Frankfurt/Main bestätigt dies: Ein Studium der Fachbereiche Rechts- und Wirtschaftswissenschaften sowie der Medizin und mit etwas Abstand auch der Mathematik, Naturwissenschaften oder der Ingenieurwissenschaften soll besonders attraktiv für die Geldbörse sein. Wer eines dieser Fächer studiert, könne mit einer durchschnittlichen Rendite von mehr als 6 Prozent nach dem Abschluss rechnen, weiß Martin Weldi, der Autor der Studie. Die Bildungsrendite wird vereinfacht ausgedrückt wie folgt ermittelt: Die Investitionssumme ist das während der Ausbildungszeiten entgangene Einkommen. Als Ertrag wird die Steigerung des Lebenseinkommens betrachtet.

Diese Angaben beziehen sich natürlich auf die Vergangenheit und lassen sich nicht eins zu eins in die Zukunft übertragen. Eine Wohlstandsgarantie gibt es nie – von Taxi fahrenden Junganwälten wird der eine oder andere auch schon gehört haben. Und ein Studienfach völlig entgegen seinen Neigungen alleine im Hinblick auf finanzielle Perpektiven zu studieren wäre natürlich unsinnig, denn Freude an der Arbeit ist eine wesentliche Voraussetzung für beruflichen Erfolg.

Die Bildungsrendite fällt aus zwei Gründen so hoch aus: Zum einen macht das Einkommen mit einer gefragten Ausbildung einen Sprung nach oben. Zum anderen verringert ein höherer Bildungsgrad die Gefahr der Arbeitslosigkeit, was das Lebenseinkommen weiter erhöht. In Deutschland sind nur 4,1 Prozent der Akademiker ohne Job, unter Berufstätigen mit Lehre und Fachschule beträgt die Arbeitslosenquote knapp 12 Prozent. Ohne Berufsabschluss muss dagegen jeder Vierte stempeln gehen.

Aber das Humanvermögen umfasst nicht nur die eigene Qualifikation. Dazu gehören auch Beziehungsgeflechte, Netzwerke, die ihre Mitglieder mit wertvollen Informationen und Tipps versorgen, sich gegenseitig die Bälle zuspielen und ein Umfeld von Kreativität, Vertrauen und Effektivität schaffen. Berufsanfänger unterschätzen den Wert solcher Verbindungen. Mitarbeiter auf dem Höhepunkt ihrer Karriere vernachlässigen eher die Tatsache, dass persönliche Fitness und Gesundheit das Humanvermögen steigern beziehungsweise (im Fall langwieriger Erkrankungen) reduzieren kann. In Ländern ohne funktionierende Sozialsysteme gehört dagegen in erster Linie eine große Kinderschar zum Humanvermögen – der Begriff Kinderreichtum hat hier eine ganz wörtliche Bedeutung.

Für Privatanleger sind Investitionen in ihr Humanvermögen eine phantastische Investitionsmöglichkeit. Wer in seine Aus- und Weiterbildung investiert, erhöht seine Beschäftigungsfähigkeit, sein Gehalt und steigert die Chance, sich von den Launen der Kapitalmärkte unabhängiger zu machen. Privatanleger können hier eine Geldanlage nutzen, die Fondsmanagern mit den von ihnen verwalteten Milliardenvermögen verschlossen bleibt.

Die All-in-one-Anlage – oder: Der Mythos von der eierlegenden Wollmilchsau

Irrtum: *Profis kennen Geldanlagen, die gleichzeitig sicher, renditestark und jederzeit verfügbar sind.*

Richtig ist: *Ohne Kompromisse geht es nicht.*

An allen Supermarktkassen in Deutschland können Eltern ein einigermaßen bekanntes eiförmiges Erzeugnis erwerben, mit dem sie ihren Kindern angeblich »gleich drei Wünsche auf einmal« erfüllen können. Auch die Großen würden sich gerne auf so angenehme Weise positiv überraschen lassen – etwa bei der Geldanlage. Die drei häufigsten Wünsche der Anleger lauten:

- Verfügbarkeit: Komme ich schnell und ohne hohe Extrakosten wieder an mein Geld heran, wenn ich es brauche? Das ist etwa bei Tagesgeld der Fall, nicht aber zum Beispiel bei einer Kapital-Lebens- oder privaten Rentenversicherung.
- Sicherheit: Wie hoch ist das Risiko, dass der Wert meiner Investition vorübergehend oder womöglich sogar dauerhaft sinkt? Als relativ sicher gelten wiederum Tagesgelder, zumindest bei Banken, die Mitglied im Einlagensicherungsfonds sind, sowie Bundesschatzbriefe. Die geringste Sicherheit bieten hochspekulative Optionsscheine.

- Rendite: Welchen Ertrag bringt das Finanzprodukt? In der Vergangenheit (wir sprechen von Jahrzehnten) war die Rendite bei Aktien am höchsten. Dagegen gleichen die Zinserträge der meisten Sparbücher nicht einmal die Preissteigerungsrate aus.

Sie sehen, jede Anlageform hat ihre Vor- und Nachteile. Die eierlegende Wollmilchsau gibt es leider nicht. Vielmehr kommt es darauf an, ob Sie Ihr Geld kurz- oder langfristig anlegen wollen, wie es um Ihre Risikofreude steht und dergleichen mehr.

Umfragen ergeben leider, dass viele Anleger Verfügbarkeit, Sicherheit und Renditemöglichkeiten der verschiedenen Vermögensklassen völlig falsch einschätzen. Das liefert verblüffenden Stoff für einige Kapitel unseres Lexikons. Andere Anleger wiederum sind völlig einseitig auf Rendite fixiert und gehen deshalb extreme Risiken ein. Sie sammeln, ohne es zu ahnen, Geldstücke vor einer Dampfwalze auf, die immer näher kommt.

Finanzprodukte, die Anlegern alle drei Wünsche auf einmal erfüllen, gibt es nur in bunten Prospekten unseriöser, aber auch etablierter und bekannter Anbieter. In der Realität muss man Kompromisse eingehen und etwa zugunsten einer höheren Rendite Abstriche bei der Sicherheit oder Verfügbarkeit hinnehmen. Mancher Leser mag denken: »Das ist doch ein alter Hut!« Doch einigen Privatanlegern ist dieses Grundprinzip kaum bewusst, sonst würden nicht so viele von ihnen auf Anlagen hereinfallen, die aktienmarktähnliche Gewinne bei gemindertem Risiko verheißen. Alles, was dabei tatsächlich »gemindert« wird, sind die Erträge – die Enttäuschung ist dann entsprechend hoch.

Selbst scheinbar gewiefte Finanzjongleure scheinen diesen fundamentalen Grundsatz, den jeder Banklehrling im ersten Ausbildungsjahr lernt, zeitweilig zu vergessen. Anders ist nicht zu erklären, dass eine Vielzahl privater und staatlicher Kreditinstitute Wertpapiere von US-amerikanischen Investmentbanken (etwa spezielle Kreditverbriefungen) gekauft hat. Und das, obwohl die erworbenen Papiere nach verbreiteter Einschätzung gute Renditen bei dennoch höchster Sicherheit versprachen. Schöne Träume, die im Zuge der Immobilienkrise wie Seifenblasen zerplatzt sind und eine handfeste Finanzmarktkrise hinterlassen. Einige Banken sind wegen der Verluste aus diesen Geschäften inzwischen ruiniert. Da läuft auch mancher Profi, der dieser Versuchung erlegen ist, vor Scham rot an.

»Aber gibt es denn wirklich keine Ausnahme von der Regel, dass höhere Erträge nur zu erzielen sind, wenn man höhere Verlustrisiken in Kauf nimmt?«, mag jetzt der ganz hartnäckige Leser fragen.

Doch, die gibt es: Ein Wertpapierdepot, das vollständig aus gemeinhin als sicher eingeschätzten festverzinslichen Anleihen besteht, ist riskanter und bringt zugleich weniger Ertrag als ein Depot aus nur 90 Prozent festverzinslichen Anleihen und mit 10-prozentigem Aktienfondsanteil. Das ist eines der praktischen Ergebnisse der Portfoliotheorie, für die Harry M. Markowitz 1990 den Nobelpreis für Wirtschaftswissenschaften erhielt. Wenn ein Anleger sein Vermögen nicht ausreichend breit auf unterschiedliche Vermögensklassen streut, fährt er meist niedrigere Erträge ein, ohne dass die erhoffte Sicherheit seines Vermögens vor Wertschwankungen zunimmt.

Links:

www.investmentsparen.net (private Website; Übersicht über verschiedene Formen der Geldanlage)

www.portfoliotheorie.com (Tipps zur optimalen Aufteilung eines Wertpapierdepots auf unterschiedliche Vermögensklassen)

Jahrzehntelange Sicherheit

Irrtum: *Es gibt dauerhaft sichere Geldanlagen.*

Richtig ist: *Sogar das Sparbuch ist langfristig eine spekulative Anlageform.*

Für viele Anleger steht Sicherheit bei der Geldanlage an oberster Stelle. Unter Sicherheit verstehen die meisten, dass sie ihr Geld heute anlegen und sich nach 30 oder 40 Jahren dieselbe oder besser noch eine größere Menge an Gütern, egal ob Königsberger Klopse, Kühlschränke oder komplette Karibikinseln, leisten können. Ihr Vermögen soll nicht allmählich oder gar auf einen Schlag an Wert verlieren, weder durch Inflation noch durch hohe Steuerzahlungen, Kurseinbrüche, Pleiten oder andere Marktrisiken, von betrügerischen Machenschaften ganz zu schweigen.

Aber genau diese Sicherheit bietet auf lange Sicht keine Geldanlage für sich alleine. Seit der jüngsten Bankenkrise 2007/08 ist es den Leuten auch im Hinblick auf Girokonten, Sparbücher, Tages- und Festgelder klargeworden: Ja, auch Banken können Pleite machen. Über das Einlagensicherungs- und Anlegerentschädigungsgesetz sind in Deutschland zwar 90 Prozent ihrer Einlagen bis zu einer Höchstgrenze von 20 000 Euro abgesichert, und die meisten deutschen privaten Banken haben diesen gesetzlichen Schutz durch zusätzliche Sicherungssysteme erhöht. Aber erstens sind nicht alle Privatbanken in einem solchen Fonds Mitglied (Auskünfte dazu erteilt der Bundesverband deutscher Banken in Berlin), zweitens wäre es im Fall einer dramatischen Bankenkrise fraglich, ob die geschützten Einlagen über die 20 000 Euro hinaus tatsächlich ausgezahlt werden könnten. Bei Sparkassen und genossenschaftlichen Banken ist der Schutz der Einlagen eher weiter gefasst als bei den privaten Banken. Geraten Institute aus dem Sparkassen- oder Genossenschaftssektor in eine Schieflage, springen die Schwesterinstitute ein. Die vielverkauften Anlagezertifikate dagegen, egal ob Bonus-, Discount- oder Garantiezertifikate, fallen in der Regel unter keinen dieser Schutzmechanismen.

Noch aus einem anderen Grund sind Spargelder nicht ganz so sicher, wie es den Anschein hat: Es gibt immer wieder Phasen, in denen Inflation und Steuern die Erträge vollständig auffressen und sogar die Ersparnisse selbst anknabbern.

Wie ist es um die Sicherheit von Bundeswertpapieren bestellt? Aktuell und mittelfristig handelt es sich bei Bundesschatzbriefen, Finanzierungsschätzen, Bundesanleihen und -obligationen um Papiere mit sehr hoher Sicherheit, denn hier steht der Staat mit seinen Steuereinnahmen für die Rückzahlung gerade. Auf lange Sicht muss das nicht so bleiben, denn auch Staaten können pleitegehen, wenn die Einnahmen und Ausgaben aus dem Ruder laufen. Die Ratingagentur Standard & Poor's (S&P) hat vor dem Hintergrund der demographischen Veränderungen Szenarien möglicher zukünftiger Entwicklungen aufgestellt und die Ergebnisse in einem

Global Graying Report zusammengefasst: Wenn sich die Haushalts-
politik der Länder nicht wesentlich ändert, braut sich über Staatsanleihen weltweit ein Gewitter zusammen. Schon 2015 würden
Japans Papiere in den spekulativen Bereich abrutschen. Weitere
Staaten würden nach und nach folgen. Im Jahr 2040 würden außer
Kanada, Dänemark und Österreich keine Staaten mehr als ver-
trauenswürdige Schuldner (Rating im Investment-Grade-Bereich)
eingestuft werden. S&P weist darauf hin, dass es sich hier nur um
mögliche Szenarien, nicht um sichere Prognosen handelt. Gleichwohl ist die zu Grunde gelegte demographische Entwicklung
schon zu einem Teil festgezurrt – die Geburtenrückgänge haben
ja bereits stattgefunden.

Im Gegensatz zu Bundesschatzbriefen und Finanzierungsschätzen gibt es bei Anleihen sehr wohl Kursrisiken: Wer etwa zehnjährige Bundesanleihen mit 4 Prozent Rendite kauft, wagt eine kleine
Spekulation. Sollten die Marktzinsen um ein Prozent steigen, verliert das Papier um circa 8 Prozent an Wert, falls der Anleger die
Bundesanleihe verkaufen will. Denn warum soll ihm sonst irgend-
jemand seine Anleihe mit 4 Prozent Verzinsung abnehmen, solange andere Anlagen inzwischen 5 Prozent bieten. Wenn die Zinsen
steigen, bekommt man niedriger verzinste Anleihen nur los, wenn
ein günstiger Verkaufspreis den Zinsnachteil ausgleicht.

Noch etwas: Weil Rentenfonds Investmentfonds sind, die Gelder
in festverzinslichen Wertpapieren anlegen, bleiben auch sie nicht
von Kursrisiken verschont.

Wer sein Geld stattdessen lieber unter die Matratze legt oder im
Garten vergräbt, vertraut darauf, dass Politiker und Notenbanker
den Geldwert dauerhaft erhalten. Mit dieser Strategie wären Anleger erst recht nicht auf der sicheren Seite, denn selbst 2 Prozent
jährliche Inflationsrate würden die Kaufkraft des Vermögens in 35
Jahren halbieren.

Demgegenüber sind die Risiken einer breitangelegten Palet-
te von Aktien oder Aktienfonds auf ganz lange Sicht, also über
Jahrzehnte gesehen, weitaus niedriger, als viele glauben. Bei Investmentfonds ist selbst ein Konkurs der Fondsgesellschaft kein
Risiko, da das Fondsvermögen der Anleger strikt vom Vermögen
der Gesellschaft getrennt gehalten wird. Auch Investitionen in Immobilien und Gold mögen eine vergleichsweise hohe Sicherheit

bieten, aber nur auf sehr lange Sicht, denn auch über Zeiträume von 10 oder 20 Jahren können die Wertschwankungen beträchtlich sein, wie andere Kapitel (ab S. 121) zeigen. Langfristig gibt es also keine völlige Sicherheit, für welche Vermögensposition auch immer. Es wäre aber verfehlt, deshalb auf Sparanstrengungen zu verzichten. Sich etwa bei der Altersversorgung alleine auf die gesetzliche Rente zu verlassen, wäre riskant. Deshalb hilft nur eins: Das Vermögen breit auf verschiedene Vermögensklassen zu streuen – zu diversifizieren, wie die Finanzexperten sagen. Der Komiker Danny Kaye hatte recht: Geld allein macht nicht glücklich. Es gehören auch noch Aktien, Gold und Grundstücke dazu. Tatsächlich jedoch investieren viele Anleger zu einseitig. Die zwei häufigsten Fehler: alles Geld in Immobilienvermögen oder aber in Festgeld anzulegen.

Ergo: Nur wer im Besitz einer Glaskugel ist, mit der er in die Zukunft schauen kann, darf auf eine breite Streuung seines Vermögens verzichten. Wie Sie testen können, ob Sie anlagetechnisch breit genug aufgestellt sind? Wenn Sie mit all Ihren Investitionen ausnahmslos zufrieden sind, haben Sie Ihr Vermögen definitiv *nicht* genug diversifiziert.

Links:
www.bankenverband.de (Informationen zum Einlagensicherungsfonds des Bankenverbands)
www.bundeswertpapiere.com
www.deutsche-finanzagentur.de

Sind inländische Anlagen weniger riskant?

Irrtum: *Einheimische Geldanlagen sind weniger riskant als ausländische.*

Richtig ist: *Wer nur im Inland investiert, verschenkt Rendite und verzichtet sogar auf Sicherheit.*

Sie wird uns scheinbar in die Wiege gelegt: die Liebe zur Gewohnheit. Zu Hause fühlen wir uns am wohlsten, eine vertraute Umgebung gibt uns Sicherheit. Quasi einem Urinstinkt folgend, übertragen wir dieses Gefühl auf Geldanlagen und bevorzugen deutsche Aktien und Wertpapiere. Im Schnitt beträgt der Anteil inländischer Aktien an den gesamten Aktienbeständen der Anleger etwa 70 Prozent. Die Wissenschaft hat diesem Phänomen den Namen »Home Bias« gegeben und es in vielen Studien nachgewiesen. Fakt ist allerdings: Eine Mischung aus in- und ausländischen Aktienanlagen senkt das Risiko. Was spricht nun für, was gegen ausländische Geldanlagen?

1. Die Qual der Wahl: Anders als landläufig angenommen, machen die Nähe des Anlegers zu heimischen Unternehmen, sein Wissen über diese Konzerne sowie der konstante Nachrichtenfluss es leider nicht einfacher, eine Entscheidung in der Aktienauswahl zu treffen.

2. Der Preis ist heiß: Die Mehrkosten beim Kauf ausländischer Aktien sind heutzutage, auch dank börsengehandelter Indexfonds, verschwindend gering.

3. Das Währungsrisiko: Natürlich kann der Wert einer Anlage in fremder Währung stark fallen. Dieses Risiko besteht immer, deshalb sollte man es mit den ausländischen Anlagen nicht übertreiben.

Hier ein Beispiel zum Währungsrisiko: Der Aktienindex MSCI World enthält, wie der Name schon sagt, Aktien aus aller Welt, notiert in den verschiedensten Währungen. Aus Sicht eines amerikanischen Anlegers, den nur der Wert seines Vermögens in Dollar interessiert, hat dieser Index sieben Jahre gebraucht, um seinen alten Höchststand aus dem Jahr 2000 wieder zu erreichen. Da ein europäischer Anleger aber in Euro rechnet, sieht seine Rechnung anders aus. Die amerikanischen Aktien, deren Wert in Dollar angegeben sind, werden nämlich inzwischen zu einem deutlich schlechteren Währungskurs in Euro umgerechnet; schließlich hat der Dollar von 2000 bis Mitte 2007 etwa 30 Prozent seines Wertes in Euro verloren. Als der »Dollar-Anleger« bereits die alten Höchststände wieder erreicht hatte, befand sich der »Euro-Anleger« mit seinen weltweiten Aktienbeständen noch mit rund 25 Prozent im Minus.

Trotz der Währungsrisiken haben ausländische Aktien ihre Vorteile, wie folgendes Beispiel zeigt: Wer – aus deutscher Sicht –

zwischen den Jahren 2000 und 2003 ausländische Anlagen ganz außer Acht gelassen und hauptsächlich in einheimische Aktien investiert hat, dürfte sich noch schmerzhaft an die bitteren Verluste erinnern. Der DAX verlor in der Spitze rund 70 Prozent seines Wertes. Der MSCI World verlor aus Sicht eines deutschen Anlegers, also in Euro, nur rund 55 Prozent. Wer, und das gilt nicht nur für diesen Zeitabschnitt, auch auf ausländische Geldanlagen setzt, fährt damit sicherer und hat weniger mit Wertschwankungen zu kämpfen.

Doch es kommt noch besser: Wer nur in heimische Aktien investiert, verschenkt sogar Rendite. Und das ist gerade langfristig ein riesiger Fehler. Es kostet Sie bei einer Geldanlage von 10000 Euro über 30 Jahre gesehen Beträge zwischen 30000 und 70000 Euro. Forschungsergebnisse zeigen: Wer international investiert, kann 1 bis 2 Prozentpunkte mehr Rendite erwarten. Dazu reicht es aus, die Aktienanlage mit Indexfonds aus verschiedenen Regionen zu bestücken. Wie das genau funktioniert, können Sie in den Kapiteln zu Investmentfonds nachlesen.

Wer kann's besser, Männer oder Frauen?

Irrtum: *Männer sind die besseren Anleger.*

Richtig ist: *Männer halten sich für die besseren Anleger.*

Schlechte Nachrichten für alle Chauvinisten: Wenn Frauen sich mit dem Thema Geldanlage beschäftigen, erzielen sie oft größere Erfolge als Männer. Von Frauen verwaltete Depots werfen im Durchschnitt 1,4 Prozent mehr Rendite ab als die Portfolios männlicher Anleger. Das ergibt eine Studie der University of California, Berkeley. Auch die amerikanische National Association of Investors Corporation hat deutliche Unterschiede in der Performance von Männer- und Frauen-Investmentclubs festgestellt. Demnach erzielten die nur aus weiblichen Mitgliedern bestehenden Vereinigungen im Börsenboomjahr 1999 eine durchschnittliche Jahresperformance von 32,1 Prozent, während die »Männer-Clubs« nur eine durchschnittliche Wertentwicklung von 23,2 Prozent erwirtschafteten.

In Deutschland untersuchte der Nürnberger Onlinebroker Cortal Consors die Anlagestrategien männlicher und weiblicher Kunden in den Monaten Oktober 2006 bis Januar 2007. Er kam zu dem Ergebnis, dass die von Frauen verwalteten Depots nicht nur geringere Schwankungen aufwiesen, die Wertentwicklung war mit Ausnahme des Monats Januar auch durchweg besser als bei den Männern. Männer scheinen dazu zu neigen, entweder eine sehr gute oder eine sehr schlechte Performance zu erzielen. Im Schnitt liefern die Frauen die stetigeren Ergebnisse. Auch die Commerzbank-Tochter Comdirect hat ihren Depotbestand ausgewertet und bestätigt dieses Bild.

Frauen profitieren davon, dass sie sich ihre Anlageentscheidungen gut überlegen und lange an den einmal gekauften Aktien festhalten. Wie Terrance Odean, Professor an der University of California, in einer Studie herausgefunden hat, kaufen oder verkaufen Männer Wertpapiere 45 Prozent häufiger als Frauen. Betrachtet man nur alleinstehende Personen, agieren Männer mit ihren Wertpapieren sogar 67 Prozent häufiger als Frauen. Das Problem: Bei jeder Transaktion fallen Kosten an. Dazu kommt, dass die neugekauften Aktien meist schlechter abschneiden als die verkauften Werte. Laut Odean liegt der Performancevorsprung der verkauften Titel nach zwölf Monaten bei 3,2 Prozent.

Zudem sind Frauen anscheinend nicht nur geduldiger, sondern versuchen ihre Entscheidungen auch von möglichst vielen verschiedenen Seiten abzuklopfen. Männer handeln dagegen schnell mal aus dem Bauch heraus und fallen auch viel häufiger als Frauen auf ein Gerücht aus der Finanzwelt herein. Behavioral-Finance-Experten, die sich mit der Psychologie von Anlegern beschäftigen, behaupten sogar, sie könnten alleine an der Struktur der gehaltenen Aktien erkennen, ob ein Depot von einem Mann oder einer Frau verwaltet wird.

Unser Tipp: Schon allein, weil zwei Köpfe manchmal kritischer denken als einer und vier Augen mehr sehen als zwei, sollten Sie sich in Vermögensdingen immer mit Ihrem Partner und, ja, vor allem mit Ihrer Partnerin zusammensetzen. Sie können davon nur profitieren.

Abgeltungsteuer: 84 statt 25 Prozent

Irrtum: *25 Prozent Abgeltungsteuer sind harmlos.*

Richtig ist: *Die Anleger werden deutlich höher belastet.*

Die Abgeltungsteuer erregt die Gemüter und bringt die Gefühlswelt der Anleger in Wallung. Worum geht es im Kern? Einkommensteuer auf Kapitalerträge wie Zinsen, Dividenden und Kursgewinne mussten Anleger auch bisher bezahlen. Allerdings hat der Finanzminister nicht auf Kursgewinne von Aktien und ähnlichen Anlagen zugegriffen, wenn Anleger die Papiere länger als ein Jahr gehalten haben. Der zweite wesentliche Unterschied: Ab 1. Januar 2009 bezahlen alle Anleger auf ihre Kapitalerträge im Prinzip denselben Steuersatz: 25 Prozent. Im internationalen Vergleich ist diese Belastung relativ hoch. Bis 2008 gab es für die verschiedenen Arten der Kapitalerträge unterschiedliche Steuersätze: Auf Zinsen erhob der Staat die Einkommensteuer, die gesamte Belastung konnte bei Spitzenverdienern 50 Prozent übersteigen. Dividenden besteuerte er nach dem Halbeinkünfteverfahren deutlich niedriger.

Aktionäre und Anleger, die in Aktienfonds investieren, stellt die Reform eindeutig schlechter als bisher, es sei denn, sie haben ihre Investitionen bereits vor 2009 getätigt und halten die gekauften Wertpapiere langfristig. Wer erst im Jahr 2009 10000 Euro in Aktienfonds anlegt, freut sich bei einer Rendite des Aktienmarkts von 6,5 Prozent 20 Jahre später statt über rund 35000 nur noch über ein Vermögen von 29000 Euro. Harmlos ist was anderes!

Auch Besitzer von festverzinslichen Wertpapieren haben keinen Grund zum Jubeln. Denn die vermeintlichen 25 Prozent Abgeltungsteuer entpuppen sich in der Realität rasch als eine Steuerbelastung in Höhe von 84 Prozent: Zunächst summiert sich die Abgeltungsteuer mit Solidaritätszuschlag auf über 26, inklusive Kirchensteuer auf über 28 Prozent. Aber das ist noch nicht alles: Nehmen wir mal an, mit Anleihen fährt ein Anleger 4,5 Prozent Rendite ein. Zieht man die 28 Prozent Abgeltungsteuer ab, schrumpft die Rendite auf 3,2 Prozent, nach Abzug einer Inflationsrate von 3 Prozent bleibt dem Anleger eine Minirendite von nur noch 0,2 Prozent übrig. Würde keine Abgeltungsteuer erhoben, wären es dagegen nach Abzug der Inflationsrate 1,5 Prozent Rendite. Nur diese 1,5 Prozent sind für den Anleger ein wirklicher Ertrag, aber davon gehen eben 1,3 Prozent (das ist die Differenz zwischen den 4,5 und den 3,2 Prozent) an den Fiskus – und nur 0,2 Prozent verbleiben ihm. Der Steuersatz auf die echten, inflationsbereinigten Erträge liegt demnach bei unserem Beispiel bei erschreckenden 84 und nicht bei rund 28 Prozent.

Der letzte Absatz steckt voller Zahlen. Grausam, nicht? Wohl der Grund, warum Medien kaum über diesen wichtigen Aspekt berichten.

Wir haben Verständnis für die wichtigen Aufgaben des Staates, die alle irgendwie finanziert werden müssen. Doch vorsichtige Sparer, die festverzinsliche Geldanlagen bevorzugen, werden so nicht gerade zur Vorsorge ermutigt. Und dennoch scheint einzelnen Politikern diese Belastung noch zu niedrig zu sein. Einige von ihnen träumen bisweilen davon, Krankenversicherungsbeiträge auf Zinsen und Dividenden zu berechnen. Auch die Idee, die Vermögenssteuer wieder einzuführen, kommt von Zeit zu Zeit auf die Tagesordnung. Die Folgen wären absurd: Das Vermögen der Anleger würde Jahr für Jahr zusammenschrumpfen. Sparer so massiv abzustrafen – offenbar können manche Politiker nicht rechnen.

Andere Politiker wiederum scheinen darauf zu spekulieren, dass die Anleger nicht rechnen können. Die Angabe »25 Prozent Abgeltungsteuer« ist in etwa so präzise wie die des Metzgers, der vor Gericht steht, weil er seinem Geflügel unerlaubt minderwertiges Pferdefleisch beigemischt hat. Als der Richter ihn nach dem Mischungsverhältnis fragt, antwortet dieser arglos:»Na, das war ziemlich ausgewogen: 50 Prozent Geflügel- und 50 Prozent Pferdefleisch – auf eine Henne kam immer ein Pferd!«

An dieser Stelle haben wir drei Tipps für Sie:

1. »Die Unkenntnis der Steuergesetze befreit nicht von der Pflicht zum Steuerzahlen. Die Kenntnis aber häufig«, wusste schon der berühmte Bankier Amschel Mayer Rothschild. Rentner, Studenten oder Geringverdiener, die keine Einkommensteuer zahlen müssen, werden auch von der Abgeltungsteuer befreit. Wer mit seinem Jahreseinkommen unter derzeit 7664 Euro liegt,

kann wie bisher eine Nichtveranlagungsbescheinigung (NV-Bescheinigung) beim Finanzamt beantragen. Legt er diese seiner Bank vor, werden seine Kapitalerträge ohne Steuerabzug gutgeschrieben. Außerdem existiert ein Sparerpauschbetrag: Ledige dürfen Kapitalerträge bis 801 Euro, Verheiratete bis 1602 Euro steuerfrei einstreichen. Wer in der Vergangenheit keinen Freistellungsauftrag erteilt hat, sollte das also nachholen.

2. Liegt der Sparer mit seinem individuellen Steuersatz unter dem Abgeltungsteuersatz oder hat er vergessen, einen Freistellungsauftrag zu erteilen, kann er seine Erträge mit der Einkommensteuererklärung dem Finanzamt melden und bekommt die Differenz zu den einbehaltenen Steuern zurück. Dazu muss das zu versteuernde Jahreseinkommen bei Ledigen aber unter 15380 Euro liegen.

3. Wer die Abgeltungsteuer um jeden Preis meiden will, kommt oftmals vom Regen in die Traufe. Ein Steuervorteil sollte immer nur das Sahnehäubchen auf ohnehin ansprechende Erträge sein. Wir beschäftigen uns in diesem Lexikon auch ausgiebig mit angeblichen Alternativen wie den fondsgebundenen Lebensversicherungen oder den geschlossenen Investmentfonds. Nicht selten schiebt man hier sein Geld statt dem Finanzamt irgendwelchen Finanzdienstleistern in den Rachen.

Links:

www.valuenet.de (fundierte Steuertipps auch zu Kapitalerträgen; Steuerlexikon)

www.steuer-schutzbrief.de (Auf »Ratgeber« klicken – Online-Steuertipps auch zu Kapitalerträgen)

www.infos-finanzen.de/sparen/steuern/steuerarten/38-Fragen/fragen1.asp (Seite des Bankenverbands mit Fragen und Antworten zur Abgeltungsteuer)

www.bstbk.de (Bundessteuerberaterkammer mit Suchdienst nach Steuerberatern)

Das Gute an der Abgeltungsteuer

Irrtum: *Die Abgeltungsteuer bringt für Anleger nur Nachteile.*

Richtig ist: *Auch wenn für viele Anleger die Nachteile schwer wiegen – es gibt auch einige Vorteile.*

Es ist kaum zu glauben, aber wahr: Die Abgeltungsteuer bringt neben enormen Nachteilen für einige Anleger auch manche Chancen und Vorteile. Erstens zahlen Besitzer von festverzinslichen Wertpapieren und Investmentfonds, die weiter in solche Papiere investieren, zwar keinesfalls wenig Steuern, aber unter Umständen weniger als bisher. Einen Vorteil haben Ledige schon ab einem zu versteuernden Jahreseinkommen von 15380 Euro: Durch den fixen Satz von 25 Prozent (mit Solidaritätszuschlag und eventueller Kirchensteuer sind es freilich über 28) kommt es besonders bei Anlegern mit hohem Steuersatz zu einer deutlichen Entlastung. Schließlich fielen bis 2008 für Kapitalerträge bis zu 51,5 Prozent Steuern an (»Reichensteuer«, Solidaritätszuschlag plus Kirchensteuer).

Darüber hinaus tauchen zweitens Zinsen, Dividenden und Kursgewinne nicht mehr im Steuerbescheid auf. Kapitalanleger machen sich damit fürs Finanzamt ab Neujahr 2009 ärmer. Die Folge: Jeder durch Lohnerhöhungen oder Überstunden hinzuverdiente Euro wird etwas niedriger besteuert als bisher. Das ist eine Folge der Steuerprogression, wonach höhere Einkommen auch in Prozent stärker besteuert werden.

Vielleicht am erfreulichsten ist, dass drittens das Hickhack mit der Steuererklärung hinsichtlich der Kapitalerträge ein Ende hat. Nicht wenige sparen sich so einen halben oder ganzen Tag Arbeit und haben Zeit für angenehmere Dinge.

Kein Anspruch auf vermögenswirksame Leistungen?

Irrtum: *»Ich habe keinen Anspruch auf vermögenswirksame Leistungen.«*

Richtig ist: *24 Millionen Arbeitnehmer haben Anspruch auf diese monatlichen Extrazahlungen vom Chef.*

Es gibt nicht allzu viele Fälle, in denen das Geld auf der Straße liegt. Aber selbst dann muss man sich noch bücken und es aufheben. Eine vergleichbare Gelegenheit ist das, was man als vermögenswirksame Leistungen bezeichnet. Das sind Geldleistungen, die der Arbeitgeber für den Arbeitnehmer in bestimmte Anlageformen investiert. Erstaunlich: Nicht einmal jeder zweite deutsche Arbeitnehmer nimmt dieses Geldgeschenk von seinem Chef an. Von 35 Millionen Arbeitnehmern haben 24 Millionen Anspruch auf diese monatlichen Extrazahlungen. Doch wie die Marktforscher der Postbank herausgefunden haben, nahmen 2007 gerade einmal 44 Prozent ihr Recht auf den Lohnzuschlag wahr. Vielfach wissen Arbeitnehmer nicht mal, dass sie einen Anspruch auf vermögenswirksame Leistungen haben. Ein Anruf im Personalbüro oder beim Betriebsrat, alternativ ein Blick in den Tarifvertrag, hilft da schnell weiter.

Zwar überweist der Chef monatlich – abhängig von der Branche – eher kleine Beträge. So erhalten Mitarbeiter des öffentlichen Dienstes derzeit gerade mal 6,65 Euro pro Monat, die Angestellten von Banken bekommen 40 Euro. Über Jahre hinweg können sich aber auch diese geringen Summen zu einem kleinen Vermögen anhäufen.

Auch Teilzeitbeschäftigte sind berechtigt, die Arbeitgeberleistungen anteilig zu nutzen. Arbeitnehmer müssen den Zuschuss nicht einmal durch Eigenbeiträge aufstocken. Wer jedoch die vermögenswirksamen Leistungen mit direkt eingezahlten Beiträgen von seinem Lohn aufstockt, erhält von staatlicher Seite nochmals einen Zuschuss: die Arbeitnehmer-Sparzulage. Voraussetzung dafür ist bei Ledigen ein Jahreseinkommen von nicht mehr als

17 900 Euro, Verheiratete erhalten die Sparzulage bei einem Einkommen von nicht mehr als 35 800 Euro. Maßstab ist nicht das Bruttoeinkommen, sondern das zu versteuernde Einkommen, also das Bruttoeinkommen nach Abzug von Freibeträgen, Werbungskosten und Sonderausgaben. Ein Blick auf den letzten Lohnsteuerbescheid oder ein Anruf beim Finanzamt verschafft auch hier schnell Klarheit.

Der Staat fördert Aktienfonds und Bausparverträge. Beide Möglichkeiten lassen sich parallel nutzen. Bedingung ist immer, dass das Guthaben mindestens sieben Jahre nicht angetastet wird. Ein Anspruch auf die Zulage besteht auch, wenn der Arbeitgeber keine vermögenswirksamen Leistungen bezahlt.

Für Anlagen in Aktienfonds gibt es bei einer jährlichen Einzahlung von bis zu 400 Euro 18 Prozent Sparzulage auf den im jeweiligen Jahr eingezahlten Betrag. Diese Werte gelten inzwischen für Ost- und Westdeutschland gleichermaßen. Im Endeffekt erhöht sich so über sieben Jahre hinweg gesehen die rechnerische Rendite pro Jahr um beachtliche 3 bis 4 Prozentpunkte.

Man kann über die Bank Monat für Monat Anteile kaufen oder man parkt das Geld erst einmal auf einem Sparkonto und kauft dann quartalsweise oder jährlich Fondsanteile. In dem Fall sind die Kosten für den Erwerb der Fondsanteile oft geringer, weil die fixen Kaufspesen bei höheren Beträgen anteilig geringer zu Buche schlagen.

Beim Bausparen gibt es auf jährliche Einzahlungen bis zu 470 Euro 9 Prozent Arbeitnehmer-Sparzulage. Vielen Sparern ist nicht bekannt, dass sie ihre vermögenswirksamen Leistungen auch für die Tilgung eines Baukredits verwenden können. Die staatlichen Zuschüsse sind dabei genauso hoch wie beim Bausparen.

Wie gehen Sie vor, wenn Sie die vermögenswirksamen Leistungen (VL) des Arbeitgebers nutzen und die Sparzulage vom Staat erhalten wollen? Nehmen wir an, Sie investieren in Investmentfonds:

1. Checken Sie Ihre Ansprüche: Prüfen Sie anhand Ihrer letzten Steuererklärung, ob Ihr zu versteuerndes Jahreseinkommen innerhalb der Grenzen für die staatliche Arbeitnehmer-Sparzulage liegt. Klären Sie mit der Personalabteilung, ob Ihr Arbeitgeber vermögenswirksame Leistungen bezahlt.

2. Falls Sie Gelder vom Staat und/oder von Ihrem Arbeitgeber beanspruchen können, sollten Sie sich zunächst über die Anlagestrategie klarwerden und einen geeigneten VL-Fonds aussuchen. Generell sind weltweit oder in Europa anlegende Aktienfonds am besten geeignet.
3. Suchen Sie einen Anbieter aus, bei dem Sie den Fondssparplan und Ihr Fondsdepot einrichten. In Frage kommen Ihre Hausbank, eine Direktbank, eine Anlage direkt bei einer Fondsgesellschaft oder bei einem Fondsvertrieb. Letztere haben bei den Konditionen meist die Nase vorn. Unabhängige Kostenvergleiche speziell für VL-Sparpläne finden Sie bei biallo.de.
4. Schließlich erhalten Sie vom Fondsanbieter eine Bescheinigung für Ihre VL-Fondsanlage, die Sie dem Arbeitgeber vorlegen. Der Arbeitgeber ist dann gesetzlich verpflichtet, von Ihrem Gehalt regelmäßige Beiträge für Ihre VL-Fonds abzuziehen und per Dauerauftrag auf Ihr VL-Fondsdepot zu überweisen.

Was noch? Einmal jährlich ein Häkchen in der Steuererklärung machen, Anlage N ausfüllen und die VL-Bescheinigung der Fondsgesellschaft beifügen. Ist der Dauerauftrag eingerichtet, gibt es für Sie die nächsten sieben Jahre in der Regel kaum noch etwas zu tun.

Links:

www.akademie.de/private-finanzen/sparen-altersvorsorge-vermoegensbildung/kurse/fondssparen-mit-sparzulage/sparzulage-vl-fonds.html

www.finanztest.de

www.biallo.de/rechentools/index.php (Fondssparplan-Rechner, dazu auf »Geldanlage & Fonds« klicken)

FINANZRECHNEN

Die spinnen, die Prozente!

Irrtum: *»Wenn der Wert meines Investments um 20 Prozent fällt, muss er wieder um 20 Prozent steigen, damit ich ohne Verluste rauskomme.«*

Richtig ist: *Der Wert muss um 25 Prozent steigen.*

In diesem Buch halten wir uns an die Maxime: Ein Finanzirrtum wird aufgeklärt, wenn für Leser daraus ein geldwerter Vorteil entsteht. Ab und zu machen wir allerdings eine Ausnahme. Zum Beispiel, wenn uns ein Irrtum so abstrus erscheint, dass wir ihn einfach aufnehmen müssen – so wie in diesem Fall:

Sie kaufen ein Wertpapier, etwa einen Investmentfondsanteil oder eine Anleihe für 100 Euro. Das Papier fällt auf 80 Euro, verliert also 20 Prozent an Wert. Die entscheidende Frage ist: Um wie viel Prozent muss es ansteigen, damit Sie den ursprünglichen Kaufpreis wieder erreichen?

20 Prozent ist leider falsch – 25 ist richtig. Denn 20 Euro Zuwachs machen 25 Prozent von 80 Euro aus. Bei 20 Prozent kämen Sie nur auf 16 Euro, womit Ihnen genau 4 Euro zu Ihren 100 Euro Startkapital fehlen würden.

Möglicherweise hält sich Ihre Überraschung jetzt noch in Grenzen. Dann rechnen Sie bitte mal den durchschnittlichen Wertzuwachs aus. Der Mittelwert von −20 Prozent und +25 Prozent ergibt 2,5 Prozent. Paradox! Obwohl das Papier nach dem Ab und Auf exakt so viel wert ist wie beim Kauf, wird eine durchschnittliche Zunahme ausgewiesen. Das führt uns geradewegs zum nächsten Finanzirrtum.

Wertzuwachs gleich Rendite?

Irrtum: *Wertzuwachs (Wertentwicklung) und Rendite sind das Gleiche.*

Richtig ist: *Der jährliche Wertzuwachs ist immer höher als die Rendite – die Grundlage für einen beliebten Werbetrick.*

Seien Sie stark! Denn jetzt kommt etwas Mathematik – völlig ohne geht in diesem Fall leider nicht. Die Rendite zeigt den Gesamterfolg einer Kapitalanlage. Der setzt sich je nachdem, worin investiert wurde, aus Erträgen wie Zinsen, Dividenden und Mieterträgen zusammen. Dazu können Kurs- und Währungsgewinne oder auch -verluste kommen. Der Gesamterfolg wird ins Verhältnis zum eingesetzten Kapital gesetzt – und schon hat man die Rendite. Sie wird in Prozent ausgedrückt und stellt die Verzinsung des eingesetzten Kapitals dar.

Leider gibt es hier ein Begriffswirrwarr: Während Rendite und Rentabilität das Gleiche bedeuten, dürfen sie nicht mit dem durchschnittlichen Wertzuwachs, der bisweilen auch als durchschnittliche Wertentwicklung bezeichnet wird, verwechselt werden. Und über allem schwebt noch der Begriff Performance, der nicht sauber definiert ist und für alles Mögliche stehen kann.

»Alles halb so wild und nicht so wichtig«, sagen Sie jetzt vielleicht. Stimmt, wenn es da nicht Schlaumeier gäbe, die sich diese babylonische Sprachverwirrung zunutze machten. Banken und Sparkassen sind bei Geldanlagen nämlich nicht verpflichtet, die Rendite eines Angebots anzugeben. Ein beliebter Trick, um Ihnen eine hohe Rendite vorzugaukeln, ist, statt der Rendite die sogenannte Wertentwicklung oder den Wertzuwachs zu nennen. Eine Bank bietet zum Beispiel an, aus angelegten 10 000 Euro in 20 Jahren 20 000 Euro zu machen. Das entspricht einem Wertzuwachs von 100 Prozent. Viele Anleger dividieren nun den Wertzuwachs durch die Anzahl der Jahre. Auf diese Weise glauben sie, die Rendite errechnet zu haben: 5 Prozent pro Jahr. Doch das ist nicht die Rendite. Der Gedankenfehler: Diese Berechnungsweise würde

davon ausgehen, dass Jahr für Jahr 5 Prozent Zinsen auf den ursprünglichen Anlagebetrag gezahlt würden. Wenn man aber die
Zinseszinsen berücksichtigt, beträgt die tatsächliche Rendite in
unserem Beispiel nur 3,5 Prozent jährlich. Denn wenn Sie 10 000
Euro zu 3,5 Prozent anlegen und auch die aufgelaufenen Zinsen
mit 3,5 Prozent verzinst werden, kommen in 20 Jahren 19 898 Euro
heraus. Wenn Sie dagegen die 10 000 Euro tatsächlich zu 5 Prozent anlegten, wären es nach 20 Jahren mit Zins und Zinseszins
sogar 26 533 Euro.

Die Renditeberechnung ist eine Wissenschaft für sich. Es existiert sogar eine Fachzeitschrift, die viermal jährlich erscheint und
sich ausschließlich mit Problemen im Zusammenhang mit der
Renditeberechnung befasst, *The Journal of Performance Measure-
ment*. Für unsere Zwecke reicht folgende Formel. Keine Bange, sie
sieht komplizierter aus, als sie ist:

Rendite = [(Endkapital : Anfangskapital) ^ (1 : Anzahl der Jahre)] – 1

Im Beispiel also:

[(20 000 : 10 000) ^ (1 : 20)] – 1

Das Zeichen ^ steht für potenzieren. Wenn Sie das mit Hilfe einer Tabellenkalkulation nachrechnen wollen, finden Sie die Taste
unterhalb der Escape-Taste. Wer den Taschenrechner bevorzugt,
nutzt statt ^ die Taste y^x. Das Ergebnis beträgt im vorliegenden Fall
gerundet 0,035 oder 3,5 Prozent.

Tja, und dann gibt es noch die »gefühlte Rendite«. Das ist die
Rendite, die Anleger zu erzielen glauben. Die Rendite des Spar-
buchs etwa wird regelmäßig überschätzt. Statt bei 2 oder 3 Prozent, wie Anleger in Umfragen meinen, lagen die Sparbuchzinsen
in der Realität in den letzten Jahren meist nur zwischen 0,5 und 1
Prozent.

Wer die Rendite korrekt berechnen kann, ist in der Lage, nachzuschauen, wie gut die Entscheidung für einen bestimmten Aktienfonds war oder ob das Garantiezertifikat seine Versprechungen
tatsächlich eingehalten hat. Nur eine kleine Gruppe von Anlegern
schafft das. Sie gehören jetzt dazu.

Tücken bei den Durchschnittsrenditen

Irrtum: *Um die durchschnittliche Rendite zu berechnen, reicht gesunder Menschenverstand.*

Richtig ist: *Durchschnittsrenditen, etwa des DAX, werden oft fehlerhaft berechnet.*

Lohnen sich Aktien auf Dauer? Um diese Frage zu beantworten, zieht man gerne Daten der Vergangenheit heran, etwa den DAX. Der DAX stellt einen Korb mit den 30 wichtigsten deutschen Aktien dar und startete Ende 1987 mit einem Wert von 1000. Bis Ende 2007 hatte er sich mit Kursgewinnen und Dividenden auf mehr als 8000 Punkte gesteigert, also verachtfacht, bevor es dann wieder abwärts ging.

Manche Anleger ermitteln die Durchschnittsrendite, indem sie einfach den Mittelwert der jährlichen Renditen bilden. Am Beispiel der DAX-Renditen (s. Tabelle) seit 1988 hieße das also für 1988 +33 Prozent, dann +35 Prozent, −22 Prozent, +13 Prozent und so weiter bis +22 Prozent. Die Summe von 280 Prozent wird nun durch die Anzahl der Jahre (20) geteilt, und man erhält als durchschnittliche jährliche Rendite 14,0 Prozent. Dieser Rechenweg führt zur sogenannten arithmetischen Rendite.

Leider hat die jedoch keine Aussagekraft. Die tatsächliche Rendite des Anlegers ist stets niedriger.

Mal angenommen, Sie hätten am 30. Dezember 1987 tatsächlich 1000 Euro in DAX-Aktien investiert. Dann würden Sie, wenn die jährliche Rendite wirklich bei 14,0 Prozent läge, zum Jahresende 2007 13 743 Euro besitzen. Hier die Formel zum Nachrechnen mit einem Tabellenkalkulationsprogramm: $1000 (1,14^{20}) = 13743$. (Wer den Taschenrechner bevorzugt, nutzt statt $\wedge$ die Taste y^x.)

Die tatsächliche Rendite, auch geometrische Durchschnittsrendite genannt, beträgt für den Zeitraum aber nicht 14,0 Prozent, sondern immerhin noch stattliche 11,0 Prozent pro Jahr. Wer nachrechnen will: $1000 (1,11^{20})$ ergibt 8062. Das entspricht nahezu exakt dem Indexstand am Jahresende 2007.

Nur für diejenigen, die es ganz genau wissen wollen: Wie

kommen Sie anhand der Renditen der einzelnen Jahre auf die sogenannte geometrische oder annualisierte Durchschnittsrendite?

1. Zuerst bilden Sie für die einzelnen Jahre die Renditefaktoren.
   Ein Renditefaktor für ein einzelnes Jahr errechnet sich aus
   1 + Rendite, zum Beispiel 1 + 33 Prozent Rendite = 1,33. Die
   DAX-Renditen der einzelnen Jahre sehen Sie in der Tabelle.

2. Sie multiplizieren die Renditefaktoren der einzelnen Jahre miteinander. Für die Renditeberechnung des DAX bedeutet dies
   also $1,33 \times 1,35 \times 0,78 \times 1,13$ und so weiter. Als Ergebnis erhalten
   Sie 8,067.

3. Sie ziehen aus dem Rechenergebnis die n-te Wurzel. Mit n ist
   die Anzahl der betrachteten Jahre gemeint. In unserem Beispiel sind es 20 Jahre. Dazu geben Sie 8,067 y^x (1/20) in den
   Taschenrechner ein. Das Ergebnis beträgt gerundet 1,11. Das
   ist der durchschnittliche Renditefaktor. Die durchschnittliche
   geometrische Rendite beträgt also 11 Prozent. Ein Ergebnis von
   1,05 würde für eine Rendite von 5 Prozent stehen.

Auch die arithmetische Rendite darf nicht mit der im vorherigen
Kapitel besprochenen Wertentwicklung verwechselt werden. Diese ebenfalls wenig aussagekräftige Kennzahl würde im Beispiel
sogar bei völlig absurden 35,3 Prozent liegen. Die durchschnittliche Wertentwicklung stellt den durchschnittlichen Zuwachs pro
Jahr bezogen auf das ursprüngliche Kapital, hier 1000, dar, also
(8067 – 1000) : 20 Jahre : 1000.

Niemand sollte sich also an den stattlichen Renditen seit 1987
zu sehr berauschen. Der Finanzmarktforscher Richard Stehle hat
den DAX für die Zeiträume vor 1988 berechnet. Vom Ende des
Jahres 1959 an gerechnet, liegt die wenig aussagefähige arithmetische Rendite bis Ende 2007 bei 10,4 Prozent. Von solchen Durchschnittsrenditen des DAX ist gelegentlich die Rede. Die geometrische Rendite, auf die es alleine ankommt, beläuft sich hingegen
auf 7,6 Prozent jährlich.

Wie immer bei Renditeangaben gilt: Diese fallen niedriger
aus, wenn man laufende Kosten, Ertragssteuern und außerdem
die Inflationsraten (1988 bis 2007 jährlich 2,1 Prozent, 1960 bis
2007 jährlich sogar 2,9 Prozent) abzieht. Das ist hier noch nicht
erfolgt.

DAX-Stände und Renditen seit Ende 1987		
Jahresende	DAX-Indexstand	Rendite im jeweiligen Jahr
1987	1000	
1988	1328	+33 %
1989	1790	+35 %
1990	1398	−22 %
1991	1578	+13 %
1992	1545	−2 %
1993	2267	+47 %
1994	2107	−7 %
1995	2254	+7 %
1996	2889	+28 %
1997	4250	+47 %
1998	5002	+18 %
1999	6958	+39 %
2000	6434	−8 %
2001	5160	−20 %
2002	2893	−44 %
2003	3965	+37 %
2004	4256	+7 %
2005	5408	+27 %
2006	6597	+22 %
2007	8067	+22 %

Links:
www.zinsen-berechnen.de und *www.offerio.de* *(Online-Finanz-rechner)*
http://finanzcheck-rendite.faz.net/rechner/faz/index.php *(Online-Finanzrechner)*
www.dai.de (Seite des Deutschen Aktieninstituts. Enthält die korrek-

ten geometrischen Renditen des DAX für beliebige Zeiträume in Form des sogenannten Rendite-Dreiecks. Einfach auf »Publikationen« klicken, dann auf »DAI-Renditedreieck«. Die PDF-Darstellung lässt sich zoomen.)

Zinseszins – viel zu kompliziert?

Irrtum: *Den Zinseszins kann ich unmöglich im Kopf berechnen.*

Richtig ist: *Das Berechnen des Zinseszinses lässt sich in einer Minute lernen.*

Stellen Sie sich vor, Ihr Nachbar erzählt Ihnen, dass er sein Geld jetzt in eine ganz heiße Geldanlage investiert hat, in der es sich in 25 Jahren verdoppeln wird. Sie denken zwei Sekunden nach und fragen ihn dann, was denn an nicht einmal 3 Prozent Rendite so heiß sein soll. Er ist baff: »Wie konntest du das so schnell berechnen – und das ohne Taschenrechner?«

Es gibt eine genial einfache Formel, mit der man die Macht der Zinseszinsen überschlagen kann. Der Zeitraum in Jahren, nach dem sich ein Geldbetrag verdoppelt hat, beträgt nämlich 72 geteilt durch den Zinssatz. Bei 4 Prozent Zinsen verdoppelt sich das Kapital circa alle 18 Jahre, denn 72 : 4 = 18. Bei 6 Prozent Rendite verdoppelt es sich alle 12 Jahre, bei 8 Prozent alle neun Jahre und bei 9 Prozent alle acht Jahre.

Bevor Sie gleich die Sektkorken über Ihren absehbaren Reichtum knallen lassen, hier ein kleiner Wermutstropfen: die Inflation. Wenn Sie wissen wollen, nach wie vielen Jahren Sie tatsächlich doppelt so reich sind wie jetzt, dann sollten Sie vom Zinssatz die erwartete Inflationsrate abziehen. 6 Prozent Rendite minus angenommene 2 Prozent Inflationsrate ergibt 4 Prozent Realrendite. Das reicht dann immerhin noch zu einer wirklichen Verdoppelung des Kapitals in 18 Jahren – soweit Sie keine Steuern zu berappen haben.

Und mit wieviel Rendite darf man generell nach Abzug der

Inflationsrate eigentlich rechnen? Die Zahlen fallen zumindest im Durchschnitt ziemlich bescheiden aus. Während die privaten Haushalte in Deutschland zwischen 1991 und 2004 nach Abzug von ziemlich genau 2 Prozent Inflationsrate eine jahresdurchschnittliche Realrendite von 2,3 Prozent erzielten, kamen US-Amerikaner real auf auch nicht berauschende 3,6 Prozent. Clevere Anleger dürfen deutlich mehr erwarten. Dabei ist es schon ausreichend, Finanzirrtümer und damit teure Fehler zu vermeiden.

Die wunderbare Geldvermehrung funktioniert übrigens nur, wenn in den bedeutenden Wirtschaftsregionen der Erde größere kriegerische Ereignisse ausbleiben (Anleger haben in der Summe noch nie von Kriegen profitiert) und die Wirtschaft weiter wächst. Skeptiker sehen mit einer gewissen Berechtigung – freilich schon seit den siebziger Jahren – endliche Ressourcen, Umweltschäden und zunehmende Sättigungstendenzen bei den Konsumenten. Optimisten hingegen gehen davon aus, dass der schöpferische Geist des Menschen, auch was den Ressourceneinsatz und den Schutz der menschlichen Lebensgrundlagen anbelangt, neue Lösungen finden kann, die sogar zu zusätzlichem Wachstum und mehr Lebensqualität führen können. Und sie glauben, dass der Wunsch des Menschen, seine Situation fortwährend zu verbessern, die Wirtschaft auch in Zukunft antreibt. Wir können diese Überlegungen an dieser Stelle nur flüchtig streifen. Ziemlich unbestritten ist, dass ohne diese Voraussetzungen jeder reale Zinseszinseffekt ausbleiben dürfte.

Zinseszins leicht berechnen

Irrtum: *Wie schnell sich Kapital verdoppelt, kann man leicht berechnen. Wie schnell es um 50 Prozent oder 200 Prozent zunimmt, nicht so einfach.*

Richtig ist: *Auch wie man die prozentuale Zunahme des Kapitals berechnet, lässt sich in fünf Minuten lernen.*

Sie wissen aus dem vorhergehenden Kapitel, wie lange es dauert, bis sich ein Betrag bei 6 Prozent Zinsen verdoppelt. Sie verwenden dazu den Faktor 72. Genauso einfach können Sie den Zeitraum ermitteln, in dem ein Kapitalbetrag um einen anderen Prozentsatz zunimmt. Dazu gibt es drei Wege:
a) Die Anzahl der Jahre einfach aus der folgenden Tabelle ablesen.
b) Den Taschenrechner oder eine Tabellenkalkulation einsetzen.
c) Per Kopfrechnen – das geht auch hier.

Am einfachsten ist ein Blick in diese Tabelle. Sie zeigt, dass zum Beispiel bei einem Zinssatz von 4 Prozent ein Geldbetrag in 10,3 Jahren um 50 Prozent wächst.

Vervielfachungszeitraum in Jahren					
		Zinssatz			
Verviel-fachung	= Steigerung um Prozent	2 %	4 %	6 %	8 %
1,1	10 %	4,8	2,4	1,6	1,2
1,2	20 %	9,2	4,6	3,1	2,4
1,3	30 %	13,2	6,7	4,5	3,4
1,4	40 %	17,0	8,6	5,8	4,4
1,5	50 %	20,5	10,3	7,0	5,3
1,6	60 %	23,7	12,0	8,1	6,1

Verviel-fachung	= Steigerung um Prozent	Zinssatz			
		2%	4%	6%	8%
1,7	70%	26,8	13,5	9,1	6,9
1,8	80%	29,7	15,0	10,1	7,6
1,9	90%	32,4	16,4	11,0	8,3
2	100%	35,0	17,7	11,9	9,0
2,5	150%	46,3	23,4	15,7	11,9
3	200%	55,5	28,0	18,9	14,3
5	400%	81,3	41,0	27,6	20,9
7	600%	98,3	49,6	33,4	25,3
10	900%	116,3	58,7	39,5	29,9

Wie ermitteln Sie ohne Tabelle, alleine mit dem Taschenrechner, nach wie viel Jahren ein Geldbetrag bei 4 Prozent Zinsen um 50 Prozent anwächst? Sie benötigen dazu die Logarithmusfunktion. Die Formel lautet hier

$$= \log(1,5) : \log(1+4\%)$$

Das ergibt etwa 10,34 (Jahre). Die 1,5 in der Formel steht für den Vervielfachungsfaktor. Bei der Steigerung um 50 Prozent, vervielfacht sich ein Betrag ja um den Faktor 1,5.

Falls Sie den Ehrgeiz haben, solche Berechnungen per Kopf zu beherrschen, stellen wir Ihnen in der nachfolgenden kleinen Tabelle einige Rechenfaktoren zur Verfügung. (Wir haben die Daten selbst ermittelt und eine ähnliche Tabelle nirgendwo sonst vorgefunden.)

Beispiel 1: Nach wie viel Jahren nimmt ein Kapitalbetrag bei 7 Prozent Rendite um 50 Prozent zu? Ganz einfach: Der dazugehörende Rechenfaktor steht in der Tabelle: Er beträgt 42. 42 geteilt durch 7 ergibt 6. Nach sechs Jahren hat der ursprüngliche Betrag bei 7 Prozent Rendite um 50 Prozent zugenommen.

Beispiel 2: Sie können umgekehrt auch berechnen, wie hoch die jährliche Rendite ist, wenn sich das in Ihren Investmentfonds investierte Kapital nach 25 Jahren versiebenfacht hat. Der dazu passende Rechenfaktor in der Tabelle beträgt 200. 200 geteilt durch 25 ergibt 8. Das Kapital ist im Durchschnitt also jährlich um 8,0 Prozent gewachsen.

Rechenfaktoren für vereinfachte Zinsberechnungen		
Vervielfachung	**= Steigerung um %**	**Rechenfaktor**
1,3	30 %	27
1,5	50 %	42
2	100 %	72
3	200 %	113
7	600 %	200

Nur für diejenigen, die es genau wissen wollen: Die Rechenfaktoren sind auf 5 Prozent Zinsen »geeicht«. Bei diesem Zinssatz funktionieren sie am genauesten.

Mit diesen Kenntnissen ausgestattet, könnten Sie sich jetzt glatt als Rechenkünstler für den Weltspartag engagieren lassen. Viel wichtiger aber: Sie sind jetzt als Ihr eigener Finanz-Controller in der Lage, zu prüfen, ob sich Ihre Geldanlage-Entscheidungen der Vergangenheit bewährt haben.

Link:
www.lexikon-der-finanzirrtuemer.de (weitere Rechenfaktoren)

Zinseszinsen bei Sparplänen

Irrtum: *Welchen Betrag man nach 20 Jahren hat, wenn man jedes Jahr Geld zurücklegt, ist schwer zu ermitteln.*

Richtig ist: *Auch für diese Berechnung gibt es Abkürzungen.*

Alle bisher vorgestellten Rechentricks nützen nur, wenn Anleger einmalig einen Geldbetrag investieren. Doch wie ermittelt man unkompliziert, welches Vermögen sich ansammelt, wenn man zehn oder zwanzig Jahre lang sagen wir 1000 Euro pro Jahr anspart?

Der einfachste Weg ist auch hier, in einer Tabelle nachzuschauen, zum Beispiel in dieser hier:

1000 Euro jährlich gespart ergeben am Ende:

Zinssatz pro Jahr

Jahre	0 %	2 %	4 %	6 %	8 %
10	10 000	11 200	12 500	14 000	15 600
20	20 000	24 800	31 000	39 000	49 400
30	30 000	41 400	58 300	83 800	122 300
40	40 000	61 600	98 800	164 000	279 800

Geldbetrag nach Anzahl der Jahre bei einem Sparplan über jährlich 1000 Euro bei unterschiedlichen Zinssätzen und jährlicher Zinsgutschrift, auf volle 100 Euro gerundet

Beispiel: Wer 20 Jahre lang 1000 Euro pro Jahr zurücklegt, verfügt bei 6 Prozent Zinsen über einen Betrag von 39 000 Euro.

Es lohnt sich, die Tabelle genauer anzuschauen. Sie sehen, dass der Zinseszinseffekt bei hohen Renditen und bei langen Spardauern immer stärker zum Tragen kommt. Die Vermögenserträge übersteigen bald die eingezahlten Beträge um ein Vielfaches. Was der Sparer insgesamt eingezahlt hat, sehen Sie in der Tabelle in der Spalte »0%«. Kleine Unterschiede bei der Rendite wirken sich auf lange Sicht extrem auf das Vermögen aus.

Wer mag, kann auch bei Sparplänen per Kopfrechnen ermitteln, welcher Betrag nach 20 Jahren zustande kommt. Mit der »Bareis-Sparplan-Formel« klappt's näherungsweise, allerdings nur für sehr geübte Rechner:

$$\text{Kapital nach 20 Jahren} =$$
$$\text{jährlicher Sparbetrag} \times (0{,}4^* \text{ Zinssatz}^2 + 24)$$

Als Zinssatz setzen Sie beispielsweise »6«, nicht »6%« ein. So bringt ein Sparplan über jährlich 1000 Euro nach 20 Jahren bei 6 Prozent Rendite auf diese Weise überschlägig ermittelt etwa 38 400 Euro (der exakte Wert liegt bei 38 993 Euro). Bei üblichen Zinssätzen bekommen Sie einen treffenden Eindruck, welche Größenordnung das Endkapital annimmt.

Es geht uns in diesem und den vorangehenden Kapiteln nicht allein um Rechenkünste. Vielmehr ist es uns wichtig, dass Sie ein Gefühl für die Wirkung der Zinseszinsen bekommen. Die zu unterschätzen ist ein sehr kostspieliger Irrtum. Das Phänomen brachte selbst Albert Einstein zum Staunen: »Der Zinseszins-Effekt ist die größte mathematische Entdeckung aller Zeiten«, meinte er.

FINANZDIENSTLEISTER

Die Trickkisten der Verkäufer

Irrtum: »*Mich kann bei Geldfragen niemand beeinflussen.*«

Richtig ist: *Wir sind schon längst beeinflusst worden, wir merken es nur nicht.*

Sie lassen sich also nicht so einfach von einem Geldanlageberater beeinflussen? Nun gut, fangen wir doch mal bei der Terminabsprache an: »Passt Ihnen Donnerstagabend oder der Freitagnachmittag besser?« O.K., Sie bemerken sofort, hier geht jemand ganz suggestiv zu Werke. Denn in Wirklichkeit wollen Sie den Typen, der offensichtlich kein Profi ist, Sie gerade bei der Tagesschau stört und Ihre – oder besser: seine – persönlichen Finanzen optimieren möchte, überhaupt nicht sehen. Was tun Sie also? Genau, Sie antworten resolut mit »Weder noch!« Wir sehen, Sie wissen Bescheid!

Kennen Sie auch schon die Ja-Sager-Schiene? Man stellt Ihnen im Verkaufsgespräch immer wieder Fragen, die Sie vernünftigerweise nur mit Ja beantworten können: »Herr Soundso, finden Sie nicht auch, dass Sie zu viel Steuern bezahlen?« – »Ja, klar zahle ich zu viel!« »Wenn es eine Möglichkeit gäbe, bei der Sie auf der einen Seite Steuern sparen und auf der anderen Seite 200 bis 300 Euro mehr Nettolohn bekommen könnten, wäre das interessant für Sie?« – »Ja, klar.« – »Dann darf ich Ihnen diese Möglichkeit kurz vorstellen?«

Die Falle schnappt zu, denn nun geht es konsequent weiter. Am Ende heißt es: »Ich habe Ihnen heute ein Angebot gemacht, das Ihnen gefällt, richtig?« – »Hm, ja ...« – »Das Sie für sinnvoll halten, richtig?« – »Klar.« – »Das Sie sich leisten können, richtig?« – »Ja ...?«

Der ganze Trick dabei: Wenn Sie jetzt plötzlich auf ein Nein umschwenken würden, kämen Sie sich vor sich selbst und dem Vertreter inkonsequent vor. Sie würden sich selbst widersprechen, was niemand gerne tut. Also führt die Ja-Sagerei dazu, dass der Berater irgendwann wie selbstverständlich den Kugelschreiber zur Unterschrift zückt. »Wenn Sie das hier bitte bestätigen wollen.« Und schon sind Sie dabei zu unterschreiben.

Nicht nur Finanzberater, auch der eine oder andere Immobilienmakler wendet diese Technik bei zögerlichen Kunden an. Er zählt all die Dinge auf, die dem Interessenten wichtig waren. Natürlich wird das von ihm angepriesene Objekt allen Anforderungen gerecht. Wenn der Kunde dann immer noch unentschlossen ist, führt er ihn nochmals treppauf, treppab durch die Immobilie und die Wahrscheinlichkeit für ein Ja wird immer höher. Auf diese Masche ist auch einer der Autoren fast einmal hereingefallen.

Bei solchen Tricks (mit denen natürlich längst nicht jeder Berater arbeitet) können Sie nur müde lächeln? Sehr gut! Sie sind ein harter Brocken. Dann schalten wir mal einen Gang höher und schauen, was die Wissenschaft dazu sagt, genauer: die Verhaltensökonomie. Richard Thaler, Professor an der Universität von Chicago, hat untersucht, wie leicht wir als Anleger beeinflussbar sind. Dabei ging es um staatlich geförderte, vom Betrieb organisierte Sparpläne: 401(k)-Pläne, eine Art Riester-Rente auf Amerikanisch. Obwohl sich das Angebot für Arbeitnehmer lohnt, nutzt es nur eine kleine Minderheit. Der Grund: Die Mitarbeiter müssen von sich aus aktiv werden. Auch in Amerika bleibt so manches Geld auf der Straße liegen.

Richard Thaler machte Folgendes: Er veränderte einfach den Rahmen, in dem den Arbeitnehmern der 401(k)-Sparplan präsentiert wurde – und schon fielen die Entscheidungen völlig anders aus. Ab nun wurden neu eingestellte Mitarbeiter gebeten anzukreuzen, ob sie vorsorgen wollten oder nicht. Die Wirkung war mächtig: Der Anteil der Willigen wuchs von 30 auf bis zu 60 Prozent. Als der Betrieb den Spieß komplett umdrehte und entschied: »Wer neu dazukommt, ist automatisch mit drin im 401(k)-Plan, außer er widerspricht dem ausdrücklich«, stieg die Abschlussquote auf 90 Prozent. Außerdem stellte Thaler fest, dass mehr Mitarbeiter zum Sparen motiviert werden konnten, wenn man vorschlug, erst zukünftige Gehaltssteigerungen in den Sparplan einfließen zu lassen. Das schien weniger weh zu tun, als vom aktuellen Gehalt etwas abzuzwacken.

Ein anderes Experiment: Legt man Anlegern vier Renten- und einen Aktienfonds zur Auswahl vor, entscheiden sie sich ganz anders, als wenn man ihnen einen Renten- und vier Aktienfonds vorlegt. Wir sind eben am einfachsten durch das zu beeinflussen, was man uns anbietet – oder eben nicht anbietet. Werfen Sie doch bitte einmal einen Blick auf Ihre Geldanlagen. Indexfonds, die wegen der niedrigen Verwaltungskosten besonders renditestark sind, hat man Ihnen gar nicht angeboten? Man hat Ihnen drei verschiedene Rentenfonds angeboten, aber von Bundesanleihen mit viel weniger Kostenballast war keine Rede? Und wenn Sie schon mal Ihr Depot sichten: Wie hoch sind denn die jährlichen Gebühren, die für Ihre Geldanlagen anfallen? Wie, das wissen Sie nicht? Der Berater hat davon nichts gesagt? Und Sie haben nicht nachgefragt?

Sieht wohl so aus, als ließen wir uns doch leichter beeinflussen, als wir glauben ...

Kostenlose Beratung?

Irrtum: *Banken und Finanzdienstleister beraten kostenlos.*

Richtig ist: *Die Provision für den Abschluss gängiger Finanzprodukte überschreitet leicht mal 1000 Euro.*

Geldanlageberater und Versicherungsvermittler erzählen gerne, dass ihre Beratung kostenlos sei. Kostenlos ist in der Tat das Verkaufsgespräch dieser Leute. Das ist bei einer Bäckerei-Fachverkäuferin allerdings auch nicht anders: Niemand bezahlt dort ein Beratungshonorar dafür, sich vorschwärmen zu lassen, wie lecker und gesund das Dreipfünder-Dinkelbrot ist. Das Verkaufsgespräch ist auch in der Finanzdienstleistungsbranche nur so lange wirklich kostenlos, wie Sie nichts »kaufen«. Wer allerdings einen Vertrag abschließt, zahlt damit auch die Beratungskosten. Und damit es sich lohnt, nicht nur die Kosten für das eigene Gespräch, sondern auch gleich die Kosten für alle Verkaufsgespräche, bei denen kein Vertrag abgeschlossen wurde. Bei fast jeder Geldanlage sind diese Beratungskosten einkalkuliert. Das ist eigentlich keine Überraschung. Nur sind sich wenige Anleger darüber im Klaren, wie hoch diese Kosten sind und welche Konsequenzen sie haben.

Seit Juli 2008 müssen die Lebensversicherer ihre Abschlusskosten für Verträge in Euro und Cent ausweisen. Die Investmentfondsbranche hingegen darf ihre Kosten weiterhin in vielfach unterschätzten Prozentsätzen angeben. Natürlich müssen auch die Finanzdienstleister von irgendetwas leben. Problematisch wird es unserer Meinung nach aber dann, wenn der Beratende bei für den Anleger wenig vorteilhaften Produktgruppen besonders hohe Provisionen erhält. Denn dann gerät der Berater unweigerlich in einen Interessenskonflikt und die Jacke wird ihm dann oft näher sein als die Hose.

Damit Sie nachvollziehen können, welche Interessenskonflikte Provisionen verursachen können, hier eine Übersicht. Es geht jeweils darum, dass über 20 Jahre jährlich 2000 Euro angelegt werden sollen.

Banken und Finanzdienstleister beraten kostenlos?	
Empfehlung	Übliche Abschlusskosten
Aktienfondssparplan	2000 €
Private Rentenversicherung	1920 €
Private Rentenversicherung bei günstigem Direktanbieter	800 €
Bausparvertrag, Renditetarif	640 €
Aktienfondssparplan bei günstigem Direktanbieter	400 €
Bundesschatzbriefe	0 €
Tagesgeldkonto	0 €

Annahme: Es stehen über 20 Jahre lang 2000 Euro jährlich zur Anlage an.
Hinweis: Hier sind nur die Abschlusskosten ohne jährliche Verwaltungskosten dargestellt. Bei den jährlichen Kosten sind die Unterschiede ähnlich gravierend.

Unter diesem Blickwinkel betrachtet, wird klar, dass Banken und Finanzvertriebe keine Berater, sondern knallharte Verkäufer sind. Es gibt natürlich Berater, die persönlich sehr engagiert sind und versuchen, optimale Lösungen für ihre Kunden zu finden. Ein möglicher Prüfstein dafür ist, welche Produkte man Ihnen in der Vergangenheit empfohlen oder auch nicht empfohlen hat.

Neben diesen Abschlusskosten fallen jährliche Verwaltungskosten an, die wir oben noch nicht berücksichtigt haben. Diese belasten Ihre Anlage Jahr für Jahr. Insgesamt kann sich so der Nachteil für schlecht oder einseitig beratene Kunden – im Vergleich zum Abschluss bei einer kostengünstigen Gesellschaft – rasch auf mehrere tausend Euro belaufen.

Beratung – im Normalfall kompetent?

Irrtum: *Anlageberater beraten im Normalfall kompetent.*

Richtig ist: *Schätzungen zufolge kosten Fehlberatungen den deutschen Sparer die Hälfte seiner Rendite, in Euro insgesamt rund 90 Milliarden pro Jahr.*

Es spielt fast keine Rolle, bei welcher Bank, Versicherung oder bei welchem sogenannten unabhängigen Berater Sie sich beraten lassen: Das Ergebnis ist fast immer mangelhaft. Dies ist regelmäßig die Quintessenz bei unabhängigen Tests.

Die Anlegerzeitschrift *Börse Online* hat die Beratung bei zwölf Banken getestet, auch bei den bekannten Platzhirschen. Ergebnis: Die Banken erreichten im Schnitt nur 44 von 75 maximal möglichen Punkten. Nicht mal die zwei Erstplatzierten des Rankings schafften es, bei der Erfassung der persönlichen Situation des Anlegers die volle Punktzahl zu erzielen. Aber ohne eine Kenntnis dieser Information sind Empfehlungen höchstens zufällig passend, ein Schaden aufgrund der Fehlberatung ist vorprogrammiert. *Finanztest* titelte im Juli 2008: »Beratung zur Abgeltungsteuer: Falsche Auskunft« und im Januar 2007: »Kreditberatung: Beraten und Verkauft«.

Die *WirtschaftsWoche* berichtete im Februar 2008: »Uns liegen interne Mails und Papiere vor, die belegen, dass in der vermeintlich seriösen Branche nicht selten Zustände herrschen wie in einer Drückerkolonne.« Eine Bankmitarbeiterin äußerte sich zu den oft recht enggestrickten Verkaufsvorgaben: »Sie können sich nicht sicher sein, ob Sie ein Produkt empfohlen bekommen, weil es wirklich gut ist oder weil es in dieser Woche noch verkauft werden muss.« Im Online-Forum der *WirtschaftsWoche* schrieben sich wochenlang desillusionierte Mitarbeiter von Banken und Sparkassen ihren Ärger über einengende Vertriebsziele von der Seele, die eine bedarfsgerechte Beratung unmöglich machten. Detaillierte Vorgaben, wie viele Rentenversicherungen oder geschlossene Fondsanteile ein Angestellter pro Woche oder Monat zu verkaufen hat, scheinen inzwischen in der Branche die Regel zu sein.

Die Verbraucherzentrale Bremen hat die Beratungsqualität von Vertretern einer Versicherung und einer ihr nahestehenden Geschäftsbank unter die Lupe genommen. Für die Verbraucherschützer war das Ergebnis erschreckend: Der Durchschnitt aller 32 untersuchten Beratungen war mangelhaft.

Die Europäische Union hat längst erkannt, dass etwas geschehen muss, und die Richtlinie MIFID erlassen (zu Deutsch Finanzmarktrichtlinie), die nicht allen, aber immerhin vielen Anlageberatern Pflichten auferlegt. Sie war zu dem Zeitpunkt fast aller oben erwähnten Testberatungen bereits in Kraft. Die Umsetzung lässt demnach zu wünschen übrig.

Daher ist es umso wichtiger, dass Sie wissen, wie eine kompetente Beratung aufgebaut ist. Die Vorsorgepyramide zeigt die einzelnen Schritte einer durchdachten Finanzplanung, die alle aufeinander aufbauen. Zur Spitze der Pyramide, der Altersvorsorge, gelangt man erst, nachdem alle Stufen darunter angegangen wurden. Kompetente Berater gehen nach diesem Schema vor.

1. Sich vor existentiellen Risiken zu schützen hat allerhöchste Priorität. Dazu gehört unbedingt eine Haftpflichtversicherung. Für die, die noch im Erwerbsleben stehen, ist häufig auch eine Berufsunfähigkeitsversicherung sinnvoll. Familien und Ehepartner können den Todesfall mit einer Risikolebensversicherung absichern. Aber: Meiden Sie alle Versicherungsangebote, die unabhängig vom Risikoschutz bei Ablauf auch Kapital aus-

zahlen. Die Koppelung von Versicherungsschutz mit Geldanlage bringt für Anleger praktisch nie Vorteile.

2. Mit dem Notgroschen von zwei bis drei Monatsgehältern beugen Sie einer teuren Kontoüberziehung vor. Man weiß ja nie, was unerwartet an Ausgaben auf einen zukommt – wann die Waschmaschine, der Fernseher oder beides zusammen den Geist aufgibt. Dafür kommt nur eine sichere, flexible Anlageform in Frage, zum Beispiel ein Tagesgeldkonto.

3. Wenn Sie noch Schulden haben, wird ein kompetenter Berater empfehlen, diese vorrangig zu tilgen. Denn der Zinssatz für Schulden ist häufig viel höher als der Zins, den Sie für Geldanlagen bekommen. Ein Beispiel: Ein Immobiliendarlehen kostet zurzeit mindestens 5 Prozent Zinsen pro Jahr. Selbst die beste Rentenversicherung kann da nach Kosten und Steuern kaum mithalten.

Die Versorgungspyramide

4. Vermögensaufbau
für geplante Anschaffungen
und Altersvorsorge

3. Schulden tilgen

2. Notgroschen bilden: Tagesgeldkonto

1. Schutz vor existentiellen Risiken hat Vorrang vor
Vermögensbildung: Haftpflicht-, Berufsunfähigkeits-,
Risikolebensversicherung

4. Um die in Frage kommenden Geldanlageprodukte noch besser eingrenzen zu können, wird ein Berater auch fragen, wann größere Anschaffungen, etwa ein Autokauf oder Immobilienerwerb, anstehen. Die Altersvorsorge schließlich reicht am weitesten in die Zukunft. Berater sollten bei ihren Produktvorschlägen auch berücksichtigen, falls sich Anleger noch nicht festlegen möchten, ob sie das Geld als Altervorsorge oder für andere Zwecke verwenden wollen. Im Einzelfall sind flexible Lösungen besser geeignet als starre Vorsorgeprodukte, die sich nur unter Inkaufnahme hoher Verluste an veränderte Lebensumstände anpassen lassen.

Im Idealfall erhalten Sie ein vollständiges Protokoll, welches das Gespräch und den empfohlenen Rat schriftlich dokumentiert. Damit meinen wir nicht einen Ausdruck der Produktempfehlung, sondern eine Dokumentation der gestellten Fragen und der besprochenen Lösungen. Für den Fall, dass Sie selbst bei sehr qualifizierten Beratern falsch beraten werden, zum Beispiel indem risikoreichere Produkte als gewünscht vermittelt werden, ist ein Protokoll des Gesprächs umso wichtiger. Es erleichtert Ihnen, eine Falschberatung nachzuweisen und Schadenersatzansprüche geltend zu machen.

Bei der Suche nach kompetenter Beratung tun sich viele Anleger schwer. So gibt es leider nur wenige Banken und Berater, die unabhängig von Provisionsinteressen für eine pauschale Vergütung arbeiten. Wer sich auf diese Weise bezahlen lässt, dürfte aber eher mit der Vorsorgepyramide als Grundlage einer Beratung arbeiten und in der Tendenz eine bessere Beratungsqualität leisten. In Deutschland ist das etwa die Quirinbank. Auch wenn die Testergebnisse noch nicht auf ganzer Linie überzeugen, ist der Ansatz vielversprechend. Für Vermögen ab 500000 Euro positioniert sich das Bankhaus Wölbern. Die Verbraucherzentralen als gemeinnützige Vereine bieten eine Honorarberatung an, vermitteln allerdings keine Verträge. Des Weiteren sind diverse freie Berater in einer Reihe von Verbänden zusammengeschlossen (siehe unten angegebene Links). Eine Verbandsmitgliedschaft alleine bietet freilich noch keine ausreichende Gewähr für eine kompetente und unabhängige Beratung. Eine entsprechende Ausbildung, zum Beispiel als zertifizierter Finanzplaner (CFP), ist ein weiteres Indiz für Qualität. In jedem Fall sollten Sie sich erläutern lassen, auf welcher Grundlage Anlageempfehlungen zustande kommen, und schriftlich festhalten, wie der Berater mit anfallenden Provisionen verfährt.

Die Beratungsstundensätze beginnen im Einzelfall ab 70 Euro und liegen oft bei über 100 Euro. Das hört sich zunächst sehr teuer an. Wenn Sie aber die Kosten einer Beratung mit den im voranstehenden Kapitel angeführten Provisionen vergleichen, sind diese Beträge tatsächlich gering. Und wer etwa schon am Anfang seines Berufslebens 500 Euro in eine kompetente Beratung investiert und dadurch die Rendite seiner Anlagen selbst nur um 1 Prozent erhöht, spielt das Beratungshonorar mehrfach wieder ein.

Wem diese Form der Beratung dennoch zu teuer erscheint, dem bleibt natürlich die »Do It Yourself«-Variante. Mit guten Büchern und Seminaren zum Thema Finanzen, aber auch mit vielen der in diesem Lexikon angegebenen Links kann man sich einiges aneignen.

Links:
www.berater-lotse.de
www.bundesverband-finanz-planer.de
www.fpsb.de (Financial Planning Standards Board Deutschland e. V.)
www.lexikon-der-finanzirrtümer.de
www.vdh24.de (Verbund deutscher Honorarberater)
www.verbraucherzentrale.de (unabhängige Beratung mit pauschalen Stundensätzen)
www.vuv.de (Verband unabhängiger Vermögensverwalter)
www.vvv.de (Verband verbraucherorientierter Versicherungs- und Finanzmakler)

Provisionen: Verhandeln zwecklos?

Irrtum: *Provisionen sind nicht verhandelbar.*

Richtig ist: *Provisionen bei den meisten Finanzprodukten sind grundsätzlich Verhandlungssache. Lediglich bei Versicherungen gibt es ein gesetzliches Provisionsabgabeverbot.*

Strukturvertriebe, Banken, Vermögensverwalter, Wertpapierdienstleister – alle müssen sie seit November 2007 ihre Kunden über bis dato brisante Fakten offen informieren. Die unscheinbaren Schreiben, die Millionen von Kunden seit dem Herbst 2007 erhalten haben, dienen im Wesentlichen einem Zweck: Die Kunden sollen zustimmen, dass sie auf die Auszahlung von Provisionen verzichten, die der Finanzdienstleister von Dritten erhält.

Oft geht es um sogenannte Bestandsprovisionen (Kick-back-Zahlungen), die Emittenten von Zertifikaten oder Fondsgesellschaften an den Vertrieb bezahlen. Ausgehend von einem Marktvolumen von über 100 Milliarden Euro in Zertifikaten und rund 1700 Millionen Euro in Investmentfonds, handelt es sich um ein Milliardengeschäft, das lange Zeit hinter dem Rücken der Anleger abgewickelt wurde. Angenommen, die Bestandsprovisionen belaufen sich im Durchschnitt auf nur 0,5 Prozent pro Jahr, drehen sich die besagten Informationsschreiben um einen Verzicht auf nicht weniger als 9 Milliarden Euro – Jahr für Jahr! Finanziert werden diese Zuwendungen letztlich von den Kunden selbst, denn die Branche legt die Kosten einfach auf die Anlegergelder um. So ist das eben, so war das schon immer, da kann man nichts machen, oder? Und ob!

Ausgabeaufschläge bei herkömmlichen Investmentfonds sind seit Jahren schon Verhandlungssache. Diese gleichen inzwischen dem Listenpreis einer Einbauküche; nur wenigen Kunden ist klar, dass Preisverhandlungen hier ein Leichtes sind. Der Ausgabeaufschlag lässt sich dadurch häufig problemlos zumindest um ein Fünftel reduzieren. Bei einer Anlagesumme in Investmentfonds über 20000 Euro können 200 Euro Einsparung zusammenkommen. Direktbanken gehen mit dem Ausgabeaufschlag oft schon von vornherein auf die Hälfte des sonst üblichen runter.

Versicherer können sich über den Streit, der ihren schärfsten Rivalen, den Fondsgesellschaften und Zertifikateemittenten, ins Haus steht, nicht so recht freuen, haben sie doch seit dem 1. Juli 2008 eigene Sorgen: Sie müssen die Abschlusskosten nicht nur erstmals offen ausweisen, nein, sie müssen sie sogar in Euro und Cent ausweisen. Manche Versicherte werden große Augen machen, wenn sie im Kleingedruckten lesen, dass ihre Rentenversicherung ein paar tausend Euro kostet. Anders als bei Fonds und Zertifikaten kann es Ihnen hier allerdings passieren, dass der Vermittler sagt, es sei ihm verboten, einen Teil seiner Provision, die er vom Versicherer erhält, an seine Kunden weiterzureichen. Und er hat damit sogar recht. Das sogenannte Provisionsabgabeverbot stammt im Wesentlichen aus zwei Verordnungen aus dem Dritten Reich – eine Vorschrift, die Experten für völlig antiquiert halten. Ein Verstoß gegen das Provisionsabgabeverbot stellt eine Ordnungswidrigkeit dar und könnte theoretisch sogar von der Bundesanstalt für Finanzdienstleistungsaufsicht BaFin verfolgt werden.

Über Provisionen zu verhandeln ist aber nicht nur bei Versicherungen, Geldanlagen, Altersvorsorge oder Finanzierungen sinnvoll, sondern auch bei Maklerverträgen. Zum einen gibt es inzwischen Immobilienmakler (wie etwa der Anbieter iMakler), die nicht die in vielen Bundesländern üblichen 5 oder 6 Prozent verlangen, sondern gegen ein festes Honorar tätig sind. Aber auch dann, wenn Sie an einen Makler geraten, der seine 5 Prozent haben möchte, können Sie durchaus einen Prozentpunkt durch Verhandeln einsparen. Das jedenfalls hat eine Studie des Vereins Wohnen im Eigentum e.V. ergeben. Die Mehrheit der Makler in Deutschland sei demnach bereit, die Provision zu verhandeln. Je nach Wert der Immobilie sind Einsparungen von mehreren tausend Euro möglich!

Links:

www.bundesgerichtshof.de (»Kick-back-Urteil des BGH«, unter »Entscheidungen«, suche »Aktenzeichen XI ZR 56/05«)
www.verbraucherzentrale-bremen.de (Stichwortsuche »Musterbrief für Anleger«)

ANLEIHEN

Das Märchen von den vorhersagbaren Zinsentwicklungen

Irrtum: *Zinsprognosen nützen den Anlegern.*

Richtig ist: *Zinsprognosen kann man mit einem Würfel zuverlässiger erstellen.*

Es gibt Irrtümer in diesem Buch, deren Aufklärung keiner langen Erläuterungen bedarf. Die Fakten sprechen für sich: Holger Benke, Geschäftsführer der Hertie-Stiftung, hat über lange Jahre 425 Vorhersagen zur Rendite zehnjähriger Bundesanleihen von rund 30 Banken untersucht. Bei der Frage, ob die Zinsen steigen oder fallen würden, lagen 57 Prozent der Prognosen falsch.

Auch andere Untersuchungen zeigen eines sehr klar: nämlich, dass nichts klar ist. Oder anders ausgedrückt: Nicht die Prognosen der Experten zeigen an, in welche Richtung der Zins geht, sondern die Zinsentwicklung zeigt an, in welche Richtung die Prognosen gehen. Die meisten Experten tun nichts anderes, als der tatsächlichen Entwicklung mit schöner Regelmäßigkeit hinterherzurennen. Ein wesentlicher Grund dafür: Es lohnt sich für einen Analysten einfach nicht, von der herrschenden Meinung am Markt abzuweichen. Erweist sich seine Meinung als falsch, wird an seiner Kompetenz gezweifelt. Erweist sie sich hingegen als richtig, heißt es oft: »Der hat eben Glück gehabt!« Wer als Experte mit der Herde mitläuft – egal ob in die richtige oder falsche Richtung –, geht das geringste Risiko ein.

Benkes Analyse zeigt außerdem: Wer bei Zinsprognosen eine Münze wirft, hat im Zweifel mehr Erfolg. Denn mit einem Münzwurf liegt die Wahrscheinlichkeit, auf dem Holzweg zu sein, nur bei 50 Prozent. Fazit: Man kann den Markt nicht vorhersagen, auch nicht, was die Zinsen angeht.

Steigende Zinsen – gut für Anleger?

Irrtum: *Für Anleger ist es gut, wenn die Zinsen steigen.*

Richtig ist: *Wenn die Marktzinsen steigen, erleiden Besitzer von Anleihen Verluste.*

Vielleicht finden Sie diesen Irrtum auf den ersten Blick alles andere als spannend? Auf den zweiten haben wir auch hier erstaunliche Erkenntnisse zu bieten, und Sie als Anleger sollten darüber unbedingt Bescheid wissen. Für Tagesgelder und andere Anlagen, bei denen die Zinssätze laufend angepasst werden, ist es tatsächlich von Vorteil, wenn die Zinsen steigen. Das gilt auch, wenn Sie erst noch vorhaben, in festverzinsliche Wertpapiere zu investieren. Anders sieht es aus, wenn Sie bereits Besitzer von festverzinslichen Papieren sind. Diese nennt man auch Rentenpapiere, Obligationen, Anleihen, Schuldverschreibungen oder Bonds – eine ganz schön verwirrende Begriffsvielfalt für ein und dieselbe Sache. Aber egal, wie Sie das Kind beim Namen nennen, immer geht es darum, dass Anleger einem Staat, einer Bank oder einem Unternehmen Geld leihen und dafür Zinsen bekommen. Neben den Zinsen gibt es für Anleger jedoch noch eine weitere Ertragsquelle: Die Kurse der Anleihen können steigen oder eben auch fallen. Wenn es etwa Gerüchte gibt, dass ein Schuldner kurz vor der Insolvenz steht, will natürlich niemand mehr dessen Anleihen besitzen – die Kurse purzeln in den Keller.

Wenn Anleihen an Wert verlieren, hat das aber meist einen anderen Grund: Die Marktzinsen steigen. Und genau das ist für Sie als Anleihenbesitzer von Nachteil. Ein Beispiel: Sie haben vor einem Jahr eine Anleihe für 1000 Euro gekauft, für die es Jahr für Jahr 4 Prozent Zinsen gibt. Inzwischen ist das Zinsniveau am Markt auf 5 Prozent gestiegen. Doch Ihr Papier wirft weiter nur 4 Prozent ab. Wenn Sie jetzt an Ihr Geld ranwollen, werden Sie niemanden fin-

den, der für Ihr festverzinsliches Wertpapier die 1000 Euro auf den
Tisch legt, die Sie ursprünglich bezahlt haben. Warum sollte jemand Ihr niedrig verzinstes Papier auch nur anschauen, wenn bei
anderen Wertpapieren ein ganzes Prozent mehr Zinsen locken?
Natürlich müssen Sie dennoch nicht auf der Anleihe sitzenbleiben.
Sie müssen nur ein wenig Entgegenkommen zeigen – und sich mit
einem niedrigeren Verkaufspreis zufriedengeben, der dem Käufer
den Zinsnachteil ausgleicht.

Da ohne einen solchen Preisnachlass die niedriger verzinsten
Anleihen überhaupt keine Käufer finden würden, fallen die Kurse
von Anleihen stets bei einer Zinserhöhung. Wie stark sie fallen,
lässt sich berechnen:

Kursverlust =
Restlaufzeit in Jahren × Zinserhöhung in Prozentpunkten

Die Restlaufzeit einer Anleihe ist die Dauer bis zum vereinbarten
Zurückzahlungszeitpunkt. Welche Logik steckt hinter dieser Formel? Wir nehmen an, die Anleihe läuft noch zwei Jahre, danach
wird sie vom Anleiheschuldner zurückgezahlt. Die Zinsen werden
jährlich gutgeschrieben. Ein potentieller Käufer kann sich für Ihre
4-prozentige Anleihe entscheiden, dann fließen ihm in zwölf Monaten 40 Euro und in zwei Jahren nochmals 40 Euro Zinsen zu. Er
kann aber auch eine neu ausgegebene Anleihe kaufen, deren Zinssatz marktgerecht auf 5 Prozent festgesetzt wurde. Dann erhält
er in einem Jahr 50 Euro, und in zwei Jahren nochmals 50 Euro
Zinsen vom Anleiheschuldner überwiesen. Wenn er Ihre 4-pro-
zentige Anleihe erwerben würde, hätte er demnach einen Nachteil
von insgesamt 20 Euro. Also ist er bereit, Ihnen für das Papier statt
1000 Euro nur etwa 980 Euro hinzublättern. Ein faires Geschäft,
oder?

Jetzt etwas für all diejenigen, die es ganz genau wissen wollen: In Wirklichkeit ist der finanzielle Nachteil des Käufers etwas
geringer: Die 20 Euro Zinsnachteil muss er ja nicht sofort tragen,
sondern erst in einem beziehungsweise in zwei Jahren. Generell
wiegt ein Betrag von 20 Euro in der Zukunft weniger schwer als in
der Gegenwart. Denn wer schon heute über einen Geldbetrag verfügt, kann ihn ja noch – um beim Beispiel zu bleiben – zu 5 Prozent

Zinsen anlegen und bekommt dann in einem beziehungsweise zwei Jahren mehr als die 20 Euro Zinsgutschrift. Der Mechanismus von Angebot und Nachfrage führt dazu, dass dies in die Preise der Anleihen einfließt. Der Kurs des 4-prozentigen Papiers würde demnach nicht bei 980, sondern bei etwa 981,40 Euro liegen. Gegenüber dem ursprünglichen Kaufpreis von 1000 Euro macht das einen Kursverlust von 1,86 Prozent.

Anleger sollten wissen: Je länger die Restlaufzeit einer festverzinslichen Anleihe ist, desto größer der Kursverlust bei steigenden Marktzinsen. Umso größer sind aber auch die Kursgewinne, wenn die Zinsen fallen.

Die nachfolgende Tabelle zeigt, wie hoch die Kursverluste bei Anleihen ausfallen, wenn die Zinsen von 4 auf 5 Prozent ansteigen:

Kursverluste bei Anleihen, wenn die Marktzinsen um 1 Prozentpunkt steigen							
Restlaufzeit der Anleihe in Jahren	1	2	3	5	7	10	30
Kursverlust bei Erhöhung der Marktzinsen um 1 %	0,95 %	1,86 %	2,72 %	4,33 %	5,79 %	7,72 %	15,37 %

Es gibt Jahre, in denen das Zinsniveau so stark angestiegen ist, dass die Kursverluste der Anleihen deren Zinserträge vollständig aufgezehrt haben. Im Jahr 1994 haben Anleger mit Anleihen im Durchschnitt sogar etwa 2 und 1999 2,5 Prozent Verlust hinnehmen müssen. Anleger, die ihre Anleihen nicht vor Ablauf verkauften, waren von diesen Kursverlusten letztlich nicht berührt. 2006 strebten die Erträge aus Anleihen gegen 0 Prozent. Natürlich gab es auch schon Jahre, in denen die Kursgewinne von Anleihen höher als die gezahlten Zinssätze waren.

Auch Rentenfonds, also Investmentfonds, die Anleihen halten, sind gegen diese Kursänderungen nicht gefeit. Bei Anlegern führt das dann zu langen Gesichtern, weil sie meinten, festverzinsliche Papiere seien vor Kursverlusten sicher. So erbrachten Rentenfonds, die im Euroraum anlegen, 2005 bis 2007 gerade mal 0,2 Prozent Rendite pro Jahr. Globale Rentenfonds, die zusätzlich Währungsrisiken tragen, haben durchschnittlich eine Rendite von –1,6 Prozent erwirtschaftet. Hintergrund der schlechten Performance von Rentenfonds sind neben den Kursverlusten auch die Managementgebühren von um die 0,9 Prozent.

Wer Kursrisiken bei Anleihen möglichst ausweichen möchte, hat folgende Möglichkeiten:

– Entscheiden Sie sich für kurzfristig laufende Anleihen – für etwa bis zwei Jahre: Die Kursschwankungen sind hier weniger stark ausgeprägt als bei den langfristigen. Das geringere Risiko von Kursschwankungen geht aber meist mit etwas niedrigeren Renditen einher.

– Tagesgeldkonten und Geldmarktfonds: Die Zinssätze beziehungsweise Renditen sind hier allerdings oft niedriger als bei Anleihen.

– Termingelder und Sparbriefe: Hier gibt es keine Kursrisiken, allerdings kommt man vor Ablauf auch nicht an sein Geld ran.

– Tagesanleihe des Bundes: Seit Juli 2008 gibt es dieses Angebot. Funktioniert wie Tagesgeld, ist also jederzeit verfügbar und ohne schwankende Kurse. Die Verzinsung ist höher als bei den meisten Tagesgeldangeboten der Banken. Der Erwerb ist nur über die Finanzagentur der Bundesrepublik Deutschland möglich.

– Bundeswertpapiere ohne Zinsänderungsrisiken sind Bundesschatzbriefe und Finanzierungsschätze. Die vorzeitigen Rückgabemöglichkeiten sind allerdings eingeschränkt.

– Variabel verzinsliche Anleihen, sogenannte Floater: Das sind Anleihen, bei denen die Verzinsung regelmäßig an den Marktzins angepasst wird. Das Angebot dazu ist allerdings nicht allzu groß.

Links:

www.boerse-stuttgart.de (In der Rubrik Anleihen findet sich ein brauchbares Informationsblatt zum Herunterladen.)

www.bondboard.de (Anleihen-Finder und -Handel, Börse Düsseldorf)

www.fmh.de (Zinsübersichten und -vergleiche, Rechenwerkzeuge) www.bundeswertpapiere.com (aktuelle Konditionen für die Tages-anleihe, für Bundesschatzbriefe und Finanzierungsschätze. Zum kostenlosen Erwerb und Verwahrung bei der Finanzagentur der Bundesrepublik siehe www.deutsche-finanzagentur.de.)

Zinssatz = Rendite?

Irrtum: *Bei Anleihen sind Zinssatz und Rendite dasselbe.*

Richtig ist: *Die Unterschiede sind erheblich. Entscheidend sind allein die Renditeangaben.*

Wenn sich ein Anleger in der Tageszeitung oder im Internet über aktuelle Angebote und Konditionen von festverzinslichen Wertpapieren ein Bild verschaffen will, wird er als Neuling erst einmal verwirrt sein. Zu jeder Anleihe existieren nämlich zwei Informationen: der nominale Zinssatz und die Rendite. Der Zinssatz sagt aus, wie hoch die Zinserträge ausfallen, die dem Anleger regelmäßig ausgeschüttet werden. Die Rendite ist für den Anleger der interessantere Wert, weil sie zusätzlich zu den Zinserträgen auch die Kursgewinne oder -verluste einer Anleihe berücksichtigt.

Ein Beispiel mit den Zahlen aus dem vorherigen Kapitel: Ein Anleger kauft am 16. April eine Anleihe mit einem Nominalzinssatz von 4 Prozent zu 981,40 Euro. Der Nennwert beträgt 1000 Euro, diesen Betrag bekommt der Anleihenbesitzer vom Schuldner am Fälligkeitstag, dem 15. April in zwei Jahren, zurück. Die Rendite des Anlegers sieht dann so aus: Er bekommt pro Jahr 40 Euro Zinsen gutgeschrieben, eben die 4 Prozent auf den Nennbetrag von 1000 Euro. Zusätzlich profitiert der Anleger davon, dass er für die Anleihe nur 981,40 Euro bezahlen musste, aber in zwei Jahren 1000 Euro zurückbezahlt bekommt. Die Rendite des Anlegers pro Jahr lässt sich mit einer Faustformel berechnen:

$$\text{Rendite} = \frac{\text{Zinsen pro Jahr} + \text{Kursgewinn, auf ein Jahr umgerechnet}}{\text{investierter Betrag}}$$

in unserem Beispiel:

$$\text{Rendite} = \frac{40 + (1000 - 981,40) \, / \, 2}{981,40} = 5,0 \text{ Prozent}$$

Die Rendite – sie wird auch Effektivverzinsung genannt – beträgt demnach rund 5,0 Prozent. Das investierte Kapital des Anlegers vermehrt sich also um rund 5 Prozent pro Jahr – nicht etwa um 4,0, wie man anhand der Nominalverzinsung vermuten könnte. Mit dem Wissen dieses und der vorhergehenden Kapitel besitzen Sie jetzt die Platzreife für risikoarme festverzinsliche Wertpapiere, etwa für Bundesanleihen. Glückwunsch! Wem das zu kompliziert ist, der kann auch auf Rentenindexfonds setzen. Mehr dazu später. Von herkömmlichen Rentenfonds raten wir wegen der hohen Kostenbelastung grundsätzlich ab.

Inflationsschutz bei Anleihen?

Irrtum: *Es gibt keine Anleihen mit Inflationsschutz.*

Richtig ist: *Es gibt Anleihen mit Inflationsschutz. Sie schützen aber nicht in jedem Fall vor den Auswirkungen von Preissteigerungen.*

Die steigenden Lebenshaltungskosten machten Bundesbürgern zuletzt mehr Sorge als die Furcht vor Arbeitslosigkeit, Alzheimer oder gar Al Quaida. Auch vielen Anlegern ist der Schutz vor Inflation zu Recht sehr wichtig. Immerhin betrug die Inflationsrate in Deutschland während der vergangenen 50 Jahre durchschnittlich 2,8 Prozent pro Jahr. Lange Zeit gab es auch tatsächlich keine Anleihen, die bei erhöhter Preissteigerung einen Zinszuschlag boten – jedenfalls nicht in Deutschland. Doch seit 2006 ist das anders. Inzwischen gibt es eine zehnjährige Bundesanleihe sowie eine fünfjährige Bundesobligation mit eingebautem Inflationsschutz. Sowohl der Zinssatz als auch die Rückzahlung hängen von der

Entwicklung des Verbraucherpreisindex des Euro-Raums ab (Tabakprodukte ausgenommen).

Diese inflationsindexierten Anleihen werden auch als »inflationlinked Bonds« oder kurz als »Linker« bezeichnet, weil sie an einen Inflationsindex gebunden sind (englisch »to link«). Mit ihnen bringt man seine Schäfchen ins Trockene, wenn die Inflationsraten anziehen. Genauer: Sie lohnen sich gegenüber normalen Anleihen dann, wenn die Inflationsraten höher ansteigen, als bereits am Markt erwartet. Wer hingegen glaubt, dass die Inflation mittelfristig nachlässt oder gar eine Deflation mit sinkenden Preisen auftritt, setzt besser auf die klassischen Anleihen. (Mit Annahmen über zukünftige Preissteigerungen kann man freilich leicht danebenliegen.)

Um ein Wertpapierdepot gegen das Risiko von Preissteigerungen wenigstens zum Teil abzusichern, kann man inflationsindexierte Anleihen mit aufnehmen. Noch bequemer sind inflationsindexierte Rentenindexfonds. Aktuell existieren vier börsengehandelte Indexfonds (ETFs): Sie kosten 0,2 beziehungsweise 0,25 Prozent Verwaltungsgebühr pro Jahr und bilden das europäische beziehungsweise weltweite Universum aller inflationsindexierten Anleihen ab.

Da Anleger immer auch herkömmliche Anleihen kaufen können, müssen die Kurse der beiden Anleihen so sein, dass man letztlich mit beiden dieselbe Rendite erzielt, vorausgesetzt die Inflationsrate wird sich so entwickeln, wie allgemein erwartet wird. Versierte Anleger können anhand der inflationsindexierten Anleihen überschlagen, mit welcher zukünftigen Inflationsrate der Markt rechnet. Dazu zieht man von der Rendite der herkömmlichen Anleihen die Rendite der inflationsgebundenen Anleihen ab. Die Rendite ergibt sich aus dem Zinssatz und den Kursgewinnen oder -verlusten, die bis zur Fälligkeit einer Anleihe anfallen. Die Angaben kann man den Finanzteilen von Tageszeitungen oder Internetseiten wie bondboard.de entnehmen.

Damit man nicht Äpfel mit Birnen vergleicht, müssen beide Gattungen dieselbe Laufzeit haben. Ein Beispiel: Eine zehnjährige Staatsanleihe rentiert nominal 4,5 Prozent, eine zehnjährige inflationsindexierte Anleihe mit 2,0 Prozent (und zusätzlichem Inflationsausgleich). Die allgemein erwartete Inflationsrate beträgt somit 2,5 Prozent. Fällt die tatsächliche Inflationsrate exakt so hoch aus, macht es keinen Unterschied, ob man in eine indexierte oder in eine herkömmliche Anleihe investiert hat. Nur wenn die wirkliche Inflationsrate die erwarteten 2,5 Prozent übersteigt, erweist sich die inflationsgeschützte Anleihe im Nachhinein als eine gute Investition. Bei dieser Rechnung ist auch zu beachten, an welche Inflationsrate die Anleihe gebunden ist. Möglich sind zum Beispiel die Inflationsrate des Euroraums oder weltweite Raten.

Wer in Inflationszeiten nach Alternativen zu den Linkern sucht und unbedingt in Anleihen investieren möchte, setzt am besten auf sogenannte Kurzläufer: Anleihen, die innerhalb kurzer Zeit (bis zu zwei Jahren) auslaufen. Den Rückzahlungsbetrag investiert man danach wieder in neue Kurzläufer. Bei jeder Neuinvestition profitiert der Anleger davon, dass bei steigenden Inflationsraten meist auch die Marktzinsen ansteigen. Auch Floater – Anleihen, deren Zinssatz regelmäßig an das Marktniveau angepasst werden – kommen in Frage.

Voraussetzung für einen Kauf von Linkern ist, dass man auf die Ehrlichkeit der Statistiker vertraut, die die Inflationsraten ermitteln. Bislang gelten die Daten aus dem Euroraum trotz der »Teuro-Diskussion« als vertrauenswürdig. Bei den veröffentlichten US-Inflationsdaten werden dagegen in letzter Zeit immer häufiger Zweifel laut, nicht nur bei Verschwörungstheoretikern, sondern auch bei renommierten Finanzprofis. Die *Financial Times Deutschland* berichtet in ihrer auch sonst sehr lesenswerten Kolumne »Das Kapital« von Zeit zu Zeit detailliert über neuaufgetretene Auffälligkeiten.

Hier haben wir für Sie Wertpapierkennungen (ISIN) ausgewählter inflationsindexierter Anleihen und inflationsindexierte ETFs aufgeführt:

- DE0001030518 2,25 % Bundesobligation Deutschland bis 15.04.2013
- DE0001030500 1,5 % Bundesanleihe Deutschland bis 15.04.2016
- FR0010174292 Lyxor ETF EuroMTS inflation-linked; Gesamtkostenquote (TER) 0,2 %
- DE000A0HG2S8 iShares Euro inflation-linked Bond (ETF); Gesamtkostenquote (TER) 0,25 %

- LU0290357929 db x-trackers II iBoxx Global inflation-linked TR Index Hedged ETF; Gesamtkostenquote (TER) 0,25 %
- LU0290358224 db x-trackers II iBoxx Euro inflation-linked TR Index ETF; Gesamtkostenquote (TER) 0,20 %

RUND UM AKTIEN

Der Wert einer Aktie

Irrtum: *Der hohe Kurswert einer Aktie zeigt, dass das Unternehmen gut wirtschaftet.*

Richtig ist: *Der Kurswert einer Aktie hat für sich genommen keine Aussagekraft.*

Zeigen »optisch teure« Aktien, dass das Management einer Aktiengesellschaft besonders erfolgreich ist? Gegenfrage: Gilt die Kötitzer Ledertuch- und Wachstuch-Werke AG als das Zugpferd der deutschen Wirtschaft? Immerhin wurde eine Kötitzer-Aktie Mitte 2008 mit rund 15 000 Euro bewertet. »Teurer« ist kein anderes deutsches Aktienpapier. Tatsächlich handelt es sich um ein Unternehmen, das mit einem Vermögen (Bilanzsumme) von rund 2 Milliarden Euro durchaus eine respektable Größe erlangt hat. Aber zum Vergleich: Die Daimler AG bringt es auf ein Vermögen von rund 135 Milliarden Euro, eine Daimler-Aktie kostete Mitte 2008 aber nur etwa 40 Euro.

Wovon hängt der aktuelle Preis einer Aktie ab? Das Vermögen einer Aktiengesellschaft spielt dabei offensichtlich keine Rolle. Leser mit betriebswirtschaftlichen Kenntnissen werden einwenden, dass man vom Vermögen einer AG erst einmal die Schulden abziehen muss. Das ergibt dann das Eigenkapital. Wenn man dieses durch die Anzahl der ausgegebenen Aktien teilt, kommt man zum Buchwert einer Aktie.

Allerdings ist das Vermögen einer Aktiengesellschaft oft mehr wert als das, was in den Büchern steht und in der Bilanz dargestellt wird. Grundstücke etwa können im Laufe der Jahre beträchtlich an Wert gewinnen. In der Bilanz werden Grundstücke dagegen in der

Regel zu den ursprünglichen Anschaffungskosten aufgeführt. Was den Unterschied ausmacht, sind die sogenannten stillen Reserven, die nur schwer zu schätzen sind. Buchwert plus stille Reserven je Aktie ergeben einen Wert, der schon aussagekräftiger ist. Man nennt ihn den Substanzwert einer Aktie. Aber auch der Substanzwert ist nur ein sehr grober Anhaltspunkt für den tatsächlichen Wert einer Aktie.

Denn entscheidend ist nicht das Vermögen oder der Substanzwert einer Aktiengesellschaft, sondern wie gut es dem Unternehmen gelingt, aus dem vorhandenen Vermögen Jahr für Jahr Gewinne, sprich neues Vermögen zu schaffen. Und das drückt sich im Ertragswert aus. Den größten Unterschied zwischen Ertragsund Substanzwert weist wohl die Fuggerei in Augsburg aus, auch wenn sie keine Aktiengesellschaft, sondern eine Stiftung darstellt. Sie wurde 1521 von Jakob Fugger dem Reichen als Wohnsiedlung für bedürftige Bürger gestiftet. Heute besteht die Fuggerei aus 140 Wohnungen. Jede misst etwa 60 Quadratmeter. Die Jahreskaltmiete für eine Wohnung in der Fuggerei beträgt bis heute den nominellen Gegenwert eines Rheinischen Gulden, das sind aktuell 0,88 Euro. Der Stifter hat zu seiner Zeit allen Mietern die Pflicht auferlegt, für ihn und seine Familie täglich dreimal zu beten. Daher die günstige Miete.

Der Substanzwert der Fuggerei dürfte Pi mal Daumen gerechnet bei 15,4 Millionen Euro liegen, nämlich 140 Wohnungen à 110 000 Euro. Dagegen beträgt der Ertragswert insgesamt höchstens 3080 Euro. Denn die erzielbaren Mieterträge für alle Wohnungen zusammen betragen nur 123,20 Euro jährlich. Spürbare Mieterhöhungen sind per Stiftungssatzung für alle Zeiten ausgeschlossen. Die laufenden Kosten für Immobilienbewirtschaftung und Instandhaltung lassen wir mal außen vor. Sie würden den Ertragswert weiter verringern. Die jährlichen Einnahmen von 123,20 Euro kann ein Anleger ohne großes Risiko erhalten, wenn er 3080 Euro zu 4 Prozent Zinsen bei einer Bank anlegt. Mehr würde deshalb vermutlich kein Anleger für den gesamten Wohnungsbestand der Fuggerei auf den Tisch legen.

Der Ertragswert dürfte auch bei der Deutsche Bahn AG nach dem Börsengang ihren Substanzwert deutlich unterschreiten. Umgekehrt kann der Ertragswert etwa bei Softwarefirmen und

anderen Unternehmen mit wenig Wettbewerbern, hohen Gewinnmargen und niedriger Sachmittelausstattung schon mal mehr als
das Fünffache des Substanzwerts betragen.

Wenn sich die Aktiengesellschaften A und B weder in ihrem
Substanz- noch in ihrem Ertragswert und in ihren Zukunftsaus-
sichten voneinander unterscheiden, dann können deren Aktienkurse dennoch völlig unterschiedlich hoch sein, je nachdem, wie
viele Aktien ausgegeben worden sind. Und deshalb ist die Höhe
des Kurses ohne große Bedeutung – vielleicht mit Ausnahme des
Kurses der Pennystocks. Das sind Aktien, deren Kurswert unter
1 US-Dollar beziehungsweise unter 1 Euro gefallen ist. Schon Kurse unter 3 Euro sind in normalen Zeiten nicht gerade vertrauens-
erweckend, auch wenn uns dazu keine Untersuchungen bekannt
sind.

Wenn sich die weiteren Geschäftsaussichten nicht eintrüben,
steigt eine Aktie im Lauf der Jahre rechnerisch um die vom Unternehmen erzielten Gewinne, soweit diese nicht an die Aktionäre
in Form von Dividenden ausgeschüttet wurden. Allzu hohe Kurse machen eine Aktie allerdings optisch teurer. Deshalb nehmen
Aktiengesellschaften gelegentlich einen Aktiensplit vor. Aus einer
Aktie à 120 Euro werden dann zum Beispiel vier Aktien à 30 Euro.
Der Aktionär gewinnt nichts und verliert auch nichts dabei. Aber
die Aktie wirkt nach einem Split billiger. Das soll in gewissem Umfang potentielle Käufer stimulieren.

Ob eine Aktie für Anleger attraktiv ist, hängt nicht von der Höhe
des Kurswerts in Euro ab, sondern alleine von den in Zukunft
erzielbaren Dividenden und Kursgewinnen. Die Kursgewinne
wiederum hängen davon ab, ob sich die Geschäfte des Unternehmens besser oder schlechter entwickeln, als es der Markt bereits
erwartet. Um das prognostizieren zu können, müssten Sie freilich
hellseherische Kräfte besitzen.

Welchen Vorzug haben Vorzugsaktien?

Irrtum: *Vorzugsaktien bieten dem Aktionär Vorzugskonditionen.*

Richtig ist: *Anlegerschützer raten kategorisch von Vorzugsaktien ab.*

Bei manchen Aktiengesellschaften hat ein Käufer die Qual der Wahl: Dürfen es Stamm- oder Vorzugsaktien sein? Und was ist da der Unterschied?

Als Stammaktien bezeichnet man Aktien, die mit einem Stimmrecht behaftet sind. Vorzugsaktien sind dies nicht, erfahren dafür aber etwa bei Dividendenausschüttungen eine bevorzugte Behandlung. Oft sind Familienclans große Fans von Vorzugsaktien – aber natürlich nicht für sich selbst, sondern für die anderen Investoren und Kleinanleger. Sie selbst wollen ja mitbestimmen und die Macht über eine Aktiengesellschaft halten. Bei Porsche etwa stellen die Weichen alleine die Familien Porsche und Piëch, die sämtliche Stammaktien und damit die Stimmrechte halten. Anderen Investoren überlassen sie nur Vorzugsaktien ohne Stimmrecht. Versüßt wird jenen das mit einer höheren Dividende.

Für unbedarfte Privatanleger scheint alles für die Vorzugsaktie zu sprechen: Vielen Kleinaktionären sind der Besuch einer Hauptversammlung und eine dortige Stimmabgabe ohnehin gleichgültig, zumal auch die kulinarischen Verlockungen der Hauptversammlungen in den letzten Jahren nachgelassen haben. Über Bockwürstchen und Erbseneintopf gehen die Anstrengungen, den Aktionär zu besänftigen, oft nicht mehr hinaus. Dann doch lieber eine höhere Dividende.

Doch das ist ein Trugschluss. Wenn etwa Investoren eine Aktiengesellschaft übernehmen wollen, geht es ihnen um die Stimmrechte. Deshalb kaufen sie typischerweise alleine die Stammaktien auf. Dort winken dann auch die großen Kursgewinne. Die »kastrierten« Vorzugsaktien bleiben dahinter deutlich zurück. Zuletzt konnten das die VW-Vorzugsaktionäre erleben. Porsche als Aufkäufer interessierte sich vorrangig für die Stammaktien.

»Wir raten kategorisch von einem Investment in Vorzugsaktien ab«, sagt Markus Straub, früherer Vorstand der Schutzgemeinschaft der Kapitalanleger (SdK). »Bei den Übernahmen von Wella, Pro Sieben, Sat.1 und Creaton zeigte sich, dass Vorzugsaktien lediglich lästiges Beiwerk sind, dem keine große Bedeutung und somit auch kein großer Preis zugestanden wird.«

Börsenhandel: bestens und billigst

Irrtum: *»Bestens« und »billigst« heißt: zu besten Konditionen.*

Richtig ist: *»Bestens« und »billigst« heißt: zu jedem beliebigen Preis.*

»Ist bestens gut genug?« Paradoxerweise lautet die Antwort bei Börsengeschäften häufig »Nein!« Und billigst ist nicht dasselbe wie billig.

Wer Aktien kaufen oder verkaufen will, hat zwei Möglichkeiten: Er kann ein Limit setzen oder ohne Limit handeln. Ein Limit für den Kauf einer Aktie bedeutet etwa: »Ich will dieses Papier, aber ich bezahle dafür höchstens 20 Euro. Wenn es mir keiner zu diesem Preis verkaufen will, dann lasse ich es eben.« Ein Käufer, der kein Limit setzt, erklärt sich dagegen bereit, das Papier zu jedem beliebigen Kurs zu kaufen, der sich an der Börse bildet – das bezeichnet man auch als »billigst«.

Bei Aktien aus dem DAX bekommt man in der Regel mit unlimitierten Aufträgen kein Problem. Bei Papieren, die selten gehandelt werden, etwa bei Aktien kleinerer Gesellschaften oder bei ausländischen Werten, hat sich dagegen schon so mancher mit einem »Billigst«-Auftrag eine blutige Nase geholt. Leicht bezahlt man so als Käufer überhöhte Preise – oder gibt als Verkäufer seine Papiere zu lauen statt zu besten Konditionen ab. Vor allem, wenn an der Börse gleichzeitig mehrere unlimitierte Verkaufsaufträge zusammenkommen, kann das vorübergehend beträchtlichen Druck auf den Kurs einer Aktie ausüben. Daher sollten Anleger ihr

Gebot immer mit einem Limit abgeben, selbst wenn sie als Limit einfach nur den Eurobetrag festsetzen, zu dem die Aktie zuletzt gehandelt wurde.

Stop Loss – perfekter Schutz vor Verlusten?

Irrtum: *Stop-Loss-Kurse schützen vor größeren Verlusten.*

Richtig ist: *Stop-Loss-Kurse sind ein zweischneidiges Schwert. Oft entsteht gerade durch sie Schaden.*

Der Alptraum eines jeden Aktionärs: Die Kurse stürzen ins Bodenlose, und man bekommt es nicht mit, weil man gerade den Urlaub genießt, im Watt watschelt oder in der Karibik schnorchelt – jedenfalls Besseres zu tun hat, als Börsenkurse zu verfolgen. Da klingt es verlockend, mit Stop-Loss-Kursen vorzusorgen. Dabei erhält die Bank den Auftrag, Aktien zu verkaufen, sobald der Kurs einen festgelegten Wert unterschreitet. Diese Schwelle setzen Anleger bei DAX- und anderen Standardwerten meist bei 10 Prozent unter dem aktuellen Wert an. Bei Nebenwerten wählen Anleger deutlich größere Puffer – bis zu 30 Prozent.

Für Anleger genauso übel: Die Kurse beginnen plötzlich zu steigen, und man hat nicht in sie investiert. Dafür bieten Banken Stop-Buy-Aufträge an. Sie kaufen für den Kunden eine Aktie, sobald das Papier ein festgelegtes Kursniveau überschreitet. (Der Begriff »Stop Buy« mag verwirren – die Banken haben eben einfach nach einem Begriff gesucht, der sich an »Stop Loss« anlehnt.)

Beide Varianten bieten Banken in Deutschland schon seit 1989 an. Hat sich das für Anleger bezahlt gemacht? Sicher wird man Anleger finden, die damit gute Erfahrungen gemacht haben. Doch ist das die Regel? Eher nicht.

Zum einen gibt es diese Absicherung bei den wenigsten Kreditinstituten zum Nulltarif. Selbst manche Onlinebanken berechnen für nichtausgeführte Stop-Loss- oder Stop-Buy-Aufträge Gebühren bis zu 5 Euro. Aber abgesehen davon sind die Ergebnisse der US-Forscher Dimson, Marsh und Staunton viel gravierender: Die haben den Erfolg einer Strategie gemessen, die bei 10 Prozent Verlust den kompletten Aktienbestand verkauft und erst wieder zu Beginn des nächsten Jahres einsteigt: Sie hätte einen Anleger in amerikanische Aktien in 30 Jahren rund 25 Prozent des Endvermögens gekostet.

Dazu kommt: Wenn eine Aktie innerhalb sehr kurzer Zeit von 70 auf 60 Euro fällt, kann ein Anleger nicht erwarten, dass seine Stop-Loss-Order bei 69 Euro ausgeführt wird. Möglicherweise stapeln sich beim Börsenmakler in einer solchen Situation Verkaufsaufträge in Massen – aufgrund vieler weiterer Stop-Loss-Orders. Gleichzeitig ist kaum jemand bereit zu kaufen. Das treibt den Kurs schlagartig in den Keller.

Hinterher ist die Enttäuschung groß. Denn oft erholen sich die Kurse, sobald die Stop-Loss-Aufträge abgearbeitet sind, binnen weniger Stunden. Den 28. Februar 2007 etwa werden Anleger, die auf eine solche Absicherung gesetzt haben, in schmerzlicher Erinnerung haben. Besonders auffällig war die Solon Aktie. Der Aktienkurs fiel an diesem Tag rasch um rund -20 Prozent auf 32 Euro. Schon am Nachmittag erholten sich die Kurse wieder fast vollständig.

Manche Banken bieten auch ein Limit-Stop-Loss an. Wenn die Verkaufsschwelle erreicht wird, wird nicht zu jedem beliebigen Preis verkauft, sondern zu einem vom Anleger festgesetzten Mindestpreis. Findet sich kein Käufer, wird nicht verkauft. Aber auch das löst das Problem nicht wirklich.

Erwägenswert sind allenfalls Limit-Benachrichtigungen. Sie werden von manchen Depotbanken, aber auch von Finanzportalen wie www.ariva.de angeboten. Da wird per E-Mail Alarm geschlagen, wenn eine festgelegte Kursschwelle erreicht wurde. Order ja oder nein, das entscheidet dann der Kunde – sofern er im Urlaub Zugang zum Netz hat.

Es gibt also keine einfache Lösung. Wenn Sie schon mit Stop-Loss-Kursen arbeiten wollen, dann aber bitte nicht – wie viele Anleger – mit runden Beträgen wie etwa 70 Euro. Mit einem Betrag, der leicht darüberliegt, fährt man besser, beispielsweise 70,42 Euro. Denn erreicht der Kurs die Schwelle von 70 Euro, kann es zu einer Verkaufslawine kommen, der man durch ein geringfügig höheres Limit entkommen kann.

DAX und Dow Jones – Äpfel und Birnen

Irrtum: *Mit Hilfe von Aktienindizes kann man die Entwicklung verschiedener Aktienmärkte vergleichen.*

Richtig ist: *Aktienindizes unterscheiden sich in ihrer Konstruktion erheblich, und der absolute Indexstand hat keine Bedeutung.*

Aktienindizes wie der deutsche DAX, der österreichische ATX, der SMI in der Schweiz oder der Dow Jones in den USA zeigen an, wie sich eine Auswahl von Aktien eines Marktes entwickelt. Der US-amerikanische Dow-Jones-Index stand am 1. Juli 2008 bei etwa 11 400 Punkten, der DAX dagegen nur bei etwa 6300 Punkten. Ist Deutschland nicht nur bei den Olympischen Spielen, sondern auch in der Ertragskraft seiner Unternehmen den Amerikanern hoffnungslos unterlegen? Sollte man womöglich nur auf US-amerikanische Aktien setzen?

No way! Denn solche Indizes sind nicht dafür gemacht, dass man sie miteinander vergleicht. Ein Aktienindex zeigt lediglich, wie sich eine Auswahl von Aktien eines Marktes entwickelt. DAX und Dow Jones setzen sich zwar jeweils aus 30 Aktien zusammen. Das war es dann aber auch schon an Gemeinsamkeiten. Wer die Indexstände miteinander vergleicht, kann genauso gut Äpfel mit Birnen vergleichen. Wir sagen Ihnen, warum.

Zum einen unterscheiden sich Indizes in ihrer Ausgangsbasis: Der Dow Jones – genauer, der Dow Jones Industrial Average – wurde erstmals am 26. Mai 1896 publiziert. Er startete mit 40,94 Punkten. Diesen Punktestand streifte der Index übrigens knapp 40 Jahre später noch einmal, nämlich im Verlauf der Weltwirtschaftskrise 1932. Dagegen startete der DAX erst am 30. Dezember 1987 mit einem Stand von 1000 Punkten. Ein ungleiches Rennen, denn der Dow Jones lag da schon bei 1950 Punkten. Die enorme Steigerung des Dow Jones seit 1896 muss uns übrigens nicht vor Ehrfurcht erstarren lassen. Sie entspricht einer jährlichen Rendite von etwa 5 Prozent.

Zum anderen berücksichtigt der DAX als Performanceindex ausgeschüttete Dividenden. Die bringen in den meisten Jahren 2 bis 4 Prozent zusätzlichen Ertrag. Ohne Dividende gerechnet, lag der DAX am 1. Juli 2008 lediglich bei 4000 Punkten. Der Dow Jones als ein reiner Kursindex berücksichtigt dagegen keine Dividenden.

Die Unterscheidung zwischen Kurs- und Performanceindex kann für Anleger bedeutsam werden: Manche Kreditinstitute bieten Anlegern über Zertifikate eine Art Wette an, dass ein bestimmter Index schneller als ein anderer Index ansteigt. Nicht selten ist der eine Index ein Kurs- und der andere ein Performanceindex. Letzter berücksichtigt die Dividenden und steigt deshalb in der Regel stärker an. Für Banken also eine nahezu risikolose Wette, für ahnungslose Investoren, die darauf hereinfallen, ein fatales Eigentor.

Ein dritter wichtiger Punkt: Anleger vergessen oft, dass die Indexentwicklung in lokaler Währung gemessen wird – beim Dow Jones in US-Dollar. Die Wertentwicklung in Euro kann davon stark abweichen. Mitte 2007 erreichte der DAX erstmals seinen alten Rekordstand vom März 2000 wieder. Der Dow Jones lag sogar um gut 20 Prozent über seinem alten Höchststand – aber nur in US-Dollar gerechnet. In Euro gemessen, tummelte er sich noch 15 Prozent unter seinem Bestwert.

Ohnehin wird der Dow Jones auf abenteuerlich antiquarische Weise geführt. Ob eine Aktie in den Dow Jones aufgenommen wird, entscheiden Redakteure des *Wallstreet Journals* nach sehr subjektiven Kriterien. Es gibt keine festen Regeln für eine regelmäßige Überprüfung und Aktualisierung. Der Rechenmodus ist ebenso haarsträubend: Man addiert im Prinzip einfach die Aktienkurse ohne jede Gewichtung auf. Preisgewichtete Berechnung nennt man das. Eine Aktie, die im Moment 100 US-Dollar wert ist, fällt 20-mal stärker ins Gewicht als eine Aktie, die bei 5 Euro notiert. Wenn ein Unternehmen einen Split vornimmt und aus einer 100-Dollar-Aktie zehn 10-Dollar-Aktien werden, sinkt dessen Gewichtung im Dow Jones schlagartig. Nur noch der japanische Index Nikkei-225 wird heute auf eine ähnlich seltsame Weise berechnet.

Ansonsten ist es heute üblich, dass Indizes die Aktie eines

Unternehmens nach dessen Unternehmenswert an der Börse beziehungsweise nach dessen wertmäßigem Volumen der frei handelbaren Aktien, auch Free Float genannt, gewichten. Nicht frei handelbar sind etwa Aktien in der Hand von Großaktionären, die in einem Unternehmen eine beherrschende Stellung einnehmen und ihre Aktien langfristig halten.

Auf diese Weise werden der DAX und auch der US-amerikanische S&P 500 sowie der japanische Topix berechnet. Es ist uns ein Rätsel, weshalb die Medien bei Berichten über das Börsengeschehen in den USA und Japan dennoch bevorzugt den Dow Jones und den Nikkei als Börsenindex darstellen.

Links:

http://index.onvista.de (aktuelle Indexstände und Charts)

www.markt-daten.de (historische Zeitreihen und Indexcharts)

Wie deutsch ist der DAX?

Irrtum: *Im DAX sind die 30 größten deutschen Unternehmen enthalten.*

Richtig ist: *DAX-Konzerne sind längst global agierende Unternehmen.*

Wann ist ein Unternehmen ein deutsches Unternehmen? Wenn die Mehrzahl der Mitarbeiter in Deutschland lebt? Wenn es den Löwenanteil seiner Umsatzerlöse hier erzielt? Wenn seine Eigentümer vorwiegend zwischen Flensburg und Füssen leben? Wenn man diese Kriterien anlegt, wären die meisten Aktiengesellschaften des DAX keine deutschen Unternehmen. Die *Frankfurter Allgemeine Sonntagszeitung* titelte deshalb sogar unlängst: »Adieu, Deutschland: Der DAX haut ab«.

Hier einige Fakten: Bereits zu Jahresbeginn 2006 beschäftigten 19 der 30 größten deutschen börsennotierten Unternehmen mehr als die Hälfte ihrer Mitarbeiter im Ausland. Bei Spitzenreiter Fresenius Medical Care sind es 93 Prozent. Sogar bei der Deutschen Post arbeiten zwei Drittel der Belegschaft im Ausland. Und 68 Prozent der Einnahmen aller DAX-Konzerne sprudeln aus ausländischen Quellen – 20 Jahre früher waren es gerade mal gut 40 Prozent der Umsätze. Für einige renommierte Adressen wie Adidas oder Henkel ist der deutsche Absatzmarkt nur noch eine Randgröße.

Dazu kommt, dass bei einem Großteil der DAX-Unternehmen deutsche Eigentümer inzwischen klar in der Minderheit sind. Das *Handelsblatt* berichtet, dass sich 2007 sogar erstmals die 30 größten deutschen börsennotierten Konzerne mehrheitlich im Besitz ausländischer Investoren befanden. 2001 betrug deren Anteil nur gut ein Drittel, 1997 nur ein Zehntel. Den größten Anteil ausländischer Eigentümer hat die Deutsche Börse mit 84 Prozent, es folgen Adidas (79 Prozent) und Bayer (78 Prozent). Der Hintergrund: Die Wettbewerbsfähigkeit der deutschen Wirtschaft hat sich in den letzten Jahren verbessert. Zudem hat der erstarkende Euro Investoren aus dem Dollarraum, insbesondere Pensionsfonds, zum Kauf deutscher Aktien animiert. Zusätzlich zu den Kursgewinnen streichen US-Investoren auch Währungsgewinne ein. In den Jahren 2003 bis 2007 summierten sich allein die Währungsgewinne auf 40 Prozent.

Die Folgen dieser Globalisierung: Die inländische Politik und Konjunktur spielen für die großen deutschen Aktiengesellschaften eine immer geringere Rolle. Das heißt aber auch: Wer DAX-Aktien kauft, hat die Risiken breiter gestreut, als er vielleicht zunächst annahm.

Auf der einen Seite stellen sich die Unternehmen immer globaler auf. Auf der anderen Seite konzentrieren sie ihre Unternehmenssitze zunehmend in einer einzigen deutschen Stadt – in München. Mitte 2008 haben mit Allianz, BMW, Hypo Real Estate, Infineon, Linde, MAN, Münchener Rück und Siemens inzwischen acht von 30 DAX-Konzernzentralen dort ihren Sitz. Wenn das so weitergeht, wird aus dem Deutschen Aktienindex irgendwann noch ein MAX – ein »Münchener Aktienindex«.

Links:
www.onvista.de (Die 30 DAX-Werte sehen Sie dort, wenn Sie in der Tabelle »Marktübersicht« auf den DAX klicken und anschließend in der Spalte »Details« auf »Einzelwerte«.)

BÖRSENSTRATEGIE

Wie nützlich sind Kursprognosen von Experten?

Irrtum: *Wir sehen den DAX am Jahresende bei ... Punkten.*

Richtig ist: *Kurzfristige Kursprognosen sind immer unseriös.*

Alle Jahre wieder rieseln auf Anleger Prognosen von Banken und sonstigen Berufenen nieder wie Schneeflöckchen. Sie fragen jetzt vielleicht: Wieso auch nicht? Ist doch wichtig, wie sich der DAX oder ein anderer Index in zwölf Monaten entwickelt? Ja, schon. Aber was sind solche Aussagen wert?

Werfen wir einen Blick in die jüngere Vergangenheit: Die optimistischen Prognosen für 2008 waren schon drei Wochen später durch herbe Kurseinbrüche fragwürdig geworden. 2007 sah es wie folgt aus: Am Jahresende stand der DAX bei 8067 Punkten. Im Schnitt rechneten die 36 von *welt.online* zuvor befragten Strategen mit einem DAX-Stand von 7032 Punkten. Ende 2006 stand der DAX bei 6596 Punkten. Nur eine von zehn befragten Banken sah den DAX für jenes Jahr steigen, und das auch nur bis auf 6000 Punkte. Im Durchschnitt orakelten die Analysten zwölf Monate zuvor, dass er lediglich einen Stand von 5500 Punkten erreichen würde. Gehen wir noch weiter zurück: Für 2005 erwarteten die Prognostiker durchschnittlich einen Zuwachs von knapp 7 Prozent. Tatsächlich schaffte der DAX bis Jahresende sogar 27 Prozent. Meist also waren die Banken mit ihren Prognosen zu überschwänglich oder zu verhalten – halbwegs richtig lagen sie höchst selten.

Warum Kreditinstitute so wenig Glück mit ihren Prognosen

haben? Ob der DAX steigt oder fällt, hängt letztlich von zwei Faktoren ab: wie sich die Gewinnaussichten der Unternehmen darstellen und wie sich die Bereitschaft der Investoren entwickelt, für die Gewinne ordentlich Geld auf den Tisch zu legen. Die Analysten der Banken neigen in ihren Gewinnschätzungen dazu, die Trends der Vergangenheit einfach in die Zukunft zu verlängern: Wenn es die letzten Quartale gut lief, werden auch die nächsten Monate prächtig sein. Zudem kann man sich nicht blamieren, wenn man mit der Masse der Kollegen danebengreift. Schon bei der Prognose der Unternehmensgewinne für das nächste Quartal liegen Analysten mitunter völlig daneben, zuletzt in den USA bei den 500 wichtigsten Aktien des Marktes, die in den S&P-500-Index eingehen: Für das vierte Quartal 2007 hatten die über 1000 Aktienanalysten der Wall Street im Schnitt mit einer Gewinnsteigerung von 8 Prozent gerechnet. Tatsächlich sanken die Gewinne um 23 Prozent. Die sogenannten Experten lagen um mehr als 30 Prozentpunkte daneben.

Die zweite Frage ist noch schwerer zu beurteilen: Das Wievielfache der Gewinne sind die Anleger bereit, für eine Aktie zu bezahlen? Diesen Sachverhalt drückt das Kurs-Gewinn-Verhältnis (KGV) aus. Je höher das KGV, desto teurer ist die Aktie. Aktien mit niedrigem KGV sind aber nicht automatisch »Schnäppchen« (so einfach ist die Börse nicht gestrickt), sondern haben oft irgendwelche Mängel. Denkbar ist etwa, dass Zweifel darüber bestehen, ob die Gewinnhöhe überhaupt auf Dauer zu halten ist. In tiefpessimistischen Zeiten – etwa in den Siebzigern oder zu Beginn der achtziger Jahre – sind Anleger im Schnitt nur willens, das Sechsfache des Jahresgewinns als Kaufpreis für eine Aktie auf den Tisch zu legen. In optimistischen Zeiten wie etwa um die Jahrtausendwende kann das durchschnittliche Kurs-Gewinn-Verhältnis von Aktien auf Werte deutlich über 20 steigen. Der langfristige Durchschnitt des Kurs-Gewinn-Verhältnisses liegt bei 15, auf diesen Wert fällt es auf lange Sicht immer wieder zurück.

Wer dieses Wissen jedoch für Prognosen nutzen will, wird eine Bauchlandung erleben. Ein hohes aktuelles KGV ist keine Garantie dafür, dass es binnen zwölf Monaten nicht noch weiter steigt und auf Jahre mit einem niedrigen KGV folgten in der Vergangenheit häufig Jahre mit einem noch niedrigeren.

Bei Aktien aus Ländern außerhalb der Eurozone kommen noch Wechselkursschwankungen dazu, die die Prognosen endgültig zur Kaffeesatzleserei werden lassen. »Börsenprognosen aufzustellen gleicht dem Versuch, eine schwarze Katze in einem schwarzen Raum fangen zu wollen«, hat mal ein schlauer Kopf gesagt.

Aktien als Langzeitanlage

Irrtum: *Auf Sicht von 10 bis 20 Jahren rentieren sich Aktien immer.*

Richtig ist: *Seit dem Zweiten Weltkrieg rentieren sich Aktien lediglich für jeden beliebigen 25-Jahres-Zeitraum in der Vergangenheit – immerhin!*

»Wer sein Geld langfristig anlegen will, kann mit Aktien nicht viel falsch machen«, hört man immer wieder. Mit einer Rendite von 6 bis 9 Prozent, die man mit Aktien langfristig im Durchschnitt erzielen könne, wird einem der Mund wässrig gemacht.

Das ist tatsächlich so. Allerdings sind das eben nur Durchschnittswerte. Je nach Einstiegszeitpunkt können die Renditen dramatisch davon abweichen. Wie das *Manager Magazin* berichtete, hat Standard and Poor's, die auch unter dem Kürzel S&P bekannte Ratingagentur, einmal nachgerechnet. Das Ergebnis ist ernüchternd: Wer Aktien im Rückblick betrachtet zu teuer kauft und sie durch alle zwischenzeitlichen Kurswirren hält, hat praktisch kaum noch eine Aussicht auf eine interessante Realrendite, wenn man die Inflationsrate abzieht.

Seit 1900 gab es drei Phasen, in denen man an der Börse auch auf längere Sicht erheblich Geld verlieren konnte. Wegen der besseren Datenverfügbarkeit bezogen sich die Autoren der Studie auf den inflationsbereinigten US-amerikanischen »Standard and Poor's Composite«-Aktienindex. Die erste Phase dauerte von 1906 bis 1921. Der S&P-Index fiel um 68 Prozent. Die zweite Phase begann 1929, löste auch die Weltwirtschaftskrise mit aus und endete 1949. Die Aktienpreise fielen in dieser Zeit mit erheblichen

Schwankungen erstaunlicherweise wieder um 68 Prozent. Die dritte verlustreiche Phase dauerte schließlich von 1968 bis 1982. Der S&P-Index verlor inflationsbereinigt insgesamt 63 Prozent.

In seinem 2000 erschienenen Bestseller *Irrational Exuberance* – (deutscher Titel *Irrationaler Überschwang*) – sieht der amerikanische Ökonom Robert J. Shiller ein zu hohes Verhältnis von Aktienkursen zu Unternehmensgewinnen als Signal für drohende große Kursverluste. Bei seinen Analysen hat er nicht mit dem üblichen KGV, also dem Verhältnis von Kursen zu den Gewinnen gearbeitet, sondern mit dem Verhältnis der Kurse zu den durchschnittlichen Gewinnen der vorhergehenden zehn Jahre. Dieses Langzeit-KGV ist nach seiner Auffassung brauchbarer, da kurzfristig erzielte Spitzengewinne der Unternehmen, die sich oft nicht lange aufrechterhalten lassen, die Aussagekraft des üblicherweise berechneten KGVs einschränken. Das Langzeit-KGV lag an den US-Börsen meist zwischen 10 und 20 und kehrte dabei immer wieder zu seinem Durchschnitt von 16 zurück. Der Beginn der angeführten Abwärtsphasen wurde jedoch von sehr hohen Werten markiert: 1906 lag es bei 20, im September 1929 bei knapp 33 und im Dezember 1968 bei gut 22. Auf der Spitze des letzten Börsenhypes stieg das Langzeit-KGV im Dezember 1999 nach Shillers Rechnung gar auf über 44.

Während auch diese Kennziffer nicht für kurzfristige Marktprognosen geeignet ist, scheinen sehr wohl Rückschlüsse auf die langfristigen Renditechancen möglich. Jahre mit hohen Langzeit-KGVs führten für Aktionäre immer zu unterdurchschnittlichen Erträgen, Jahre mit niedrigen Langzeit-KGVs wie 1917, 1932 und 1980 wiederum erwiesen sich in den USA im Nachhinein als ideale Investitionszeitpunkte. Der Grund hierfür ist, dass die Gewinnspannen der Unternehmen – und die sind für die Aktienpreise von entscheidender Bedeutung – auf lange Sicht immer wieder zu den Mittelwerten zurückkehren. Bäume wachsen eben nicht in den Himmel. Sehr hohe Gewinne lassen sich kaum dauerhaft halten, denn der Einfallsreichtum der Unternehmer kennt keine Grenzen, wenn es darum geht, den mit besonders hohen Gewinnmargen kalkulierenden Konzernen einen Teil vom Kuchen abzuschneiden oder deren überteuerten Produkten auszuweichen.

Natürlich, in Phasen, in denen Unternehmensgewinne und Kurse sehr stark ansteigen, heißt es dann regelmäßig: »Diesmal ist alles anders!« Gründe dafür fanden sich noch immer, etwa Globalisierungseffekte, nachhaltig gesunkene Zinsniveaus oder eine zunehmende Unternehmenskonzentration.

Nach der Theorie der Langzeit-KGVs müsste auch nach den hohen Bewertungen des Jahres 1999 eine lange Phase folgen, in der Aktienanleger, die damals zu Höchstpreisen eingestiegen waren, kaum mehr als die Inflationsrate erwirtschaften. Zumindest bis Mitte 2008 bestätigt die Entwicklung der Börsen diese Theorie, denn die meisten Aktienmärkte liegen niedriger als Ende 1999. Es zeigt sich aber auch hier, dass es falsch gewesen wäre, der Börse über lange Jahre völlig den Rücken zu kehren. Denn die kümmerlichen Gesamtrenditen treffen in vollem Umfang nur diejenigen Investoren, die um das Jahr 2000 herum zu Höchstkursen investiert haben. Zwischenzeitlich ergaben sich hervorragende Einstiegsmöglichkeiten.

Wie lassen sich solche Exzesse mit der Theorie der effizienten Märkte unter einen Hut bringen, wonach doch in den Kursen über den Mechanismus von Angebot und Nachfrage alle relevanten Informationen enthalten sind? Unbestritten ist, dass bei Spekulationsblasen die Bewertungen an den Börsen absurde Dimensionen erreichen können. Die Märkte sind eben in erster Linie auf der Ebene der einzelnen Aktie effizient. Allerdings ist es für Anleger wie für Fondsmanager keinesfalls einfach, solche Übertreibungen der Märkte gewinnbringend für sich zu nutzen. Schon der bekannte Volkswirt John Maynard Keynes, der übrigens an der Börse mit einigem Erfolg (oder Glück) spekulierte, meinte, Märkte könnten sich länger irrational verhalten, als Anleger liquide bleiben. Wetten auf fallende Kurse gehen daher oft schief. Und tatsächlich betrug das 10-Jahres-KGV seit 1993 in den USA im Jahresdurchschnitt immer mehr als 20, selbst bei den bisherigen Tiefstständen 2003. In anderen Anlageregionen, auch in Deutschland, liegt diese Kennzahl überwiegend etwas niedriger. Dagegen ist das Langzeit-KGV in Österreich extrem hoch, und auch die Aktien in der Schweiz sind nach diesem Maßstab nicht günstig bewertet. Historisch unterdurchschnittliche Langzeit-KGVs liegen im Sommer 2008 in praktisch keiner Region vor.

Deutsche Anleger traf es übrigens im vergangenen Jahrhundert besonders hart: Die längste Periode negativer realer Aktienerträge lag – ähnlich wie bei Japanern und Franzosen – in der ersten Hälfte des vergangenen Jahrhunderts. Mehr als 50 Jahre dauerte es nach einer Studie der London Business School, bis die realen Aktienerträge insgesamt wieder positiv waren. Zwei Weltkriege und eine Weltwirtschaftskrise hinterließen auch an der Börse ihre Spuren.

Nach dem Zweiten Weltkrieg führten nicht zuletzt vergleichsweise friedliche Verhältnisse in Europa zu deutlich besseren Ergebnissen in Deutschland: Nach Angaben des Deutschen Aktieninstituts lag zum Beispiel das schlechteste Ergebnis aller 25- und 30-jährigen Anlagezeiträume bei 4,8 Prozent jährlich (ab 1959 beziehungsweise 1960), das beste hingegen bei rund 15 Prozent. Nach Abzug der Inflationsrate fallen die Erträge je nach Zeitraum 2 bis 3 Prozent niedriger aus.

Ebenso gab es nach Berechnungen des Deutschen Aktieninstituts aber auch einen Zeitraum von 20 Jahren, in dem der DAX inklusive Dividenden eine Rendite von lediglich 0,9 Prozent erbrachte. Das war 1960 bis 1980. Selbst wer ein Jahr vor oder ein Jahr nach 1960 investierte, konnte nur Minirenditen erzielen. Damals hatte die Börse in Deutschland Höchststände erreicht. Nach Abzug der Inflationsrate hatte das in deutsche Standardaktien investierte Vermögen sogar real an Wert verloren. Wer dagegen nur wenige Jahre vor oder nach 1960 in deutsche Standardaktien investierte, konnte auf attraktive Renditen kommen.

Die Konsequenz für Anleger: Die gerne zitierte Strategie des »Buy and Hold«, wonach es von Vorteil sei, Aktien und Aktienfonds zu kaufen und langfristig zu halten, ist ein Grundsatz, der sich im Vergleich zu vielem, was sonst empfohlen wird, in der Vergangenheit als ziemlich brauchbar erwiesen hat. Doch gibt es – seltene – Zeiträume, in denen auch diese Regel mit Vorsicht zu genießen ist. Sie zu bestimmen ist indes alles andere als einfach. So können bereits hohe Langzeit-KGVs durchaus noch weiter steigen. Anleger, die von Aktien(-fonds) als Anlageinstrument überzeugt sind und denen die Überlegungen zum Langzeit-KGV plausibel erscheinen, werden in Zeiten weltweit hoher Langzeit-KGVs ihre Aktienquoten lediglich reduzieren, jedoch niemals auf Null herunterfahren. Denn die Möglichkeit, sich zu irren, ist nie auszuschließen. Schließlich sind die Börsen immer wieder für

Überraschungen gut und demütigen jeden, der glaubt, ihr Auf und Ab zu durchschauen.

Links:

www.irrationalexuberance.com/index.htm (Robert Shillers Langzeit-Datenreihen zum Aktienmarkt als Exceldateien – auf Englisch)
www.starcapital.de/research (Seite einer Fondsgesellschaft; Angaben zu den 10-Jahres-KGVs sind für verschiedene Regionen in einem »Börsenspiegel« zusammengestellt.)
www.manager-magazin.de (Enthält generell interessante Analysen und Interviews zu Finanzthemen.)

Erfolg an der Börse – eine Frage des Timings?

Irrtum: *Es lohnt sich, den richtigen Zeitpunkt für den Kauf und Verkauf von Aktien oder Aktienfonds abzuwarten.*

Richtig ist: *Wer Verlustphasen an der Börse meiden möchte, muss zweimal Glück haben und den richtigen Ausstiegs- sowie den richtigen Einstiegszeitpunkt treffen.*

Den Versuch, durch die geschickte Wahl des Zeitpunkts für den Handel von Wertpapieren die Rendite aufzubessern, bezeichnet man als Market-Timing. Es gibt eigentlich nur eine Familie von Investmentexperten, die tatsächlich erfolgreich darin ist, diesen Zeitpunkt abzupassen und Aktien zu kaufen, bevor die Kurse steigen, und zu verkaufen, bevor sie fallen, um sie am niedrigsten Punkt wieder zurückzukaufen. Kennen Sie diese legendäre Gruppe? Es handelt sich um die berühmten Hätt-ich-dochs aus dem wunderschönen Land Utopia.

Dass es außer den Hätt-ich-dochs niemand schafft, beim Timing dauerhaft ein goldenes Händchen zu haben, zeigt ein Blick auf Fakten und Forschungsergebnisse: Die US-Kapitalmarktforscher Geoffrey Friesen und Travis Sapp haben in einer langfristigen Auswertung ermittelt, dass die sogenannten Market Timer unter den Privatanlegern im Schnitt und pro Jahr um 1,6 Prozentpunkte schlechter abschneiden als der Gesamtmarkt. Der Kapitalmarktforscher Professor Rüdiger von Nitsch hat herausgefunden, dass Anleger im Durchschnitt bis zu 2,4 Prozentpunkte ihrer jährlichen Rendite verlieren, weil sie sich vom Markt treiben lassen. Der Fehler: Sie erhöhen Aktienbestände nach Kursanstiegen und reduzieren sie nach Kursrückgängen.

Durch Market Timing ist das Risiko groß, die besten Tage im Aktienmarkt zu verpassen. Eine Studie der Fondsgesellschaft Fidelity belegt über den Zeitraum Januar 1991 bis Januar 2006: Wer innerhalb dieses Zeitraums die 20 besten Tage im DAX verpasst hat, kommt auf eine durchschnittliche Rendite von nur 1,3 Prozent pro Jahr. Wer über den gesamten Zeitraum investiert war, kommt hingegen trotz zwischenzeitlichen Börsen-Crashs auf immerhin 9,7 Prozent.

Der Grund, warum hektisches Market Timing sich nur selten lohnt: Die stärksten Anstiege eines Marktes finden oft unmittelbar nach drastischen Kursverlusten statt, also häufig genau dann, wenn viele Market Timer raus aus dem »Spiel« sind. Denn sie wollen ja ganz sichergehen, dass die Krise überstanden ist. Wer jedoch diese besten Tage verpasst, erleidet langfristig drastische Einbußen bei der Rendite.

Der ehemalige US-Notenbankchef Alan Greenspan zählt zweifellos zu den besten Kennern der Kapitalmärkte. Er hatte schon am 5. Dezember 1996 vor übertrieben hohen Aktienkursen gewarnt und sprach von einem irrationalen Überschwang an den Börsen. Damals stand der Dow Jones-Index bei rund 6000 Punkten. Vier Jahre lang sollte sich seine Meinung als falsch erweisen, denn der Dow Jones verdoppelte sich in diesem Zeitraum. Am Ende hatte Greenspan aber wohl doch nicht völlig unrecht, wie der Börsencrash in den Jahren 2000 bis 2002 zeigen sollte. Allerdings fielen die Kurse auch damals nicht ein einziges Mal auf das Niveau, das zum Zeitpunkt von Greenspans Rede vorlag. Der Dow Jones sank bislang lediglich auf rund 7500 Punkte. Manchmal tut es einfach gut zu sehen, dass selbst Profis mit dem Timing so ihre Probleme haben.

Gibt es denn gar keine Chance, das Auf und Ab der Märkte für sich in ein Renditeplus umzumünzen? Nun, zumindest scheinen langfristig angelegte Ansätze, die auf dem im vorigen Kapitel beschriebenen Langzeit-KGV basieren, gewisse Erfolgsaussichten zu bieten. Immerhin ist mit diesen Ansätzen kein hektisches Hin und Her mit vielen Käufen und Verkäufen verbunden, womit zumindest ein wichtiger Renditefresser ausgeschaltet ist.

Und schließlich existiert noch eine weitere erfolgversprechende Möglichkeit, die tatsächlich einer wissenschaftlichen Überprüfung standhält: die sogenannte naive Allokation. Der Begriff kommt vom Lateinischen »allocare« – zu Deutsch: platzieren, zuteilen. Und mehr steckt im Grunde auch nicht dahinter. Es geht um eine Strategie, bei der man als Anleger eine individuelle Aktienquote für sich festlegt, zum Beispiel 30 Prozent seines Vermögens, und sein Depot dann jährlich anpasst. Diese Form von Market Timing hat sich in der Vergangenheit tatsächlich bewährt. Sind die Aktien gestiegen, verkauft man Aktien beziehungsweise Fonds, um die festgesetzte Aktienquote wiederherzustellen. Sind die Kurse gefallen, kauft der Anleger Aktien nach. Das führt automatisch dazu, dass man bei niedrigen Kursen eher kauft und bei hohen Kursen verkauft. Zahlreiche Untersuchungen zeigen, dass durch diese einfache Maßnahme eine Zusatzrendite von etwa 1 Prozent pro Jahr zu erreichen ist – auf Dauer ist das durch den Zinseszinseffekt eine beachtliche Größe. Naive Allokation heißt die Strategie, weil man sich eingesteht, dass man die Zukunft sowieso nicht vorhersagen kann und sich deshalb besser ganz stoisch und naiv an die einmal festgesetzte Vermögensaufteilung auf die verschiedenen Anlageklassen hält. Naiv heißt in diesem Fall aber alles andere als dumm.

Ihre ganz persönliche Aktienquote

Irrtum: *Die optimale Aktienquote beträgt 100 minus Lebensalter.*

Richtig ist: *Ob und wie viele Aktien für Sie persönlich sinnvoll sind, hängt von vielen Dingen ab. Ihr Alter spielt dabei höchstens eine Nebenrolle.*

Sollten junge Leute ihr Geld wirklich hauptsächlich in Aktien investieren? Sollten Ältere lieber alles ohne Risiko anlegen? Ist eine Altersvorsorge, die je nach Lebensalter die Aktienquote anpasst, ein ideales Produkt? Leider sind solche Faustregeln zur optimalen Aktienquote vielleicht gutgemeint, aber dennoch schlechte Ratgeber. Da können Sie Aktien auch gleich nach dem Mondkalender kaufen. Welche Faktoren spielen bei der Frage nach der optimalen Aktienquote wirklich eine Rolle?

Da wäre zum einen Ihr ganz persönliches Sicherheitsbedürfnis: Wer ein hohes Verlangen nach Sicherheit hat, sollte nur eine sehr niedrige Aktienquote haben. Einem 30-Jährigen würde die Faustformel »100 minus Lebensalter« eine Aktienquote von 70 Prozent nahelegen. Wenn dieser junge Mann aber nicht mehr ruhig schlafen kann, aus Angst, sein Vermögen schmilzt beim nächsten Crash dahin, dann hat er eindeutig zu viele Aktien. Gleiches gilt, wenn der Arbeitsplatz eines Anlegers eher unsicher ist. In diesem Fall wäre eine hohe Aktienquote fatal, auch wenn ein Kurseinbruch möglicherweise einige Jahre später wieder ausgeglichen wäre. Denn was nützt dies dem Anleger, wenn er einen Lohnausfall nicht mit Erspartem ausgleichen kann, weil die Kurse gerade in den Keller gerutscht sind?

Ein weiterer Gesichtspunkt ist die Art der Aktienanlage: Aktien einzelner Gesellschaften können von heute auf morgen wertlos werden. Bei Aktienfonds hingegen, die Aktien von ganz unterschiedlichen Gesellschaften aus unterschiedlichen Ländern und Branchen halten, ist diese Gefahr minimal. Risiken sind auch hier vorhanden, sie sind aber bedeutend geringer als bei einzelnen Aktien. Ein Anleger, der in Aktienfonds investiert, kann also eine deutlich höhere Aktienquote wählen, als wenn er in wenige Einzelaktien investiert.

Was den Anlagezeitraum betrifft, gilt Folgendes: Je länger der zeitliche Horizont ist, desto unwahrscheinlicher ist es, dass Sie Verluste einfahren. Außerdem ist es beruhigend, eine vorübergehende Verlustphase aussitzen zu können, weil man genau weiß, dass man das Geld noch nicht benötigt. Wer dagegen in drei bis fünf Jahren ein Haus bauen möchte, ist gut beraten, weniger oder gar nichts in Aktien zu investieren. Und umgekehrt könnte ein 65-jähriges Ehepaar mit ausreichenden Renteneinkünften und schuldenfreiem Immobilienbesitz genauso gut einen viel größeren Anteil seines Vermögens in Aktien oder Aktienfonds halten, als es die Faustformel »100 minus Lebensalter« nahelegt. Vielleicht will das Ehepaar sein Aktiendepot ja auch gar nicht antasten, sondern eines Tages vollständig an die Kinder vererben. Dann wären bloße 35 Prozent Aktienanteile auf diesen langen Zeitraum hin gesehen ziemlich mager.

Hier noch einige konkrete Überlegungen zu optimalen Aktienquoten: Nehmen Sie an, Sie haben 10 000 Euro zur freien Verfügung und fragen sich, wie viel Sie davon in Aktienfonds und wie viel Sie sicher zu einem Zins von 4 Prozent angelegen sollen. Von Aktienfonds nehmen wir an, dass 3 Prozentpunkte mehr, insgesamt also 7 Prozent Rendite, realistisch sind. Allerdings müssen wir in der Rechnung auch den Fall berücksichtigen, dass der Aktienwert beispielsweise um die Hälfte einbrechen kann.

Fall 1: Sie legen ein Fünftel des Geldes, also 2000 Euro, in Aktienfonds an.

Läuft alles wie erwartet, dann wächst die Aktienposition in zehn Jahren auf rund 3900 Euro. Zusammen mit der sicheren Anlage beläuft sich das Vermögen auf rund 15 800 Euro. Sollte sich der Wert der Aktien halbieren, stehen nur etwa 12 800 Euro zu Buche. Dank der Zinseszinsen kann der Aktienverlust mehr als ausgeglichen werden.

Fall 2: Sie legen die Hälfte, also 5000 Euro, in Aktienfonds an.

Nach zehn Jahren hat sich die Aktienposition nahezu verdoppelt, der höhere Einsatz macht sich bemerkbar: Das Gesamtvermögen steigt auf circa 17 200 Euro. Läuft es schlechter und die Aktienfonds halbieren sich nach zehn Jahren, dann können die

Zinsen den Verlust nicht mehr ganz ausgleichen, denn es stünden Ihnen nur noch 9900 Euro zur Verfügung.

Fall 3: Sie legen vier Fünftel, also 8000 Euro, in Aktienfonds an.

Gegenüber dem zweiten Fall können Sie – wenn sich die Aktienmärkte wie erwartet rentieren – den Betrag möglicherweise noch um rund 1500 Euro steigern, nämlich auf 18 700 Euro. Allerdings schrumpft das Kapital im schlechteren Fall auf nur noch rund 7000 Euro – immerhin ein Verlust von 30 Prozent des eingesetzten Betrags.

Was meinen Sie, in welchem Fall fühlen Sie sich am wohlsten? Wie viel Verlust können Sie sich leisten? Und sind Sie mental bereit dazu, das zu akzeptieren? Hier die Ergebnisse der drei Beispielfälle in einer Überblickstabelle:

Verlustrisiken bei verschiedenen Aktienquoten nach zehn Jahren Anlagedauer			
Anlagebetrag	Aktienquote	Positives Aktienumfeld	Sehr negatives Aktienumfeld
10 000	20 % Aktien	15 800 €	12 800 €
10 000	50 % Aktien	17 200 €	9900 €
10 000	80 % Aktien	18 700 €	7000 €

Annahmen: Aktienrendite: Umfeld positiv: 7 % p. a., Umfeld negativ: Kursverlust 50 %, Rendite einer sicheren Anlage in Staatsanleihen 4 % p. a.

Wenn Sie mit einem Gesamtverlust von 30 Prozent leben können, dann sollten Sie die Chancen der Aktienanlage unbedingt nutzen. Wollen oder müssen Sie Verluste vermeiden, dann brauchen Sie eine sichere Anlage, deren Zinsen Verluste ausgleichen können. Je länger die sichere Anlage läuft, desto mehr Zinsen erwirtschaftet sie, das heißt, desto größer darf die Aktienquote sein. Wer Verluste schon auf fünf Jahre hinaus ausschließen möchte, sollte statt der 50 Prozent von Fall 2 lieber nur 30 Prozent in Aktienfonds investieren. Wer ein noch höheres Sicherheitsbedürfnis hat und auch dann noch Gewinne erzielen möchte, wenn der Aktienmarkt schlecht läuft, muss sich mit der sicheren Verzinsung von

4 Prozent zufriedengeben. Allerdings empfehlen wir auch diesen Anlegern, sich zu überlegen, ob sie wirklich überhaupt keine Aktienfonds möchten oder ob sie nicht wenigstens eine Quote von 10 oder 20 Prozent akzeptieren könnten. Immerhin würde sich bereits im ersten Fall der Vorsprung gegenüber der Anlage ganz ohne Aktienfonds nach 30 Jahren auf rund 8700 Euro belaufen.

Die optimale Aktienquote hängt bei einer vernünftigen Streuung mittels Aktienfonds also vom Anlagezeitraum und Ihrer Risikobereitschaft ab. Sie kann sich auch im Laufe der Zeit und mit den Lebensumständen verändern.

Schützen Aktien vor Inflation?

Irrtum: *Aktien sind bei Inflation ein sicherer Hafen.*

Richtig ist: *Obwohl Aktien Sachwerte verkörpern, erleiden sie in Phasen hoher Inflation regelmäßig erhebliche Kursverluste.*

Im letzten Jahrhundert hatten die Deutschen dreimal Gelegenheit, diese Behauptung zu überprüfen – das letzte Mal in den siebziger Jahren, als die Notenbanken, auch die Bundesbank, reichlich Geld druckten und zusätzlich der Ölpreisschock die Inflationsraten zeitweilig auf über 6 Prozent hochschnellen ließ. Noch viel intensiver erfuhren sie es, als sie während und nach dem Zweiten Weltkrieg zunächst eine verdeckte und dann eine offene Inflation erlebten. Es folgte 1948 die Währungsreform mit der Einführung der D-Mark. Am massivsten war jedoch die Inflationsphase, die bereits mit dem Ersten Weltkrieg begann und in die Hyperinflation von 1923 mündete.

Doch der Reihe nach: Die Inflationszeiten der siebziger und frühen achtziger Jahre waren für Aktionäre weltweit keine gute Zeit. Den DAX gab es damals noch nicht. Wenn man ihn für diese Zeit zurückrechnet, kann man nur eine Gänsehaut bekommen. Er fiel von Anfang 1970 bis Ende 1982 von 622 auf 552 Punkte. Das hört sich harmlos an, ist aber nur die halbe Wahrheit. Denn die Zahlen berücksichtigen zwar Kursgewinne und Dividenden, allerdings hatte die D-Mark 1982 bei weitem nicht mehr die Kaufkraft wie zu Beginn der siebziger Jahre. Dies eingerechnet, stürzte der DAX sogar auf 262 Punkte. Das Vermögen der Anleger an der Börse schrumpfte auf weniger als die Hälfte zusammen. Ein sicherer Inflationsschutz sieht anders aus.

Deutlich besser als der DAX hat sich in den Inflationsjahren 1970 bis 1982 erstaunlicherweise ein Mix aus Bundesanleihen unterschiedlicher Laufzeit gehalten, wie ihn der sogenannte RexP-Index darstellt. Anleger konnten mit festverzinslichen Wertpapieren annähernd die Kaufkraft ihrer Ersparnisse erhalten. Das gilt selbst dann, wenn die Einkommensteuer auf vergleichbare Art und Weise wie bei der Berechnung des DAX berücksichtigt wird. Aus 100 angelegten Euro wurden in den 13 Jahren 181 Euro, inflationsbereinigt waren es immerhin noch 97 Euro. Die Berechnungen basieren auf Zeitreihen für den DAX und den RexP, die Jürgen Maier und Richard Stehle von der Humboldt-Universität Berlin aufgestellt haben.

Es gibt eine Reihe von Gründen, warum hohe Inflationsraten die Entwicklung der Aktienkurse lähmen: Zwar steckt hinter Aktien Sachvermögen, aber hohe Inflationsraten drücken die Unternehmensgewinne. Denn die Kaufkraft der Löhne sinkt, und die Verbraucher können sich real weniger leisten. Die preisbereinigte Nachfrage geht folglich zurück. Zudem investieren Konsumenten mehr Zeit in Preisvergleiche und in die Suche nach Alternativangeboten. Die steigenden Inflationsraten verunsichern zudem auch die Unternehmer. Und das Problem ist nicht allein deren absolute Höhe. Zusätzlich schwanken die Inflationsraten umso stärker, je höher sie ausfallen. Weil außerdem die Zinslasten steigen, werden Investitionen risikoreicher. Da lassen Unternehmer manche Investition lieber gleich bleiben, die Nachfrage nach Investitionsgütern geht zurück, und somit reduzieren sich auch die Gewinne vieler Unternehmen.

Schließlich führen die wachsenden Risiken auch bei den Investoren zu Verunsicherung. Beim Kauf von Aktien fordern sie in Inflationszeiten eine höhere Risikoprämie. Während sie in guten Zeiten oft bereit sind, das 10- bis 20-Fache der Unternehmensgewinne als Kaufpreis hinzublättern, beginnen sie nun, mit spitzem

Bleistift zu rechnen, und zahlen nur noch das Sechsfache, so wie zeitweise in den siebziger Jahren. Sinkende Gewinne und gleichzeitig abnehmende Kurs-Gewinn-Verhältnisse lassen deshalb in Inflationszeiten die Aktienkurse in den Sinkflug übergehen.

Wer unbedingt den Markt schlagen und in Einzeltitel investieren will (siehe dazu S. 113f.), mag sich in Zeiten steigender Inflation an die US-Investorenlegende Warren Buffett halten und in Aktien von Unternehmen mit einer starken Marke und einem »Verbrauchermonopol« investieren, denn solche Unternehmen (wie Coca-Cola, Nestlé oder Adidas) haben am Markt eine starke Preissetzungsmacht. Ein weiterer Pluspunkt: Sie müssen meist weniger in neue Maschinen und Anlagen investieren als andere Unternehmen. Deshalb sieht Buffett sie als vergleichsweise sicher vor Inflationseinflüssen an. Dafür besteht ein anderes Problem: Wenn sich Privatanleger in Zeiten ansteigender Inflationsraten für derartige Aktien interessieren, haben professionelle Anleger solche Aktien meist schon längst eingesammelt. Deren Kurse sind infolgedessen bereits stark angestiegen. Privatanleger kaufen dann zu teuer und die Chance, dass sich diese Strategie noch auszahlt, sinkt.

Wie liefen die Aktien in der verdeckten Inflationsphase während des Dritten Reichs und danach? Das Vermögen der Aktionäre hatte sich im Zeitraum 1933 bis 1945 in etwa halbiert. Anleger waren damit noch gut bedient, denn Inhaber von festverzinslichen Wertpapieren hatten nach der Währungsreform 1948 gar nur noch rund ein Siebtel ihres anfänglichen Guthabens.

Nerven wie Drahtseile brauchten Aktionäre in den zwanziger Jahren. Nach Angaben des Deutschen Aktieninstituts sank der Index der Aktienkurse (inflationsbereinigt auf Goldmark-Basis gerechnet und mit der Basis 1913 = 100) von circa 50 im Jahr 1919 auf gerade mal noch 2,72 im Oktober 1922. Dieser Kurssturz fand statt, obwohl – oder besser: weil – schon in diesen Jahren ungewöhnlich hohe Inflationsraten auftraten. In der Hyperinflation des Jahres 1923 führte dann jeder Gehaltstermin zu einem Kurssprung, viele Besserverdienende steckten ihren Zahltag sofort in Aktien. Der Index stieg bis November 1923 auf fast 40 Punkte. Aktien erwiesen sich wiederum nicht als sicherer Schutz vor Inflation: Aktienanleger hatten in den Inflationsjahren während und vor allem nach dem Ersten Weltkrieg etwas mehr als die Hälfte ihres Vermögens verloren. Allerdings: Wer sein Geld in Staatsanleihen angelegt hatte, verlor praktisch alles.

Link:

www.dai.de (Deutsches Aktieninstitut)

Sind Zinserhöhungen Börsengift?

Irrtum: *Steigende Zentralbank-Zinsen sind schlecht für die Börse.*

Richtig ist: *Steigende Zentralbank-Zinsen beeinflussen die Börsenkurse in der Regel nicht negativ.*

»Spekuliere niemals gegen die Zentralbank«, lautet der Irrtum in abgewandelter Form. Unter anderem wurde diese Auffassung selbst vom Börsen-Altmeister André Kostolany vertreten. »Steigende Zinsen haben früher oder später eine dramatische Wirkung«, merkt er an. Und: »Durch die gestiegenen Zinsen wird das Geldmengenwachstum stark reduziert, und der Liquiditätsstrom versiegt.« Sein Fazit: »Die Kurse beginnen zu fallen, meistens bereits zu einem Zeitpunkt, wo die Nachrichten aus der Geschäftswelt noch immer günstig sind.«

Warum sollten Zinsanhebungen der Zentralbank aber überhaupt einen Einfluss auf Aktien haben? Folgende Überlegungen scheinen allesamt einleuchtend:

1. Bei höheren Leitzinsen gewinnen Termingelder und kurzlaufende Anleihen für Anleger gegenüber Aktien an Attraktivität, die Nachfrage nach Aktien geht zurück.
2. Kreditfinanzierte, kurstreibende Firmenübernahmen werden zurückgefahren.
3. Höhere Zinsen erhöhen auch die Finanzierungskosten der Unternehmen und reduzieren die Gewinne.
4. Bei steigenden Kreditzinsen geht die Nachfrage der Konsumenten nach langlebigen Konsumgütern, etwa Pkws oder Immobilien, zurück.

Klingt erstmal alles ganz logisch. Doch wie hat der Zusammenhang zwischen Leitzinsen und Aktienkursen in der Vergangenheit tatsächlich ausgesehen?

In der Zeit von 2001 bis Juni 2003 hat die Europäische Zentralbank (EZB) den Leitzins in mehreren Schritten von 4,75 auf 2,0 Prozent gesenkt. Der DAX fiel dennoch in der Zeit von über 6000 auf zeitweilig unter 2300 Punkte. Wer sich stur an Kostolanys Regel gehalten hätte, hätte den gesamten Zeitraum über Aktien gehalten und viel Geld verloren. Ab Dezember 2005 bis Juni 2007 erhöhte die EZB die Leitzinsen schrittweise – parallel dazu ging es mit dem DAX nach oben. Die Anhänger des Grundsatzes »Steigende Zinsen sind Gift für die Börse« hätten Aktien gemieden und wären wieder auf der falschen Fährte gewesen. Auch wenn man den Zusammenhang zwischen Zinsen und Aktienkursen mit einigen Monaten Zeitverschiebung betrachtet, ändert sich daran nichts.

Dasselbe gilt für die USA: Auch das Federal Reserve System, die Notenbank der USA, genannt Fed, hat von 2001 bis 2003 laufend die Leitzinsen gesenkt, und auch hier wäre es rückblickend ratsam gewesen, von Aktienanlagen die Finger zu lassen. In den Jahren 2004 bis 2006 wiederum erhöhte die Fed die Zinsen. Die Anhänger des genannten Grundsatzes hätten genau dann um Aktien einen weiten Bogen gemacht – und sich Kursgewinne entgehen lassen.

Und wie verhielt es sich in früheren Jahren? Eine Analyse der Tageszeitung *Die Welt* ergab, dass es seit 1979 in der Alten Welt insgesamt fünf Zinswenden gab, bei denen die Währungshüter der Bundesbank und später der Europäischen Zentralbank auf eine restriktivere Geldpolitik umschwenkten. Dennoch konnte der DAX mit Ausnahme von 1979 jedes Mal zulegen. Im Schnitt notierten deutsche Aktien drei Monate nach der ersten Erhöhung 9,2 Prozent fester. Nach sechs Monaten stand das Aktienbarometer sogar bei +15,1 Prozent, nach zwölf Monaten bei sage und schreibe +26 und nach 24 Monaten bei knapp 28 Prozent.

Sicher ist nur eins: Für Anleger wird es immer gefährlich sein, blind irgendwelchen Börsenregeln zu vertrauen.

Wirtschaftswachstum gleich Börsenboom?

Irrtum: *Wenn die Wirtschaft boomt, boomt auch die Börse.*

Richtig ist: *Es besteht allenfalls ein loser Zusammenhang zwischen Wirtschaftswachstum und Börsenboom.*

In dieser Aussage schwimmt gleich eine ganze Armada von Denkfehlern. Auf drei davon wollen wir näher eingehen.

Ein erster Irrtum besteht in der Annahme, man könne wissen, wie sich die Konjunkturtendenz der Wirtschaft heute verhält – ob sie aktuell boomt oder ob ein Aufschwung schon wieder nachlässt. Wir können die wirtschaftliche Realität immer nur im Rückspiegel betrachten, etwa mittels Statistiken über die Entwicklung des Bruttoinlandsprodukts oder die Arbeitslosenzahlen. Und: Diese Verzögerung kann Monate betragen. Zu dem Zeitpunkt, zu dem die Zahlen auf den Tisch kommen, hat sich die Konjunktur oft schon wieder deutlich verändert. Zwar existieren auch Frühwarnsysteme und Indikatoren wie Erhebungen zum Verbrauchervertrauen, doch die schlagen bisweilen auch mal falschen Alarm. Dazu kommt, dass etwa Angaben über das Wirtschaftswachstum der vergangenen Quartale gern im Nachhinein von den Statistikern korrigiert werden.

Ein zweiter Irrtum besteht darin, dass Menschen meinen, die Gegenwart habe für die Börse irgendeine Bedeutung. Entscheidend sind jedoch alleine Einschätzungen über zukünftige Entwicklungen der Unternehmen sowie andere Faktoren, etwa über die Liquidität am Markt (ob also genügend Mittel für Aktienkäufe vorhanden sind). Für die Gegenwart interessieren sich Investoren kaum, Informationen darüber sind ja auch in die aktuellen Kurse bereits eingeflossen.

Und selbst zukünftige Entwicklungen der Wirtschaft und der Unternehmen sind nicht entscheidend. Denn auch diese Erwartungen stecken bereits in den aktuellen Aktienkursen. Wichtiger sind ganz allmähliche oder plötzliche Veränderungen in den Erwartungen der Marktteilnehmer über die zukünftige Entwicklung. Wenn etwa monatelang in allen Medien davon zu lesen ist, dass die Wirtschaft am Boden liegt, dann ist der Zeitpunkt entscheidend, an dem der Pessimismus der Marktteilnehmer durch erste konträre Anzeichen »enttäuscht« wird. Also allererste Anzeichen dafür, dass sich die Stimmung wieder bessert. Eine Schwalbe macht freilich noch keinen Sommer: Nicht immer, wenn sich ein Indikator wie etwa der Ifo-Geschäftsklimaindex aufhellt, muss das eine Trendwende bedeuten. Oft liefern unterschiedliche Indikatoren auch widersprüchliche Signale: Der Einkaufsmanagerindex kann ansteigen und das Konsumentenvertrauen gleichzeitig sinken. Wer aber wartet, bis alle Ampeln auf Grün stehen, kommt in jedem Fall zu spät.

Dann steckt in der Aussage »Wenn die Wirtschaft boomt, boomt auch die Börse« noch eine dritte Fehlannahme, nämlich dass sich Wirtschaftswachstum und Börsenkurse zumindest zeitversetzt mit der gleichen Dynamik entwickeln – was aber allenfalls auf ganz lange Sicht gilt (siehe S. 107 ff.). An dieser Stelle darf das vielzitierte Beispiel vom Herrn und seinem Hund nicht fehlen. Es wird meist dem Spekulanten und Börsenkolumnisten André Kostolany zugeschrieben, aber auch der Volkswirt Joseph Schumpeter hatte es schon verwendet: Ein Mann geht mit seinem Hund spazieren. Während der Mann beschaulich schlendert, läuft der Hund mal mehr, mal weniger weit vor ihm her, um am Ende immer wieder zu seinem Herrchen zurückzukehren. Gelegentlich schnuppert der Hund auch mal irgendwo und bleibt zurück. Trotzdem kommen beide zur gleichen Zeit am Ziel an. Doch während der Mann ganz gemächlich nur einen Kilometer zurückgelegt hat, hat der Hund das Fünffache an Strecke gemacht. Die Börsenkurse verhalten sich wie der Hund, der seinem Herrn, der in diesem Beispiel für die Realwirtschaft steht, folgt – auch wenn er mal vorausläuft und dann wieder zurückbleibt. Ein sehr zutreffendes Bild.

»Viele Laien bezeichnen die Börse immer auch als Thermometer der Wirtschaft, was sie aber nicht ist«, schrieb Kostolany in seinen Lebenserinnerungen *Die Kunst, über Geld nachzudenken*. »Sie zeigt weder die momentane Situation noch den kommenden Wirtschaftstrend an.« Und tatsächlich kündigt nicht jeder Börseneinbruch eine Rezession an. 1994 fiel der DAX um inflationsbereinigte 10 Prozent. Die deutsche Wirtschaft wuchs im selben Jahr um 2,7 Prozent, in den beiden Folgejahren um 1,9 und 1,0 Prozent. Umgekehrt verdreifachte sich der DAX von Anfang 1995 bis zur Jahrtausendwende, obwohl die Wachstumsraten der Wirtschaft vor 2000 nie über 2 Prozent hinausgegangen waren. In den Jahren ab 2000 fielen die Börsenkurse weltweit erst allmählich, dann immer rasanter. Der DAX fiel bis März 2003 von seinem Höchststand von 8000 Punkten auf unter 2300. Das deutsche Wirtschaftswachstum schwächte sich in dieser Zeit zwar ab, war aber nur 2003 (und auch da nur minimal, mit 0,2 Prozent) im Minus. Nun hängen die meisten Aktien des DAX sehr stark am Export, aber auch in den USA fand an den üblichen Kriterien gemessen in diesen Jahren keine Rezession statt.

Ohnehin werden die Unternehmen in einem Wirtschaftsboom ihre Mittel vorrangig für direkte Investitionen verwenden, um der hohen Nachfrage gerecht zu werden. Zusätzlich binden Kapitalerhöhungen liquide Mittel der Investoren. Für kurssteigernde Aktienkäufe in großem Umfang sind dann keine finanziellen Mittel verfügbar.

Anders sieht es dagegen während einer Rezession aus: Neuinvestitionen in Maschinen und Anlagen sind dann weniger interessant, und die Unternehmen werfen kaum neue Aktien auf den Markt. Zusätzlich sparen die Konsumenten mehr. Ein Teil der Ersparnisse der Unternehmen und der Haushalte fließt direkt oder indirekt an die Börse. Rezessionsjahre sind deshalb oft hervorragende Jahre für Aktionäre.

Aber: In welcher Konjunkturphase sich die Wirtschaft befindet, weiß man leider oft erst im Nachhinein. Und hier beißt sich die Katze wieder in den Schwanz. Kein Wunder, dass Versuche, den Markt zu schlagen, indem man Aktien bei vermeintlich niedrigen Kursen kauft, um sie später teurer zu verkaufen, meist schiefgehen.

Starkes Wachstum – hohe Gewinne?

Irrtum: *Aktien von Unternehmen und von Ländern mit starkem Wachstum bringen überdurchschnittliche Gewinne.*

Richtig ist: *Wachstumsstarke Werte sind meistens überbewertet und führen zu unterdurchschnittlichen Renditen.*

Was ein Unternehmen wert ist, hängt vor allem von seinem zukünftigen Gewinnwachstum ab. Kein Wunder, dass viele Anleger auf Aktien setzen, bei denen sie für die Zukunft mit kräftig steigenden Umsatzerlösen und Gewinnen rechnen, wie etwa auf Technologiewerte. Doch mit dieser Growth- oder Wachstumsstrategie liegen sie oft falsch! Eine Reihe von Studien zeigt: Die Aktien der vermeintlich wachstumsstarken Unternehmen drücken die Wertentwicklung der Depots. Der Grund: Analysten und Anleger verlängern die Trends der Vergangenheit zu weit in die Zukunft. Anleger zahlen für Wachstumswerte Kurse, die so hoch sind, als würde das Wachstum ewig anhalten. Doch irgendwann lässt jede Wachstumsstory nach. Hohe Gewinnmargen locken Wettbewerber an, das drückt Preise und Gewinne. Selbst Monopole bieten Unternehmen keinen umfassenden Schutz, denn Wettbewerber lassen sich gern eine alternative Lösung einfallen. Oft geht das Gewinnwachstum schon nach wenigen Jahren auf die üblichen Raten zurück. Für die hohen Kurs-Gewinn-Verhältnisse der Papiere gibt es dann keine Grundlage mehr, der Aktienkurs rauscht abwärts. Die Fans einer Growth-Strategie meiden gleichzeitig die wachstumsschwachen hässlichen Entlein. Doch in deren Kursen sind nicht selten bereits alle schlechten Nachrichten enthalten. Kommt es zu positiven Überraschungen, gehen die Kurse durch die Decke.

Das sind keinesfalls nur theoretische Überlegungen. In Deutschland gibt es neben dem DAX eine Reihe weiterer Aktienindizes. Aktien von Technologieherstellern, die gemeinhin als besonders wachstumsstark gelten, sind etwa im Tec-DAX berücksichtigt. Nehmen wir die Wertentwicklung des Tec-DAX in den ersten fünf Jahren seines Bestehens: Er startete am 24. März 2003 bei 351

Punkten. An seinem fünften Geburtstag stand er bei 736 Zählern, er hatte sich also im Wert verdoppelt – an sich nicht schlecht. Wer als Anleger allerdings auf die Aktien der vergleichsweise langsam wachsenden Unternehmen des DAX gesetzt hatte, konnte noch deutlich bessere Ergebnisse einfahren. Dieser Index vervielfachte sich im gleichen Zeitraum um den Faktor 2,5. Vom Debakel des Tec-DAX-Vorgängers, des Neuen-Markt-Index Nemax 50, ganz zu schweigen. Nach seinem Hoch 2000 verlor er nach dem Ende der Interneteuphorie bis 2003 sage und schreibe 97 Prozent. Natürlich gab es in der Vergangenheit auch Zeiten, in denen sich Wachstumswerte überdurchschnittlich entwickelten, etwa in der zweiten Hälfte der neunziger Jahre. Auf lange Sicht haben sie die Anleger jedoch enttäuscht. Und natürlich gibt es unter den Wachstumswerten Aktien, die ihren Wert verzehnfacht oder, wie der deutsche Solarzellenhersteller Solarworld, sogar verhundertfacht haben. Doch die wenigen starken Gewinner können die Verluste der unzähligen Verlierer nicht ausgleichen.

Der angesehene Kapitalmarktforscher Jeremy J. Siegel geht noch weiter: Er rät auch dazu, bei der Länderauswahl»die Wachstumsfalle zu vermeiden«. Als wachstumsstark gelten gemeinhin die Schwellenländer, etwa Russland, Indien und China. Siegel analysierte die Schwellenländerbörsen für die Jahre zwischen 1992 und 2003 und kam zu dem Schluss:»China war unbestreitbar das Land, das weltweit am schnellsten gewachsen ist, aber die Ergebnisse vieler Anleger waren wegen der überteuerten Aktien entsetzlich. Angemessen bewertete Märkte wie Brasilien, Mexiko und Argentinien erzielten die höchsten Erträge, obwohl sie vom Wirtschaftswachstum sogar zu den schwächsten Volkswirtschaften gehörten.« Ab 2005 entwickelten sich Chinas Aktien zeitweilig äußerst prächtig, bevor es dann 2007 und 2008 kräftige Rückschläge gab. Den Brasilianern konnten sie auf längere Sicht bislang nicht den Rang ablaufen. Man mag zu Siegels Analyse stehen, wie man mag. Aber Anleger sollten die Möglichkeit, sich zu irren, nie ausschließen, und deshalb auch bei der regionalen Aufteilung ihrer Anlagen nicht alles auf eine Karte setzen, vor allem nicht auf die Wachstumskarte.

Wer unbedingt auf einzelne Wachstumsaktien setzen will, kann mit der folgenden Regel sein Glück versuchen: Investiere nicht in

Goldgräber, sondern in den, der den Goldgräbern die Schaufeln verkauft. Denn man weiß nie, ob Goldgräber auch Gold finden. So profitieren von einem Boom im Biotech-Sektor auch Unternehmen, welche die Branche mit technischen Geräten und Verbrauchsmaterialien versorgen. Und auch die boomenden Ölstaaten sowie die asiatischen Schwellenländer kaufen Maschinen und Infrastruktur im Ausland ein – übrigens häufig in Deutschland.

Value-Strategie – oft missverstanden

Irrtum: *Value-Strategie heißt, nur Aktien mit niedrigem Kurs-Gewinn-Verhältnis zu kaufen.*

Richtig ist: *Eine erfolgreiche Value-Strategie beruht auf mehreren Faktoren.*

Das Gegenteil zu der im vorherigen Kapitel beschriebenen Wachstums- oder Growth-Strategie stellt die Value-Strategie dar. Leider hat sich für diese Strategie kein deutscher Begriff eingebürgert, das englische »Value« steht für »Wert« (manchmal ist in diesem Zusammenhang auch die Rede von Substanzwerten).

Häufig verstehen Anleger unter einer Value-Strategie, Aktien zu kaufen, die nach gängigen Kriterien wie dem Kurs-Gewinn-Verhältnis oder dem Kurs-Buchwert-Verhältnis niedrig bewertet werden oder eine hohe Dividendenrendite ausweisen. Das Kurs-Gewinn-Verhältnis beantwortet die Frage: »Wie viele Jahresgewinne muss ich als Kaufpreis für das Unternehmen hinlegen?« Das Kurs-Buchwert-Verhältnis sagt etwas darüber aus, wie sich der Aktienkurs zu den in der Bilanz dargestellten Reinvermögenswerten des Unternehmens je Aktie verhält.

Zahlreiche internationale Studien belegen tatsächlich, dass in der Vergangenheit Value-Strategien eine höhere Rendite erzielt haben als Growth-Strategien und – wenn auch weniger ausgeprägt – als Strategien passiv den Marktdurchschnitt mittels Indexfonds nachbilden. Das galt aber immer nur für längere Zeiträume. Und es gab auch immer wieder lange Phasen, wie etwa die neunziger

Jahre, in denen mit dieser Strategie nur eine unterdurchschnitt-liche Wertentwicklung zu erzielen war. Zudem war in der Ver-gangenheit das Risiko dieser Strategie höher: Die Kurse der Value-Werte schwanken stärker als der Markt insgesamt, wie Studien bewiesen haben.

Warren Buffett, einer der wohlhabendsten Menschen der Welt, ist der weitaus bekannteste und erfolgreichste Value-Investor. Da-her ist es interessant zu erfahren, was er unter einer Value-Stra-tegie versteht. Bemerkenswerterweise erwähnte er schon 1992 in seinem jährlichen Aktionärsbrief, dass Merkmale wie etwa das Kurs-Gewinn-Verhältnis nicht im Entferntesten dafür entschei-dend seien, ob ein Anleger wirklich etwas kaufe, das seinen Preis wert sei, und somit wahrhaft nach den Grundsätzen des Value Investing handele. Value Investing bedeutet für ihn schlicht und einfach »den Kauf einer Aktie für weniger als ihren kalkulierten Wert«. Value-Anleger investierten nur, wenn der Kurs einer Aktie deutlich unter dem »wahren Wert« läge. Dies verschaffe ihnen einen Sicherheitspuffer. Denn je tiefer der Börsenkurs, also der Kaufpreis, unter dem »wahren Wert« liege, desto geringer sei das Risiko, mit dem Investment Geld zu verlieren, und desto höher die Chance, eine überdurchschnittliche Rendite zu erzielen. Den inne-ren Wert bestimmt Buffett anhand der zukünftig zu erwartenden Gewinne des Unternehmens. Dabei gelten aus Sicht von Buffett insbesondere folgende Prinzipien:

• »Beobachte nicht die Börse, sondern Unternehmen.« Ein regel-mäßiges Studium der Geschäftsberichte sei daher ein Muss. Über irgendwelche geheimen Insiderinformationen zu ver-fügen, hält Buffett aber nicht für entscheidend. Als Philip Morris etwa den Preis für Marlboro-Zigaretten senkte, um die an Bil-ligmarken verlorenen Umsätze zurückzugewinnen, erkundigte sich Buffett einfach nach und nach beim Verkaufspersonal in den Läden, ob der niedrigere Verkaufspreis die Umsätze ange-kurbelt hätte. Alle bejahten das. So wusste er darüber Bescheid, bevor es Wochen später in der Zeitung zu lesen war.

• »Langfristige Gewinnprognosen sind das A und O jeder Invest-mententscheidung. Nur Firmen, die bewiesen haben, dass sie ihr Geschäft beherrschen und über viele Jahre gute Gewinn-steigerungen erzielten, kommen in Frage.«

- Auch ganz wichtig:»Kaufe nur, wenn der Preis stimmt: Auch für hervorragende Unternehmen kann man zu viel bezahlen.«
- »Investiere nur in eine Aktie, deren Geschäft du auch verstehst«, lautet ein weiterer Grundsatz von Buffett. In dem Zusammenhang meint er außerdem, man solle nur in Firmen investieren, die auch ein absoluter Vollidiot leiten könne, denn eines Tages werde genau das passieren.
- Speziell an die Growth-Investoren gerichtet, meint Buffett:»Der Schlüssel zum Investieren liegt nicht darin, wie stark eine Branche die Gesellschaft beeinflusst oder wie stark sie wachsen wird, sondern vielmehr darin, die Wettbewerbsvorteile jedes gegebenen Unternehmens und vor allem die Stabilität dieses Vorteils zu bestimmen.« Wettbewerbsvorteile können etwa auch durch Patente oder durch starke, bei Verbrauchern beliebte Markennamen entstehen.

Außerdem meidet Buffett Massengüterhersteller, bei denen der Preis die entscheidende Rolle bei der Kaufentscheidung der Abnehmer spielt, wie das etwa in der Agrar-, Stahl-, Holz- und Papierindustrie der Fall ist. Solche Unternehmen erwirtschaften aus seiner Sicht wegen des starken Wettbewerbs, der meist über den Preis ausgetragen wird, und wegen oft vorhandener Überkapazitäten auf längere Sicht nur niedrige Gewinne. Stattdessen investierte er in der Vergangenheit bevorzugt in Unternehmen mit kontinuierlich steigenden Gewinnen, die meist auf irgendeiner Form ein Verbrauchermonopol haben: Coca-Cola, Nestlé, Wrigleys, Gillette, *Wallstreet Journal*, Nike oder Levi's – Unternehmen, die kurzlebige Gebrauchsprodukte mit klingendem Markennamen herstellen, die ein Händler einfach im Sortiment haben muss. Auch McDonald's, American Express, Walt Disney oder Kabelnetzbetreiber bevorzugte er wegen deren monopolartigen Stellung am Markt. Lange Zeit hat er auch auf Pharma-Werte gesetzt, deren Marktstellung durch stabile Patente abgesichert war. Solche gutlaufenden Unternehmen sind zudem meist schuldenfrei, und ihre Investitionsausgaben halten sich zudem oft in Grenzen.

In welche Werte Buffett und andere bekannte Investoren ihre Mittel aktuell angelegt haben, kann man auf der englischsprachigen Seite www.gurufocus.com sehen. Eine Nachahmung empfehlen wir jedoch nicht, da diese Aktien jetzt vermutlich kaum mehr zu den niedrigen Kursen zu bekommen sind, die Buffett in der Vergangenheit bezahlt hat.

Value-Investoren verneinen also die Theorie der effizienten Märkte, die besagt, dass alle bekannten Informationen bereits in den Kursen enthalten sind und für Anleger keine Chance besteht, mit allgemein zugänglichem Wissen auf Dauer die Märkte zu schlagen. Verfechter der Theorie der effizienten Märkte wiederum vertreten die Auffassung, dass die höheren Renditen der Value-Strategien auf den höheren Risiken der Value-Aktien beruhen, die, wie gesagt, eine größere Wertschwankungsanfälligkeit aufweisen.

Indes kann man sich die Frage stellen, ob eine so erfolgreiche Gesellschaft wie die von Buffett überhaupt mit Investmentfonds vergleichbar ist oder nicht doch eher ein Unternehmen herkömmlicher Art darstellt, nämlich ein überaus erfolgreiches Versicherungsunternehmen mit Gesellschaften wie dem Rückversicherer General Re oder dem Autoversicherer Geico, das zusätzlich eine gewisse Bandbreite an Unternehmensbeteiligungen hält. Dass einzelne Unternehmen jahrelang einen Index übertreffen, kommt schon mal vor.

Im Folgenden führen wir einige weltweit anlegende Value-Investmentfonds auf. Dass die Fonds mit aktivem Management in der Vergangenheit gut liefen und vergleichsweise wenig in ihrem Wert schwankten, muss aber nicht bedeuten, dass das auch in Zukunft so sein wird.

LU0133414606	939853 DWS Global Value, 1,49 % Gesamtkostenquote (TER)
LU0159550150	164325 DJE Dividende & Substanz, 1,94 % Gesamtkostenquote (TER)
DE000A0HG2N9	A0HG2N ishares DJ EuroStoxx Value (ETF), 0,4 % Gesamtkostenquote (TER)
US0846702076	900567 Berkshire Hathaway (Aktie der Gesellschaft von Warren Buffett)

Links:

www.valueinvesting.de (deutschsprachige Seite, die die Grundzüge dieses Anlagestils erklärt)

www.berkshirehathaway.com (Hier finden sich unter anderem Buffetts jährliche Aktionärsbriefe in englischer Sprache.)

www.gurufocus.com (Wie sind Buffett und andere Investoren aktuell am Markt positioniert?)

www.onvista.de (Listet u.a. eine Vielzahl von Kennzahlen wie Kurs-Gewinn-Verhältnis oder Kurs-Buchwert-Verhältnis zu den einzelnen Aktiengesellschaften auf. Im Einzelfall können die Daten auch mal veraltete Stände aufweisen. Deshalb sollten Sie für die ins Auge gefassten Aktien einen Abgleich mit den Angaben auf den Investor-Relations-Seiten der Unternehmen vornehmen. Die Seite enthält auch Informationen zu Investmentfonds.)

Mit geschickter Aktienauswahl zum Erfolg?

Irrtum: *Wer mit Aktien Erfolg haben will, muss vor allem herausragende Einzeltitel entdecken.*

Richtig ist: *Wer mit Einzeltiteln Erfolg haben will, braucht vor allem eines: Glück!*

Herausragende Einzeltitel zu entdecken ist ähnlich schwierig, wie die Entwicklung des DAX-Standes oder der Zinsentwicklung eines Jahres zu prognostizieren – es erfordert geradezu wahrsagerische Qualitäten. Denn Sie müssten nicht nur einschätzen können, ob die Aktie gegenwärtig »günstig« oder »teuer« bewertet wird, sondern Sie müssten auch wissen, welche Erwartungen der Markt an den zukünftigen Geschäftserfolg des Unternehmens hat und ob diese Erwartungen geschlagen werden können. Natürlich müsste auch das Verhalten der Konkurrenz vorausgesehen werden, denn zunehmender Wettbewerb kann die Unternehmensgewinne stark beeinflussen. Ferner ist auch der allgemeine Börsentrend nicht zu unterschätzen, denn kaum eine Aktie kann sich diesem ganz entziehen. Sie merken schon: Kein menschliches Wesen kann all diese Ereignisse auch nur mit annähernder Sicherheit vorhersehen.

Vergangene Kursverläufe anhand von Diagrammen zu studieren und mittels einer sogenannten Chartanalyse auszuwerten gibt über zukünftige Ereignisse ebenfalls wenig Aufschluss. Aktienkurse folgen einem Zufallspfad, sie sind nicht vorhersagbar. Die moderne Finanzmarktforschung hat das in unzähligen empirischen Studien gezeigt. Der Grund dafür ist einfach: Alle bereits bekannten Informationen und Vermutungen zu den Unternehmen sind über die Aktienkäufe und -verkäufe der Anleger bereits in die Kurse eingeflossen. Was die Aktienkurse wirklich bewegt, sind neue – und damit nicht vorhersehbare – Nachrichten.

Und dennoch versuchen Anleger weltweit und täglich, die besten Einzeltitel zu finden. Manche haben Glück, andere nicht. Im Durchschnitt erzielen all diese Anleger aber nicht mehr als die durchschnittliche Rendite des Aktienmarkts. Diejenigen, die Neuigkeiten zu einem einzelnen Unternehmen besonders frühzeitig erfahren und sehr schnell reagieren, holen mehr heraus. Für alle anderen Anleger bleibt nur eine unterdurchschnittliche Rendite – liest man diese Neuigkeiten nämlich erst in der Zeitung, sind sie bereits kalter Kaffee. »Wenn Sie glauben, dass Schläue oder eine gute Ausbildung ausreichen, um die anderen aufgrund allgemein zugänglicher Informationen zu schlagen, sind Sie ein Narr«, bringt es der Aktienexperte Ken Fisher auf den Punkt.

»Im Grunde gibt es nur ein einziges Argument, das für Einzelinvestments spricht, nämlich dass sie manchen Anlegern mehr Spaß machen«, schreibt der Finanzexperte Gerd Kommer in seinem lesenswerten Buch *Souverän investieren mit Indexfonds, Indexzertifikaten und ETFs*. In der Tat: Alle Menschen haben von Geburt an einen Spieltrieb, den es auszuleben gilt. Wer ihn an der Börse ausleben möchte, mag seine Freude daran haben. Aber erwarten Sie nicht, dass Sie nebenbei immer auch Geld verdienen werden. »The difference between men and boys is the price of their toys«, wissen die Engländer – Erwachsene und Kinder unterscheiden sich vor allem im Preis ihres Spielzeugs.

Pharma-Aktien – satte Gewinne?

Irrtum: *Pharma-Aktien bringen hohe Gewinne.*

Richtig ist: *Modethemen hinterherzulaufen führt auf mittlere Sicht nahezu immer zu einem Rendite-Desaster.*

Neben den »zukunftsträchtigen« TMT-Aktien – aus den Branchen Telekom, Medien und Technologie – war Ende der neunziger Jahre für viele Anleger eigentlich nur eine weitere Branche von Interesse: die Pharma- und Gesundheitsbranche. Die Leute würden immer älter und an der Gesundheit sparen die Menschen zuletzt, war überall zu lesen und zu hören. Auch andere Gründe dafür klangen irgendwie einleuchtend: dass der Bedarf an Medikamenten unaufhörlich steige; dass die Weltbevölkerung und der Wohlstand in den Schwellenländern weiterwachse und gerade dort die Menschen sich eine bessere medizinische Versorgung leisten wollten; dass Gesundheitsausgaben wenig konjunktur- und krisenanfällig sind – nach dem Motto: »Kranke gibt es immer«; und dass die Pharma-Anbieter aufgrund ihrer Patente eine starke Marktstellung haben – der Wettbewerbsdruck sei gering, die Gewinnmargen auskömmlich.

Es kam beim Pharma-Trend, wie es immer bei Investment-Modewellen geschieht: Nachdem sich die Papiere bereits in der Vergangenheit gut entwickelt hatten (was sich übrigens als hervorragendes Werbeargument erwies), ließ die Performance ab dem Jahr 2001 bei vielen Pillendrehern zu wünschen übrig. Von allen Branchen entwickelte sich neben der damals hippen TMT-Branche der Pharma-Sektor am miserabelsten. Die vermeintlichen Top-Aktien erwiesen sich als Flops. Statt zu steigen, gingen die Kurse bis 2005 jährlich etwa um 2 Prozent in die Knie. Auch danach entwickelten sich die Pharma-Werte nicht gerade prächtig.

Gelegentlich gab es auch dramatische Abstürze: Im Spätsommer 2001 musste Bayer den Cholesterinsenker Lipobay vom Markt nehmen – die Aktie rutschte innerhalb eines Tages um mehr als 17 Prozent in den Keller. Merck, der zeitweilig größte amerikanische Pharmakonzern, verlor im Herbst 2004 an einem einzigen

Tag 27 Prozent an Wert, als man das Schmerzmittel Vioxx wegen seiner Nebenwirkungen vom Markt nehmen musste. (Der US-Konzern ist übrigens nicht mit dem gleichnamigen deutschen, im DAX notierten Unternehmen zu verwechseln.) Viele Pharma-Werte notieren heute tiefer als vor zehn Jahren. Neben gelegentlicher Medikamentenrückrufe hat die Pharmabranche dieser Tage vor allem mit zwei Problemen zu kämpfen: Die Pipelines für den Medikamentennachschub sind leer. Es kommen einfach nicht mehr so viele Neuentwicklungen aus den Labors. »Die Medikamente, die eher leicht zu finden waren, haben wir gefunden. Wir haben die tiefhängenden Früchte gepflückt, jetzt müssen wir uns schon sehr strecken, um unsere Ziele zu erreichen«, erklärte der Finanzvorstand eines großen Pharmakonzerns einmal in der *Wirtschaftswoche*. Und für die vorhandenen Medikamente läuft irgendwann der Patentschutz aus. Billighersteller mit ihren Nachahmerprodukten, den sogenannten Generika, jagen dann vermehrt den Anbietern Marktanteile ab. Dazu kommen Gesundheitsreformen in diversen Ländern – das alles war keine gute Basis für steigende Kurse.

Die Pharmabranche steht hier nur als ein Beispiel für viele Modewellen, denen unbedarfte Anleger auf den Leim gehen. Mal ist es Biotech, mal sind es Solarwerte, mal Rohstoffe, Infrastrukturanbieter oder China-Investments. Kurzfristig mag es dem einen oder anderen gelingen, Gewinne zu erzielen. Auf längere Sicht geht es regelmäßig schief.

Wie kommen Kleinanleger aber auch dazu, zu erwarten, dass Banker, Broker und Berater sie, sei es direkt oder über die Medien, zuallererst mit »heißen Tipps« versorgen? Bevor Kleinanleger von solchen »Gelegenheiten« erfahren, haben andere, allen voran die Berater selbst, sich schon längst bedient, und die Kurse sind bereits gestiegen. Hier kann es nur eine Empfehlung geben: Von Modethemen, die bereits breitgewalzt worden sind, unbedingt die Finger lassen!

Börsenbriefe, Newsletter und andere Informationsquellen

Irrtum: *Es lohnt sich, Aktienempfehlungen aus Zeitschriften, Börsenbriefen und Newslettern zu befolgen.*

Richtig ist: *Ein Zuviel an Information ist oft der Ruin eines Anlegers.*

Die Zahl der Börsenbriefe und E-Mail-Newsletter ist nahezu uferlos. Reißerisch versprechen manche unter ihnen die »neuesten Kursraketen«, den »heißen Tipp« oder ganz exklusive Informationen – per Massenmail. Kurz: Sie verheißen das schnelle Geld, Wohlstand, Reichtum!

Es ist einfach für eine Anlegerzeitschrift, mit einzelnen, herausragenden Tipps aus der Vergangenheit ihren scheinbar immensen Nutzen für Anleger zu unterstreichen. Genauso einfach ist es aber auch, jeder beliebigen Zeitschrift nachzuweisen, dass sie sich im Nachhinein geirrt hat. Viel bedeutsamer aber ist die Frage, ob es sich im Schnitt wirklich lohnt, solchen Empfehlungen zu folgen. Das herauszufinden ist aufwendig. Denn man müsste einige Monate oder gar Jahre lang alle Hinweise aufarbeiten. Ein Fingerzeig könnte aber in der Tat schon sein, dass es oftmals nur eine Kaufempfehlung und im Anschluss keine weitere Berichterstattung gibt und so darauf gesetzt wird, dass der Kunde vergesslich ist. Darüber hinaus bleibt so auch die empfohlene Anlagedauer unklar. Schließlich stellt sich noch die Frage, womit man diese ausgetüftelte Durchschnittsrendite aller Empfehlungen vergleicht. Mit dem DAX? Oder mit einem Weltaktienindex? Deshalb machen sich Forscher und Journalisten nur selten die Mühe, den Wert von Börsentipps zu untersuchen.

»Nur fünf der 20 analysierten Börsenbriefe schafften in der Untersuchungsperiode nach zwölf Monaten eine höhere Rendite als der DAX, der gut 25 Prozent zulegte«, ergab immerhin eine Untersuchung des *Manager Magazins* bereits 1994. Und die Kapitalmarktforscher Ute Pieper, Dirk Schiereck und Martin Weber gelangten in einer Untersuchung der Kaufempfehlungen des

Effecten-Spiegel zwischen Februar 1990 und Januar 1991 zu der Erkenntnis, »dass im Rahmen dieses Untersuchungszeitraums weder die Befolgung sämtlicher Kaufempfehlungen des *Effecten-Spiegel* noch die Spezialisierung auf eine bestimmte Anlagekolumne [...] im Durchschnitt erfolgversprechend war«. Allerdings haben die Autoren noch etwas Interessantes herausgefunden: Wer schon rund zehn Tage vor Erscheinen des Börsenbriefes die empfohlenen Aktien erworben hat, machte damit gute Geschäfte.

Statistiker der Wirtschaftswissenschaftlichen Fakultät der Universität Essen haben die Empfehlungen von Finanz-Fachzeitschriften für den Zeitraum Januar bis Juni 2001 untersucht. Das Ergebnis: Lediglich jeder 20. der insgesamt 5985 Tipps aller sechs untersuchten Magazine verhalf dem Anleger zu einem Papier mit längerfristig steigenden Kursen.

Sich auf die Empfehlungen von Analysten, die meist in den Diensten von Banken stehen, zu verlassen, ist ebenfalls wenig erfolgversprechend. Die Onlineausgabe der *Welt* hat sich Mitte 2007 die ein Jahr zuvor von Analysten abgegebenen Kauf- und Verkaufsempfehlungen für Aktienwerte aus dem DAX angesehen. Die Aktien mit den meisten Kaufempfehlungen schnitten 4 Prozentpunkte schlechter ab als der DAX, die bei den Analysten unbeliebtesten Aktien übertrafen den Markt um 14 Prozent. Auch hier gilt: Zum Zeitpunkt, zu dem Kauf-, Halte- oder Verkaufsempfehlungen veröffentlicht werden, sind die jenen zugrundeliegenden Informationen oft schon im Aktienkurs enthalten. Eine weitere Ursache für die kläglichen Ergebnisse der Empfehlungen ist der Herdentrieb der Analysten. Keiner möchte mit seinen Aussagen allzu sehr vom Marktkonsens abweichen.

Die Forscher Gilles Hilary und Lior Menzly haben Umsatz- und Gewinnprognosen von US-Analysten von 1980 bis 1997 untersucht: Analysten, die mit ihren Vorhersagen vier Quartale in Folge besser dastanden als der Durchschnitt, lagen danach überdurchschnittlich oft daneben. Nach einer Erfolgssträhne werden Marktbeobachter offenbar übermütig und fangen an, Fehler zu machen. Das *Handelsblatt* titelte dazu: »Besser nur auf erfolglose Analysten hören«.

Noch besser dürfte es für Privatanleger sein, Börsenbriefe und Analysen ganz links liegenzulassen und ihre eigenen Entscheidungen zu treffen. Dann haben sie zwar niemanden, dem sie gegebenenfalls die Schuld geben können, aber auch niemanden, der ihnen Geld aus der Tasche zieht.

Diverse Zeitschriften, etwa die *Chicago Sun-Times* oder das *Wall Street Journal*, haben eine Anregung des US-amerikanischen Wirtschaftswissenschaftlers Burton Malkiel aufgegriffen. Der behauptete 1973 in seinem Buch *A Random Walk Down Wall Street*, es sei schlauer, einen Affen Dartpfeile auf eine Liste mit Aktien werfen zu lassen, als professionelle Broker mit der Auswahl von kaufenswerten Aktien zu beschäftigen. In entsprechenden Experimenten schnitten die Affen mit ihren Zufallstreffern renditemäßig tatsächlich hervorragend ab …

Weniger witzig ist, aber leider sehr häufig: Nicht wenige Börsenbriefe bewegen sich in einer rechtlichen Grauzone – oder auch mal darüber hinaus: Werbung mit erzielten Renditen der Vergangenheit ist mit Vorsicht zu genießen. Vielleicht wurde einfach ein Musterdepot aus Aktien zusammengestellt, die sich in den letzten Jahren höchst erfolgreich entwickelt haben, und nur behauptet, dass der Börsenbrief diese Werte in der Vergangenheit empfohlen habe. Und selbst wenn die Empfehlungen in der Vergangenheit tatsächlich so abgegeben wurden: Die angegebenen Kauf- und Verkaufskurse wären für diejenigen, die die Strategien hätten nachbilden wollen, oft nicht realistisch zu erzielen gewesen – einfach deshalb, weil der erste Kurs nach Erscheinen des Börsenbriefs oft schon deutlich von dem im Börsenbrief als Empfehlungskurs angegebenen Kurs abweicht. Wer von diesem Kuchen was abhaben will, muss ihn schon in der Küche erwischen, bevor er serviert wird.

Auch dass sich Börsenbriefe oft auf sehr kleine Aktiengesellschaften stürzen, verwundert nicht, denn die Kurse dieser Aktien lassen sich viel leichter durch ein paar Kaufaufträge bewegen. So erfüllt sich die Prognose des Börsenbriefs quasi von selbst, sobald einige Anleger danach handeln. Manche Börsenbriefschreiber decken sich sogar zunächst mit den von ihnen empfohlenen Aktien ein, um sie anschließend wieder zu verkaufen, sobald die Kurse steigen, weil sich nun die Leser eindecken. »Scalping« oder Skalpieren nennt man diese nicht zulässige Praxis. Es dürfte klar sein, um wessen Schopf es dabei geht.

Es lohnt sich nicht, Börsenbriefe, Börsenzeitschriften oder sonstige Aktienempfehlungen zu lesen. Eigentlich eine gute Nachricht, denn so sparen Sie eine Menge Zeit und viel Geld! Wenn Sie es aber – wie wir selbst auch – partout nicht lassen können, ab und zu einen Blick in derartige Medien zu werfen, dann investieren Sie höchstens kleinere Anteile Ihres Vermögens in deren Empfehlungen.

IMMOBILIEN UND
ANDERE SACHWERTE

Kaufen oder mieten?

Irrtum: *Es ist grundsätzlich unsinnig, Miete zu bezahlen, wenn man sich eine eigene Wohnung leisten kann.*

Richtig ist: *Der Kauf einer Immobilie lohnt sich nur, wenn verschiedene Voraussetzungen erfüllt sind.*

Der Kauf oder Bau einer Wohnimmobilie ist für viele die bedeutendste finanzielle Entscheidung im Leben. Zum einen geht es um hohe Geldbeträge, zum anderen legt sich der Eigentümer auf lange Sicht fest und zwängt sich oft in ein über Jahre laufendes Finanzierungskorsett. Lohnt sich das? Antworten von der Stange kann es dazu nicht geben.

Hier zunächst die gängigen Pro- und Contra-Argumente zum trauten Eigenheim:

Für Wohneigentum spricht zuallererst einmal das Plus an Lebensqualität: Man erspart sich Diskussionen mit dem Vermieter über Renovierungen und Wandfarben. Eine Wohnung kann man sich nach eigenem Geschmack einrichten, und Kündigungen wegen Eigenbedarf gibt es auch nicht. In einer Eigentümergemeinschaft kann man zudem mitbestimmen, wenn es darum geht, zu entscheiden, wie der Garten oder Hof genutzt werden soll.

Dann wäre da das Argument Inflationsschutz: Wohneigentum bietet lebenslangen Schutz vor Mietpreissteigerungen. Daher ist es für viele der Inbegriff einer sicheren Altersvorsorge. Ähnlich sieht es mit Steuervorteilen aus: Die Mietkosteneinsparung des Eigentümers ist steuerfrei, die Erträge einer alternativen Geldanlage werden vom Finanzamt besteuert. Und – man mag dazu stehen, wie man will – bei Unterhaltsverpflichtungen etwa für pflegebedürftige Eltern sowie bei Sozialhilfebezug wird das im Wohneigentum investierte Vermögen geschont.

Des Weiteren führt die Bildung von Wohneigentum zu hoher Disziplin bei der Vermögensbildung: Untersuchungen zeigen, dass Wohneigentümer zu Rentenbeginn nicht nur eine eigene Immobilie, sondern gleichzeitig auch noch mehr Geldvermögen als Mieter haben – selbst bei vergleichbarem Einkommen.

Dazu kommt noch, dass die aktuellen Preise an den deutschen Wohnimmobilienmärkten in vielen Regionen nach den üblichen Maßstäben als günstig zu bezeichnen sind. Nach den Berechnungen von LBS Research mussten in Westdeutschland für eine typische Finanzierung im Jahre 2006 lediglich 18 Prozent des Einkommens aufgewendet werden – zehn Jahre zuvor waren es noch 34 Prozent. In den neuen Bundesländern hat sich die Finanzierungslast seit 1996 sogar mehr als halbiert, von 32 auf 15 Prozent. Die relativ niedrigen Zinsen und die seit Jahren stagnierenden bis rückläufigen Immobilienpreise zeigen hier Wirkung.

Der Anlageexperte Rolf Elgeti argumentiert in *Der kommende Immobilienmarkt in Deutschland*, dass die Mietersparnis durch einen Wohnungskauf in den meisten Lagen in Deutschland höher ist als die potentielle Belastung durch Immobilienkredite, und das auf einer Basis von Mieten, die noch steigen könnten. Zwar mag die Bevölkerungszahl abnehmen, aber die – entscheidende – Zahl der Haushalte nimmt vielerorts weiterhin zu, ebenso die Wohnfläche pro Kopf. Gleichzeitig werden immer weniger neue Wohnungen errichtet.

Gegen Wohneigentum spricht, dass von eventuell sinkenden Mieten natürlich nur Mieter profitieren, während Wohnungseigentümer dann Wertverluste hinnehmen müssten.

Dazu kommt, dass Eigentum Zeit kostet. Denken Sie etwa an die Organisation einer laufenden Instandhaltung.

Dazu kommen Kostenrisiken. Ein defektes Dach oder feuchte Wände können Eigentümern, die knapp bei Kasse sind, graue Haare wachsen lassen. Mieter müssen sich darüber keine Sorgen machen. Ein weiteres Risiko: Familien bauen oftmals Häuser, die nach dem Auszug der Kinder zu groß und im Unterhalt zu teuer sind. Mieter haben die Möglichkeit, einfach umzuziehen, Hauseigentümer verzichten aus Bequemlichkeit oder Anhänglichkeit oft auf diesen Schritt. Und schließlich besteht das Risiko, Immobilien überteuert einzukaufen. Das kommt oft bei einem Wohnortwechsel vor, weil es an Kenntnissen über den örtlichen Immobilienmarkt und an ausreichend Zeit für Vergleiche fehlt. Die Ausgaben für einen neutralen Gutachter wären hier meist gut angelegt, viele Erwerber verzichten dennoch darauf.

Auch über die Finanzierungsrisiken sollten Sie sich klar sein: Dazu gehört das Risiko, dass Zinsen nach Ablauf der Zinsbindungsfrist ansteigen. Der Kauf von Wohneigentum ist grundsätzlich auch immer eine Zukunftswette, besonders was die eigene Arbeitsplatzsicherheit angeht. Bei Ehepaaren fließt zudem die Stabilität der Beziehung mit in das Finanzierungsrisiko ein – Arbeitslosigkeit und Scheidungen sind ein häufiger Grund für Zwangsversteigerungen von Wohnungen und Häusern. In der Praxis werden verspätete Ratenzahlungen für den Eigentümer viel schneller zum Problem (hier droht die Zwangsversteigerung) als verspätete Mietzahlungen für den unter Sozialstaatschutz stehenden Mieter.

Ein weiteres Gegenargument ist das Liquiditätsrisiko: Wer sein Geld in festverzinsliche Wertpapiere oder Aktienfonds angelegt hat, kommt bei Bedarf in kurzer Zeit an sein Vermögen heran. Bei Immobilien kann sich der Verkauf über Monate, manchmal Jahre hinziehen.

Und dann wäre da noch das Klumpenrisiko: Es ist bei Geldanlagen selten sinnvoll, alles auf eine Karte zu setzen. Immobilieneigentümer haben dagegen nicht nur ihr ganzes Vermögen in Wohneigentum investiert, sondern zusätzlich auch noch einen Kredit dafür aufgenommen. Bei einer Finanzierung mit 20 Prozent Eigenkapital und 80 Prozent Kredit steht man netto mit leeren Taschen da, wenn das Objekt um 20 Prozent an Wert verliert.

Und schließlich: Immobilien machen immobil. Dabei ist in der Berufswelt der Gegenwart und Zukunft Mobilität gefragt. Oft stehen Versetzungen oder gar Standortverlagerungen an, oder es tun sich an anderen Orten bessere Karrierechancen auf.

Übrigens: Dass Wohneigentum relativ gesehen billiger geworden ist, bedeutet nicht, dass sich die Preise von nun an nur noch nach oben entwickeln können. Denn sobald die letzten geburtenstarken Jahrgänge, die heute um die 40 Jahre alt sind, mit Wohneigentum versorgt sind, kann die Nachfrage zurückgehen. Auch

die Wohnungsverkäufe der Finanzinvestoren in deutschen Groß-
und Mittelstädten drücken auf die Preise. Zudem sind angesichts
der am Arbeitsmarkt geforderten Flexibilität immer weniger Menschen am Erwerb selbstgenutzten Wohneigentums interessiert.
Und die älteren Käufer bevorzugen neuerrichtete, seniorenge-
rechte Eigentumswohnungen. Rasante Aufwärtsentwicklungen
der Immobilienpreise wie in den frühen neunziger Jahren sind vor
diesem Hintergrund schwer vorstellbar. Aussagen über zukünftige
Wertsteigerungen sind trotz derzeit relativ günstiger Kaufpreise
spekulativ.

Klar, wenn man nicht auf wenigstens 20 Prozent Eigenmittel
kommt, scheidet der Kauf von Wohneigentum sowieso aus – falls
man nicht unkündbar beschäftigt ist. Dass weniger Eigenmittel
leicht in den wirtschaftlichen Ruin führen, sieht man aktuell in den
USA. Und spätestens, wenn Zins und Tilgung zusammen mehr als
35 bis 40 Prozent des Einkommens ausmachen, sollte man sich
ebenfalls von dem Gedanken an Wohneigentum trennen.

Aber was ist in den Fällen, in denen man sich Wohneigentum
leisten kann? Ist es dann unsinnig, auf den Kauf eines Eigenheims
zu verzichten? Auch hier gilt der Standardsatz der Ökonomen: »Es
kommt darauf an.«

In den folgenden Fällen mag es tatsächlich besser sein, darauf
zu verzichten: Wenn es alles andere als sicher ist, ob man mindestens zehn Jahre in der Wohnung bleiben kann und will. Wer
seine Immobilie vor dieser Zeitspanne verkaufen muss, erleidet
fast immer Verluste. Die mögliche Wertsteigerung des Objekts
gleicht dann selbst in guten Lagen die Erwerbsnebenkosten (bis
zu 12 Prozent des Kaufpreises für Grunderwerbsteuer, Grundbuch,
Notar und eventuell Makler) sowie die Preissteigerungsrate nicht
aus. Am höchsten fallen die Verluste in der Regel aus, wenn man
eine neugebaute Wohnung erworben hat. Und sind die Hypothe-
kenschulden noch nicht getilgt, kommen zusätzlich noch hohe
Vorfälligkeitsentschädigungen an die Bank hinzu.

Auch wenn sich das Haus oder die Wohnung in einer Region
befindet, die in Zukunft keine Wertsteigerung oder sogar fallende
Preise erwarten lässt, weil die Wirtschaft dahinsiecht oder schlicht
nicht stattfindet und die Menschen abwandern, sollte man besser
darauf verzichten. Als gut gelten die Aussichten für die Metropol-

regionen Süddeutschlands, die Rheinschiene und Hamburg. Ein Freifahrtticket auf steigende Wohnungspreise haben aber auch diese Lagen nicht. So erlebten etwa Eigentumswohnungen in Saarbrücken 1990 bis 2006 viel höhere prozentuale Wertsteigerungen als Wohnungen in den genannten Metropolen. Entscheidend ist nicht nur die Region, sondern auch die Lage innerhalb der Region – auch da gibt es große Unterschiede. Für Berlin-Marzahn beispielsweise sehen Immobilienexperten die Perspektiven als eher ungünstig an, für Friedrichshain, Prenzlauer Berg oder Mitte sind sie optimistischer. Auch solche Prognosen sind natürlich immer mit einer gewissen Vorsicht zu genießen.

Generell geht am Immobilienmarkt der Trend in die Städte. Ältere Menschen erwarten dort eine bessere medizinische Versorgung und ein breiteres kulturelles Angebot. Für den Zustrom jüngerer Familien in die Innenstädte sorgen steigende Kraftstoffpreise und die reduzierte Pendlerpauschale. Aus diesen Gründen steigen die Preise dort aktuell am stärksten an. An den Stadträndern und in den Wohnsiedlungen der Vororte stagnieren die Preise dagegen vielfach. Experten gehen davon aus, dass der Zuzugtrend in die Stadtzentren auch mittelfristig bestehen bleibt.

Außerdem kommt es bei der Entscheidung kaufen oder mieten auch auf folgende Fragen an:

- Ist eine staatliche Förderung, etwa für Familien, abrufbar?
- Geht es um den Bau einer neuen oder um den Kauf einer bereits vorhandenen Immobilie? Letzteres ist unter finanziellem Blickwinkel meist vorteilhafter.
- Wie hoch fallen in Zukunft vor Ort die Immobilien- und Mietpreissteigerungen im Vergleich zu den Renditen der Anlagealternativen aus? Das ist der springende Punkt, der bei Berechnungen auf Sicht von 30 oder 40 Jahren über den finanziellen Erfolg einer Investition entscheidet. Ein Prozent mehr oder weniger Wertsteigerung lässt nicht selten die Entscheidung zwischen Kauf und Miete kippen. Die Einschätzungen dazu sind stets mit erheblichen Unsicherheitsfaktoren belastet. Damit benötigt jede Entscheidung für oder gegen Wohneigentum mehr als ein Quäntchen Glück.
- Ohnehin geht es bei der Entscheidung zwischen Kauf und Miete um mehr als Rendite. Die *Wirtschaftswoche* brachte es mit drei

simplen Fragen auf den Punkt: »Macht Sie dieser Immobilienkauf glücklich? Können Sie ihn sich leisten? Und können Sie sich von der Immobilie trennen und mögliche Verluste verkraften, falls das Leben neue Pläne für Sie hat? Dann Kaufen. Aber nur dann.« Dem haben wir nichts hinzuzufügen.

Links:

www.test.de (Stichwortsuche »Kaufen oder mieten?«-Rechner zum Download)

www.biallo.de/kredite/index.php (»Kaufen oder mieten?«-Rechner)

www.baufoerderer.de (Gemeinschaftsprojekt des Verbraucherzentrale-Bundesverbandes e. V. und der KfW-Förderbank)

www.zinsen-berechnen.de (Hypothekenrechner)

www.gutachterausschuss.de (Adressen und Telefonnummern der Gutachterausschüsse, die Daten über den örtlichen Immobilienmarkt publizieren)

www.immobilien-kompass.de (Informationen zu Preisentwicklung, Prognosen und Wohnqualität zu Regionen im In- und Ausland)

www.focus.de/immobilien/kaufen/immobilien-atlas_aid_54614. html (Wohnungskaufpreise und -mieten in Deutschland)

www.wirtschaftswoche.de (Rubrik »Finanzen – Bauen und Wohnen«)

www.hvbexpertise.de (Immobilienmarkt-Analysen bis auf Stadtteilebene)

www.bbr.bund.de (Bundesamt für Bauwesen und Raumordnung: Analysen und Prognosen zum Wohnungs- und Immobilienmarkt, inklusive Landkarten zum Wohnungsleerstand)

www.ifs-staedtebauinstitut.de (jährliche Studie »Preisentwicklung für Wohneigentum in Deutschland«; Ermittlung der durchschnittlichen Preise aller Verkaufsfälle von Einfamilienhäusern und Eigentumswohnungen in Deutschland; der DEIX [Deutscher Eigentums-Immobilien-Index] zeigt die Wertentwicklung von Wohnimmobilien an.)

Anlage von Mietkautionen

Irrtum: *Vermieter müssen Mietkautionen nicht verzinslich anlegen.*

Richtig ist: *Der Mieter kann darauf bestehen, dass die Kaution verzinslich angelegt wird.*

Endlich, die neue Wohnung ist gefunden. Erstmal die Umzugskartons auspacken und sich behaglich einrichten. Wer denkt da schon an die Verzinsung der Mietkaution? Doch das lohnt sich. Und dafür gibt es mehr Möglichkeiten als nur das Sparbuch. Vermieter verlangen in der Regel drei Kaltmieten als Sicherheit. Wenn der Mieter die Wohnung beim Auszug ohne Beeinträchtigungen hinterlassen und die Miete zuverlässig bezahlt hat, bekommt er diese zurück. Wenn es sich nicht gerade um einen Mietvertrag aus der Zeit vor 1983 handelt, muss der Vermieter diese Kaution verzinslich anlegen. Die Erträge stehen in jedem Fall dem Wohnungsmieter zu, fließen aber erst mit der Rückzahlung der Kaution an ihn.

Meist legen Vermieter die Kaution in Spareinlagen mit dreimonatiger Kündigungsfrist an, auf gut Deutsch landet das Geld also auf einem simplen Sparbuch. Bei der Verzinsung darf man da keine Wunder erwarten, mal gibt es ein halbes Prozentchen, mal ein ganzes pro Jahr, selten mehr. Bei 2 oder 3 Prozent Inflation verliert die Kaution in Wirklichkeit laufend an Wert.

Für den typischen Mieterhaushalt ergeben sich immerhin Jahr für Jahr über 30 Euro Mehrgewinn, wenn die Kaution zu 3,5 statt zu 1 Prozent verzinst wird. Denn Otto oder Jessica Normalmieter zahlen eine durchschnittliche Kaltmiete von 6 Euro pro Quadratmeter, leben auf 70 Quadratmetern, und die übliche Kaution macht, wie gesagt, drei Monatsmieten aus. In 25 Jahren summiert sich der Vorteil mit Zinseszinsen auf knapp 1200 Euro. Umgekehrt springt für die Banken ordentlich was heraus, wenn die Mieter und Vermieter sich um eine vernünftige Anlage der Kaution keine allzu großen Gedanken machen. Bei 22,1 Millionen Mieterhaushalten in Deutschland und dem angeführten Zinsunterschied ergeben sich für die Banken Jahr für Jahr Zinsvorteile in Höhe von knapp 700 Millionen Euro.

Dabei sind höhere Zinsen auch im Sinne der Vermieter, denn die Gewinne steigern den Wert der Kaution. Und so haben Mieter gute Argumente, wenn sie Vermietern attraktivere Geldanlagen vorschlagen. Es gibt zwei Möglichkeiten: Der Vermieter kann die Kaution in einer höher verzinslichen Anlageform anlegen, oder der Mieter legt das Geld in Absprache mit dem Vermieter selbst an. Allerdings muss er dem Vermieter dann die Anlage verpfänden – damit dieser auf die Kaution als Sicherheit zurückgreifen kann.

In Frage kommen zinsstarke Tagesgeldkonten, für die es aktuell oft 3 bis über 4 Prozent Zinsen gibt. Es gibt Institute, die bei so etwas keine Mindestanlagesumme verlangen. Auch eine Verpfändung an den Vermieter ist bei einer Reihe von Kreditinstituten möglich, teilweise fallen dafür allerdings gesonderte Kosten an. Zinsvergleiche finden sich in Zeitschriften wie *Finanztest* oder im Internet, zum Beispiel auf www.fmh.de oder www.biallo.de.

In Frage kommen auch Bundeswertpapiere, zum Beispiel die Tagesanleihe oder Bundesschatzbriefe. Kauf, Verwaltung und auch die Eintragung eines Pfandrechts sind ohne jegliche Kosten bei der Deutschen Finanzagentur, einer Einrichtung des Bundes, möglich (www.deutsche-finanzagentur.de). Dort sind auch die aktuell angebotenen Zinssätze einzusehen.

Schließlich können auch Wertpapierdepots, insbesondere Investmentfondsdepots, an die Vermieter verpfändet werden. Angesichts der Kursrisiken werden sich allerdings nicht alle Vermieter darauf einlassen.

Wer nicht flüssig ist, kann als Mieter in der Höhe der zu leistenden Mietsicherheit eine Bürgschaft bei einer Bank beantragen. Allerdings kann diese teuer werden und auch schon mal 100 Euro pro Jahr kosten. Junge Leute wenden sich daher manchmal lieber an ihre Eltern, die nicht nur borgen, sondern auch bürgen können.

Links:

www.fmh.de (Zinsübersichten)
www.biallo.de (Zinsübersichten)
www.deutsche-finanzagentur.de (Geldanlageangebote des Bundes)

Bieten Immobilien Sicherheit?

Irrtum: *Immobilien sind krisensichere Geldanlagen.*

Richtig ist: *Die Sicherheit von Immobilien wird meist überschätzt.*

Der Irrglaube von der krisensicheren Immobilie lässt sich in Deutschland offenbar auch nach dem Debakel mit sogenannten Schrottimmobilien – nicht nur in Ostdeutschland – nicht ausrotten. Deutsche Sparer legen ihr Geld eben am liebsten in Haus- und Grundbesitz an.

Doch in den vergangenen 16 Jahren verdienten die Immobilienbesitzer im Durchschnitt lediglich 2,5 Prozent pro Jahr an Mieten und Wertsteigerungen. Diese eher bescheidene Wertentwicklung wird hingenommen, schließlich gelten Immobilien als wertbeständig und als sichere Geldanlage für das Alter. Aber sind Immobilien wirklich so krisensicher, wie immer angenommen wird?

Zunächst einmal gibt es viele Wege, in Immobilien zu investieren. Da ist die direkte Investition, in der Regel in ein Wohnhaus oder in eine Eigentumswohnung, um diese zu vermieten (selbstgenutzte Immobilien lassen wir an dieser Stelle außen vor). Voraussetzung hierfür sind ein gewisses Maß an Expertise, Zeit und Eigenmitteln. Wo die nicht ausreichend vorhanden sind, kommen indirekte Investitionswege in Frage: offene oder geschlossene Investmentfonds. Darüber hinaus existieren noch Aktien und aktienähnliche Investitionsmöglichkeiten in Immobilien. Deren Wertbeständigkeit werden wir gegen Ende des Kapitels auf den Prüfstand stellen.

Offene Immobilienfonds haben sich in der Vergangenheit tatsächlich als wertstabile Anlagen bewährt. Man wird Mühe haben, überhaupt einen Fonds dieser Art zu finden, der auch nur ein Jahr lang eine negative Wertentwicklung aufwies. Die typischen Renditen bewegten sich meist zwischen 2 und 5 Prozent pro Jahr. Oft ist ein Teil der Erträge steuerfrei. Die Gründe für die eher laue Performance: Zum einem sind Managementvergütungen und laufende Kosten beträchtlich, zweitens gilt auch hier: Sicherheit hat ihren Preis in Form von verminderten Renditen.

Allerdings haben auch offene Immobilienfonds schon eine Vertrauenskrise hinter sich: Mitte Dezember 2005 schlossen Fondsmanager den Grundbesitz-Invest der Deutschen Bank, um die Massenflucht von Anlegern vor dem Hintergrund von Gerüchten über eine Neubewertung der Immobilienbestände zu verhindern. Einige Monate lang kamen die Anleger nicht an ihr Geld heran. Zum Schluss ging es freilich für die Anleger glimpflich aus. Generell können Investmentfonds in Krisenfällen bis zu zwei Jahren geschlossen werden. Anleger bekommen in der Zeit ihre angelegten Gelder nicht ausbezahlt.

Geschlossene Immobilienfonds unterscheiden sich erheblich von offenen. Sie sind auf jeden Fall riskanter und lassen sich bei Bedarf auch weniger leicht zu Geld zu machen. Viele ihrer Risiken sind mit direkten Anlagen in Immobilien vergleichbar. (Die detaillierten Unterschiede werden auf S. 170 dargestellt.)

Und das sind die Risiken, die das blinde Vertrauen an die Wertbeständigkeit von Immobilien in Frage stellen: Erwerber von Bestandsimmobilien zahlen nicht selten aufgrund mangelnder Marktkenntnis zu hohe Preise. Besonders hoch ist das Risiko von Anlegern, die Eigentumswohnungen als Kapitalanlage erwerben, ohne diese zuvor zu besichtigen, und auf neutrale Gutachten verzichten. Etwa 300 000 Kapitalanleger wurden in der Bundesrepublik bisher dadurch geschädigt, dass ihnen völlig überteuerte fremdvermietete Immobilien als private Altersvorsorge verkauft wurden. Die Vermittler gaben in der Regel an, die Immobilie würde sich alleine durch die Steuervorteile und die Mieteinnahmen rechnen. Inzwischen spricht man deshalb von »Schrottimmobilien«.

Bei Immobilienbetrügereien sind auch sogenannte Pinselsanierungen berüchtigt. Hier wird die Ruine nur ein wenig aufgehübscht, damit die potentiellen Erwerber die marode Gebäudesubstanz dahinter nicht erkennen.

Egal ob Schrottimmobilien oder seriöse Angebote, aus heutiger Sicht haben fast alle Käufer zu viel für Eigentumswohnungen bezahlt, die sie Anfang oder Mitte der neunziger Jahre in Ostdeutschland erworben haben. Der DEIX (Deutscher Eigentums-Immobilien-Index) des Instituts für Städtebau (ifs) basiert auf Preiserhebungen bei rund 500 Gutachterausschüssen der Städte und Gemeinden und spiegelt den Wohnungsmarkt in seiner ganzen Breite wider. 2006 lagen demnach die Preise für ostdeutsche Eigentumswohnungen nominell 16 Prozent unter dem Niveau von 1995. Doch seither sind die Lebenshaltungskosten gestiegen, so dass der reale Wertverlust im Durchschnitt etwa 30 Prozent beträgt. Die Konsequenz: Wer eine Immobilie mit 30 Prozent Eigenmitteln erworben hat, hat abgesehen von den erzielten Mieterträgen, die freilich noch mit den Zinsen und der Instandhaltung zu verrechnen sind, praktisch alles verloren. Klar, hinterher ist man immer schlauer. Doch uns geht es alleine darum, die gerne propagierte Krisensicherheit von Immobilien auf den Prüfstand zu stellen.

Bei geschlossenen Immobilienfonds fallen außerdem hohe offen ausgewiesene sowie versteckte Kosten für Konzeption, Management und Vertriebsprovisionen von bis zu 25 Prozent des Anlagebetrags an. Der Wertbeständigkeit sind solche »Weichkosten« natürlich alles andere als dienlich, denn bei einem Weiterverkauf sind diese Beträge verloren. Das ist ein wesentlicher Grund dafür, warum sich geschlossene Immobilienfonds auf dem Zweitmarkt oft nicht einmal zum halben Wert des Ausgabepreises verkaufen lassen. Vielen Anlegern ist überhaupt nicht bewusst: Der offizielle Ausgabeaufschlag (auch Agio genannt) bei geschlossenen Fonds von zum Beispiel 5 Prozent enthält nur einen kleinen Teil der vom Anleger zu tragenden Kosten für Konzeption und Vertrieb – das zeigt ein rascher Blick in den Mittelverwendungsplan der Verkaufsprospekte. Wegen diesem Kostenballast steht dem Anlagebetrag dann typischerweise kein Immobilienwert in derselben Höhe gegenüber.

Auch chronische Leerstände und Mietausfälle gefährden die Wertbeständigkeit. Eine Mietwohnung bringt Einnahmen von einem Mieter, also aus einer bestimmten Quelle. Ein Wertpapierdepot in gleicher Höhe liefert Zinsen und Dividenden aus vielen Quellen. Kann oder will der eine Mieter nicht zahlen, ist die einzige Einnahmequelle versiegt. Kommt es zu einer Räumungsklage, bedeutet dies monatelangen Zahlungsausfall. Finanzierungskonzepte können so ins Straucheln geraten. Auch Leerstandsrisiken sind keineswegs nur theoretischer Natur. Der Anteil der leerstehenden Wohnungen liegt in Ostdeutschland bei 12 bis 15 Prozent, bei Mehrfamilienhäusern auch darüber. Im Westen sind es immerhin 7 Prozent.

Das Risiko dieser Zahlungsausfälle lässt sich scheinbar mit Hilfe von Mietgarantien des Verkäufers ausschließen. Aber das vermittelt den Käufern eine trügerische Sicherheit. Denn zum einen zahlen sie die Mietgarantie über einen höheren Kaufpreis letztendlich selbst. Zum anderen nutzt die beste Mietgarantie nichts, wenn die Garantin zahlungsunfähig wird, was immer wieder vorkommt. Außerdem gelten solche Übereinkünfte nur für einige Jahre. Ist die Garantiezeit abgelaufen, droht das böse Erwachen, wenn sich die garantierte Miethöhe am Markt nicht mal annähernd erzielen lässt. Da die Käufer Zinsen und Tilgung weiterhin in voller Höhe leisten müssen, drohte und droht vielen von ihnen die Überschuldung. Ein Verkauf der überteuert erworbenen Immobilien ist vielfach auch keine Lösung, weil die Erlöse oft die Schulden nicht abdecken. Von wegen wertbeständige Anlage.

Und dann gibt es da noch ganz handfeste Finanzierungsrisiken: Gerade weil Immobilien als sichere Anlage gelten, werden sie im Gegensatz zu Aktien häufig über Kredit finanziert. Wenn die Kreditzinsen 5 Prozent und die Rendite des Objekts schon bei vollständiger Eigenfinanzierung 6 oder 7 Prozent beträgt, katapultiert eine Hypothekenfinanzierung die Rendite für den Anleger regelrecht nach oben. Man spricht vom Leverage- oder Hebeleffekt. Der funktioniert freilich auch in die andere Richtung. Wann immer die Rendite aus der Immobilie niedriger als die Hypothekenzinsen ausfällt, etwa weil die Mieterträge fallen, schrumpfen die Wertentwicklung und oft auch das investierte Kapital des Anlegers zusammen.

Wertentwicklung in Extremsituationen: Wer sein Geld in Immobilien anlegt, hat oft einen Anlagehorizont über Jahrzehnte. Deshalb ist die Frage angebracht, wie stabil sich Immobilien in schweren Wirtschaftskrisen verhalten. Vor allem zwei verschiedene Krisenszenarien sind theoretisch denkbar: Phasen höherer Inflation (der vergleichbare Extremfall ist die Inflation in Deutschland bis 1923) und Phasen mit nachhaltig sinkendem Preisniveau (man spricht dann von einer Deflation; Prototypen hierfür sind die Weltwirtschaftskrise 1929 bis 1933 und das japanische Deflationsdebakel seit 1990). Ob Inflation und Deflation – beide Szenarien sind für Anleger ein Alptraum.

In Inflationszeiten ist es ein großer Unterschied, ob ein Anleger mit einer Immobilie sicher durch die Inflation kommen, also danach nicht ärmer als zuvor sein möchte, oder ob er während der Inflationsphase eine Immobilie verkaufen muss, weil er Geld für andere Zwecke benötigt. Im ersten Fall haben sich Immobilien als hervorragende Anlage erwiesen, im zweiten Fall haben sie sich alles andere als krisensicher gezeigt. Denn in Zeiten extremer Inflation entwickeln sich die Preise für die Alltagsausgaben derart extrem, dass den Menschen kein Geld für große Anschaffungen übrigbleibt, und die Ersparnisse haben bereits ihren Wert verloren. Deshalb konnte man 1923 in Deutschland für lächerlich kleine Beträge, freilich in US-Dollar oder Gold, ein ganzes Haus bekommen.

Berichten zufolge konnte man auch während der Argentinienkrise 2002, die freilich eher eine Währungskrise war, in Buenos Aires eine Wohnung für etwa 10 000 Euro erwerben – allerdings nur gegen Barzahlung, denn Kredite wurden nicht gewährt. Der Preis von Immobilien reagiert immer sehr sensibel auf die Kreditbedingungen. Vor und auch einige Jahre nach der Krise bewegten sich die dortigen Immobilienpreise auf europäischem Niveau.

Wie kaum eine andere Anlage eignen sich über Hypotheken finanzierte Immobilien für eine Wette auf die zukünftige Inflationsrate. Je höher die Preissteigerungsraten, desto besser für den Immobilienbesitzer. Der Wert der Immobilie steigt, nicht aber die Schuldenhöhe. Wer sich um 1921 wegen eines Hauses verschuldet hatte, war faktisch durch die ansteigende Inflation innerhalb kurzer Zeit schuldenfrei. Wer allerdings bis über beide Ohren verschuldet ist, wird sich gerade in Inflationszeiten schwertun, Zins und Tilgung aufzubringen, denn Löhne und Gehälter steigen meist nicht so schnell wie die Lebenshaltungskosten. Nach dem Ende der großen Inflationen von 1923 und 1948 wurden den Immobilienbesitzern übrigens vom Staat Ausgleichszahlungen auferlegt, mit denen die genossenen Vorteile zum Teil wieder einkassiert wurden.

Während einer Deflation können die Preise für Immobilien drastisch nachgeben, vor allem dann, wenn es zuvor zu übersteigerten Bewertungen kam. Der Rückgang des Preisniveaus wird dadurch verstärkt, dass Banken zunehmend Zwangsversteigerungen durchführen lassen, um ausstehende Schulden einzutreiben. In Japan haben Wohnimmobilien, ausgehend von absurden Preisniveaus, 1991 bis 2004 sage und schreibe 64 Prozent ihres Wertes verloren. Weil gleichzeitig die Schulden in einer Deflation nicht an Wert verlieren, kommen viele Immobilienbesitzer in Bedrängnis. Die Schuldenlast übersteigt schnell den Wert von Grund und Boden. Zudem sinken die Mieteinnahmen, so dass es zunehmend schwerer wird, Zins und Tilgung aufzubringen.

Außer direkten Immobilieninvestitionen und Immobilienfonds gibt es noch einige andere Wege, an der Wertentwicklung von Immobilien teilzuhaben: Immobilienaktien und seit kurzem auch REITS (Real Estate Investment Trust), die, vereinfacht ausgedrückt, eine steuerbegünstigte Mischform aus börsennotierten Immobilienfonds und Aktiengesellschaft darstellen, sowie Immobilienzertifikate oder auch entsprechend ausgerichtete Aktienfonds. Doch sie alle unterliegen den bei Aktien üblichen erheblichen Marktschwankungen. Schon deshalb sind sie auf kürzere und mittlere Sicht alles andere als wertbeständig. Der Dimax-Index des Bankhauses Ellwanger & Geiger zeigt: Deutsche Immobilienaktien haben seit Juli 2007 erheblich stärker an Wert verloren als der DAX. Auch die beiden einzigen deutschen REITS, Alstria Office und Fair Value, haben in der kurzen Zeit seit ihrem Börsengang in der Spitze mehr als 40 Prozent ihres Wertes eingebüßt.

Wer seine Ersparnisse wirklich einigermaßen krisensicher anlegen möchte, kommt um eine ausgewogene Vermögensaufteilung auf die verschiedenen Anlageklassen wie Tagesgeld, Anleihen, Aktien(-fonds), Immobilien(-fonds), Gold und Humanvermögen nicht herum. Nur eine solche Diversifikation schafft Sicherheit, nicht aber die Konzentration der Anlage auf eine einzelne Vermögensklasse.

Schützt Gold vor Inflation?

Irrtum: *Gold ist ein sicherer Inflationsschutz.*

Richtig ist: *Die Steigerungen beim Goldpreis haben in den letzten 25 Jahren die Inflationsrate bei weitem nicht ausgeglichen.*

In alten Erzählungen verkörpert der Besitz von Gold ungeheuren Reichtum. Vermögende Herrscher und Händler hatten Schätze aus purem Gold in Kisten mit dicken Vorhängeschlössern gehortet. In Märchen werden gute Menschen häufig mit Gold und Silber belohnt, »so viel sie tragen können«. In den achtziger und neunziger Jahren wären solch edle Menschen freilich gut damit beraten gewesen, das ganze Gold gleich liegenzulassen und stattdessen nach Aktienpaketen oder festverzinslichen Wertpapieren zu fragen.

Denn tatsächlich hatten Goldbesitzer in jenen Jahren keine große Freude an ihren Barren und Münzen. Der Goldpreis wird typischerweise in Dollar pro Unze ausgewiesen (eine Unze sind 31,1 Gramm). Europäische Anleger interessiert natürlich alleine der Wert des Goldes in Euro. Im Januar 1980 sprang eine Unze Gold für wenige Tage auf Preise über umgerechnet 550 Euro. Anschließend halbierte sich der Goldpreis innerhalb von gerade mal zwei Jahren. Es folgte eine vorübergehende Erholung. Doch dann fiel der Goldpreis mit ausdauernder Regelmäßigkeit weiter. Anfang der neunziger Jahre gab es die Unze Gold zeitweilig für weniger als 250 Euro, und auf demselben Niveau lag sie Ende der Neunziger wieder. Die Preise, die Gold-Anleger während der ersten Hälfte der achtziger Jahre gesehen hatten, sahen sie erst wieder ab 2005. Wer zu Höchstkursen gekauft hatte, war sogar erst 2008 wieder nominell im Plus. Nur erhöhten sich die Lebenshaltungskosten alleine zwischen 1980 und 2005 in Deutschland um 83 Prozent. Für eine Unze Gold konnte man sich also nur etwas mehr als die Hälfte dessen leisten, was man sich 25 Jahre zuvor dafür hätte kaufen können. Da nützt es auch wenig, dass der Wert des Goldes – übrigens im Gegensatz zum Silber – über Jahrhunderte einigermaßen wertstabil blieb. Ein sicherer Inflationsschutz sieht anders aus.

Ein häufig vorkommender Anlegerfehler ist es, von der Vergangenheit auf die Zukunft zu schließen. Doch gerade weil sich Gold in der Vergangenheit unterdurchschnittlich entwickelt hat und die meisten Anlageklassen bereits sehr stark im Wert gestiegen sind, sehen viele Experten einen Nachholbedarf. Der kann dazu führen, dass Gold in den nächsten Jahren tatsächlich vor Inflation schützt.

Dafür sprechen auch die folgenden Überlegungen:

- Am rasantesten ging es mit dem Goldpreis bisher immer dann nach oben, wenn die Inflationsraten höher ausfielen als die am Markt erzielbaren Zinsen und den Sparern so keine Vermögenszuwächse mehr blieben.
- Ein weiterer Grund ist der zunehmende Wohlstand in Asien. Asiaten neigen viel mehr als Europäer dazu, ihr Vermögen in Gold und vor allem in Goldschmuck zu investieren. Indien und die reichen Ölstaaten der arabischen Halbinsel sind je für ein Viertel der weltweiten Goldnachfrage verantwortlich. Und die Chinesen, die überhaupt erst seit wenigen Jahren Gold erwerben dürfen, beleben die Nachfrage zusätzlich.
- Dazu kommt noch, dass in den Achtzigern viele Anleger 5 bis 10 Prozent ihres Vermögens in Gold investierten, aber heute dessen durchschnittlicher Anteil gerade mal bei 2 Prozent liegt. Sollten die Anleger auch nur halb so hohe Quoten wie damals anstreben, würde das den Goldpreis massiv in die Höhe treiben.
- Schließlich: Gold ist knapp und nicht beliebig vermehrbar. Der Großteil scheint bereits gefördert zu sein: 159 000 Tonnen wurden in der Menschheitsgeschichte bisher zutage gefördert, der Löwenanteil davon im letzten Jahrhundert. Verlorengegangen ist davon so gut wie nichts. Auf jeden Menschen der Erde kommt rechnerisch nur eine Unze Gold. Alles bisher geförderte Gold ließe sich bequem in einem größeren Saal unterbringen: Es ergibt einen Würfel von gerade mal 19 Metern Kantenlänge. Und Gold ist immer schwieriger zu gewinnen. Inzwischen muss man eine Tonne Gestein bewegen und mit Zyanid oder Quecksilber bearbeiten, um gerade mal ein bis drei Gramm Gold zu gewinnen.

All diese Überlegungen stehen nicht im Widerspruch zur Theorie der effizienten Märkte, wonach alle bekannten Informationen bereits in den Preisen enthalten sind. Denn diese Theorie gilt in erster Linie für Investments innerhalb einer Vermögensklasse, etwa Aktie A versus Aktie B. Zwischen den einzelnen Vermögensklassen kann es dagegen immer wieder zu Verzerrungen kommen. Vollkommen risikolos sind Goldkäufe natürlich nicht. Gold bringt keine Zinsen oder Dividenden und sollte höchstens eine Beimischung im Vermögensportfolio darstellen. Schmerzhafte Einbrüche sind immer möglich. Und manchmal entstehen kurzfristig Preisspitzen, die sich genauso schnell wieder zurückbilden. Anfang 1980 trieben Investoren den Goldpreis innerhalb von fünf Handelstagen von 620 Dollar auf fast 850 Dollar hoch. Sechs Tage später war er dann aber bereits wieder auf seinem Ausgangsniveau – und fiel weiter.

In Gold kann man auf ganz verschiedene Art und Weise investieren:

- Barren und Münzen: Je kleiner, desto teurer ist der Aufschlag gegenüber dem reinen Goldpreis. Die verbreitetste Goldmünze ist der südafrikanische Krügerrand mit einer Unze Goldgehalt. Gold ist im Gegensatz zu Silber von der Mehrwertsteuer befreit. Bei Goldmünzen gestaltet sich der spätere Weiterverkauf einfacher als bei Barren. Zwischen den An- und Verkaufskonditionen der Banken gibt es teils erhebliche Unterschiede.

- Schmuck eignet sich als reine Geldanlage weniger. Denn nur im eingeschmolzenen Zustand lässt sich der tatsächliche Metallwert erzielen. Der Kaufpreis von Schmuck liegt immer weit über dem tatsächlichen Goldwert.

- Goldminenaktien und -aktienfonds schwanken im Wert wesentlich stärker als der Goldpreis selbst. Während Gold keine laufenden Erträge abwirft, bringen Goldminenaktien oft jährliche Dividendenzahlungen. Auch wenn wir davon abraten, auf einzelne Aktiengesellschaften zu setzen: Barrick Gold und Newmont Mining sind zwei bedeutende börsennotierte Goldminengesellschaften. Der mit Abstand größte Goldminenfonds ist der Blackrock World Gold Fund A2 (ehemals von Merryll Lynch geführt) mit der ISIN LU0055631609. Die Gesamtkostenquote (TER) für Fondsmanagement und weitere anfallende Kosten beträgt aber jährlich stolze 1,95 Prozent des Fondsvermögens. Auch hierbei handelt es sich wie immer nicht um eine blind nachzuvollziehende Kaufempfehlung.

* Dann gibt es noch Gold-ETFs: Mit diesen Exchange Traded Funds (börsengehandelten Fonds) hält man Anteile an einem Golddepot. Man bezahlt statt sonst 20 bis 40 Euro Jahreskosten für ein Bankschließfach um die 0,4 Prozent des Anlagebetrags jährlich. Bei einigen ETFs kann man sich das Gold gegen eine happige Extragebühr jederzeit nach Hause schicken lassen. Es lohnt sich, das Kleingedruckte, oft an die 100 Seiten, genau zu lesen und zu prüfen, ob man tatsächlich in physisches Gold investiert. Wie alle in Deutschland nicht zum Vertrieb zugelassenen Investmentfonds werden auch nicht zugelassene Gold-ETFs extrem hoch besteuert. Wenn es Gold sein soll, empfehlen wir den Kauf von echtem Gold statt eines Gold-ETFs.

* Goldzertifikate entwickeln sich zwar ähnlich wie der Goldpreis in Euro oder – als wechselkursgesichertes Quantozertifikat – in Dollar, sie bieten aber nicht die gleiche Sicherheit. Sie verkörpern keine Sachwerte, sondern sind schlicht Schuldverschreibungen von Banken mit entsprechendem Ausfallrisiko.

Übrigens: Wer ganz heiß darauf ist, kann Gold auch verspeisen. In der Lebensmittelbranche hat es die Kennzeichnung E 175 und wird zum Beispiel dazu verwendet, Pralinen, manchmal aber auch Currywürste, mit einem feinen, essbaren Blattgold-Überzug zu verzieren ...

Link:
www.goldseiten.de

Ist Gold krisensicher?

Irrtum: *Gold ist bei einem Börsencrash ein sicherer Hafen.*

Richtig ist: *Der Goldpreis gerät bei abstürzenden Aktienkursen manchmal in Mitleidenschaft.*

Wenn Gold zumindest auf kurze und mittlere Sicht nur bedingt als Inflationsschutz taugt, schützt es dann Anleger wenigstens bei einem Börsencrash? Die Antwort lautet wie in den alten Radio-Eriwan-Witzen:»Im Prinzip ja, aber ...«

Natürlich kommt es erst einmal darauf an, zu welchem Preis und wann ein Anleger Gold kauft. Wer erst während einer Krise kauft, kann auch zu spät dran sein. Wer Jahre zu früh kauft, ist ebenfalls der Gelackmeierte. Das Timing ist hier Gold wert – und dennoch keine reine Glückssache. Man weiß, dass es in der Vergangenheit in Zeiten zunehmender Inflationsfurcht im Wert stieg. Und wenn die Anlagezinsen deutlich niedriger als die Inflationsrate ausfielen, ging der Goldpreis regelrecht durch die Decke.

In einem anderen Kapitel zeigen wir, dass hohe Inflationsraten Druck auf Aktienkurse ausüben. Der Sachverhalt ist in der Fachwelt unumstritten. Und an wieder anderer Stelle erwähnen wir, dass die oft im Gefolge von zunehmenden Inflationsraten ansteigenden Marktzinsen bei Anleihebesitzern Kursverluste auslösen.

Und so war Gold in der Vergangenheit oft gerade dann stark, wenn Aktien und festverzinsliche Wertpapiere Schwäche zeigten. Aber bei einer Börsenkrise mit rapiden Kursverlusten in kurzer Zeit kann es auch vorkommen, dass der Goldpreis erst einmal massiv einbricht, etwa weil Finanzmarktakteure alle ihre Vermögenspositionen auf den Markt werfen müssen, um schnell Kredite zurückzuzahlen.

Schauen wir uns einige Kurseinbrüche der Vergangenheit an: Die manchmal heftigen, aber nur kurzzeitigen Börseneinbrüche in den Achtzigern und Neunzigern haben den Niedergang des Goldpreises nicht verhindert, sondern nur etwas abgebremst. So fiel der US-amerikanische Aktienindex S&P 500 im Zeitraum vom 14.

bis 20. Oktober 1987 um 15,4 Prozent, Gold legte gerade mal um 1,4 Prozent zu. Kurzfristig sicherte Gold also Vermögen ab. Freilich hätte das auch ein Tagesgeldkonto geleistet.

Und wie verhielt es sich in langjährigen Abwärtsphasen, in denen an den Aktienbörsen wenig zu verdienen war? Während der Weltwirtschaftskrise ab 1929 konnten sich Besitzer von Gold glücklich schätzen. Es gewann in der Deflation dieser Jahre an Kaufkraft, während die Aktienkurse über einen Zeitraum von drei Jahren zusammenbrachen. Für US-Amerikaner brachte Gold dagegen aus einem ganz anderen Grund dennoch keine Sicherheit: Präsident Roosevelt verbot 1933 den privaten Besitz von Gold. Eigentümer mussten es zu einem extrem niedrig angesetzten Preis an den Staat abliefern. Nur Schmuck und Münzsammlungen blieben erlaubt. Erst seit 1973 ist es US-Amerikanern wieder erlaubt, Gold zu besitzen. Die Lehre, die man daraus ziehen kann: Wer Gold als sicheren Hafen betrachtet, sollte die Rechnung nicht ohne die Hafenverwaltung machen. Ähnliche Staatseingriffe lassen sich auch in Zukunft nicht völlig ausschließen.

In der Phase weltweit fallender und stagnierender Aktienkurse zwischen 1966 und 1982 verzehnfachte sich der Goldpreis auch im Kontext grassierender Inflation. Gold erwies sich als hervorragende Absicherung.

Als der großen Aktienblase im Zusammenhang mit dem Technologie- und Internethype im März 2000 allmählich die Puste ausging, kostete eine Unze Gold umgerechnet etwa 300 Euro. Der anschließende weltweite Niedergang der Börsen vollzog sich über ziemlich genau drei Jahre. Während etwa der DAX in dieser Zeit um mehr als zwei Drittel fiel, bewegte sich der Goldpreis die meiste Zeit umgerechnet zwischen 280 und 350 Euro. Im März 2003, als die Börsenkurse ihren Tiefpunkt erreichten, lag er wieder bei 300 Euro. Und trotzdem: Wiederum hätte sich ein Tagesgeldkonto besser gerechnet und weniger Nerven gekostet. Der eigentliche Ausbruch des Goldpreises in Euro begann erst Mitte 2005, als auch die Börsenkurse ihre Fahrt nach oben aufnahmen.

Betrachten Sie Investitionen in Gold entweder als eine zeitweilige Spekulation oder als eine sehr langfristig angelegte Versicherung für Ihr Vermögen – am besten als eine Versicherung, die man sein ganzes Leben lang nicht braucht.

INVESTMENTFONDS

Fondsmanager versus Aktienindizes

Irrtum: *Aktien-Investmentfonds übertreffen auf Dauer die Wertentwicklung der Aktienindizes.*

Richtig ist: *Die Mehrzahl aller Aktienfonds schneidet schlechter ab als ihr Vergleichsindex.*

Aktien-Investmentfonds werden von Profis verwaltet. Da sitzen dann von sich überzeugte Akademiker mit Top-Examina hinter fünf Bildschirmen gleichzeitig, und das nicht selten 14 Stunden am Tag. Jeder Tag beginnt bei ihnen mit einem Coffee to go und Meeting, bei dem die Nachrichten über das Geschehen an den weltweiten Börsenmärkten analysiert wird. Jeder einzelnen Kauf- oder Verkaufsentscheidung liegen ausführliche Analysen und Hintergrundinformationen zugrunde. Nur die besten Aktien werden gekauft. Enttäuscht ein Unternehmen, werden entsprechende Konsequenzen gezogen: Die Aktien werden verkauft. Ein spannender Job!

Dagegen scheinen Aktienindizes die reinsten Schlafpillen zu sein. Die enthaltenen Aktien bleiben meist jahrelang im Index, egal, wie schlecht sie laufen. Für den Aufstieg einer Aktie in einen Index gelten wie für einen Abstieg relativ starre Regeln, eine Rolle spielt dabei etwa die Summe des Wertes aller Aktien, auch Marktkapitalisierung genannt. Mit so einer Schlaftablette nimmt es ein gewiefter Fondsmanager doch locker auf, oder?

Tatsächlich verzeichnete der Deutsche Aktienindex DAX 2007 einen Wertzuwachs von 22 Prozent. Die Aktienfonds mit dem Investitionsschwerpunkt Deutschland legten dagegen nur um 16 Prozent zu. *Die Welt* schreibt in einem Börsenrückblick des

Jahres 2007: »Lediglich acht der 120 Deutschland-Fonds schnitten besser als der DAX ab, und darunter befinden sich nicht weniger als fünf Index-Fonds, also solche Produkte, die rein passiv einen Index wie den DAX oder den Tec-DAX abbilden. Damit haben nur 2,5 Prozent der Fondsmanager das deutsche Börsenbarometer geschlagen.« Also drei von 120 Fonds.

War das nun eine herausragend gute Leistung dieser drei Fonds, oder hatten die einfach nur Glück? Auch auf die Gefahr hin, das Ego dieser Manager zu verletzen: Wir sind der Meinung, sie hatten Glück. In demselben Artikel wird eine Managerin, die einen der drei erfolgreichen Fonds verantwortet, nämlich wie folgt zitiert: »Es wird einen sehr positiven Start in das Börsenjahr 2008 geben. Auch mit Nebenwerten wird zumindest in der ersten Jahreshälfte viel zu verdienen sein.« – Nicht nur, dass das exakte Gegenteil dieser Prognose eintraf, dieser Fonds bleibt seit Jahresanfang hinter dem DAX zurück. Der Abstand summiert sich bis Mitte 2008 immerhin auf rund 5 Prozentpunkte. Ein Einzelfall? Wenn Sie sich mal ansehen, wer hauptsächlich mit Aktien handelt, werden Sie feststellen, dass dies institutionelle Anleger sind, also zu einem guten Teil eben Fondsmanager. Der Aktienindex, den sie schlagen wollen, spiegelt die durchschnittliche Marktentwicklung wider. Liegt es da nicht auf der Hand, dass Fondsmanager die Marktentwicklung gar nicht schlagen können, wenn sie den Großteil des Marktes selbst ausmachen? Manche Fonds werden besser, andere schlechter abschneiden. Insgesamt wird aber in etwa die Entwicklung des jeweiligen Aktienindex erreicht werden. Da jedoch auch Fondsmanager nicht für lau arbeiten, fallen überdies noch Kosten an. Nach Abzug dieser Kosten erreicht kaum ein Fonds über längere Jahre die Wertentwicklung des Index.

So verwundert es kaum, dass renommierte Kapitalmarktforscher zu demselben Ergebnis kommen: Aktienfonds schneiden im Durchschnitt und in der weit überwiegenden Mehrzahl schlechter ab als der entsprechende Aktienindex. Der Kapitalmarktforscher Burton G. Malkiel stellte in einer Untersuchung von 355 US-amerikanischen Fonds fest, dass zwischen 1979 und 2001 98 Prozent der Fonds unter dem Index lagen. Die Differenz: über 2 Prozentpunkte pro Jahr. Diese Differenz entspricht der Höhe nach in etwa den Kosten des Fondsmanagements. So ein Zufall ...

Die Wahrscheinlichkeit, dass ein Fonds seine Messlatte trifft oder sogar besser abschneidet, ist von Region zu Region unterschiedlich. Die Internetseite e-fundresearch.com verfolgt kontinuierlich die Entwicklung von Aktienfonds. Während im Zehn-Jahreszeitraum ab Juli 2008 nur 14 Prozent aller Europa-Aktienfonds die übliche Messlatte, den MSCI Europe, geschlagen haben, übertrafen immerhin 46 Prozent aller asiatischen Fonds den MSCI AC Asia-Pacific ex Japan. Dazwischen liegen andere Aktienfonds, etwa mit dem Anlageschwerpunkt Schwellenländer (28 Prozent), USA (28 Prozent), Global (29 Prozent) und Japan (33 Prozent). Betrachtet man längere Zeiträume, wird der Anteil der Fonds, denen es gelingt, ihre Messlatte zu schlagen, noch kleiner. Die Kosten für Ausgabeaufschläge, die Anleger beim Erwerb der Fonds bezahlen, sind in diesen Zahlen noch gar nicht berücksichtigt. Sie würden die Erfolgsquoten weiter senken.

Nun mag es ja einerlei sein, wenn die Mehrzahl der Fonds nach Abzug ihrer Kosten den Vergleichsindex nicht erreicht – Hauptsache, denjenigen Fonds, die Sie besitzen, gelingt das. Aber hier kommt ein zweites Problem hinzu: Zahlreiche Studien bestätigen, dass es im Voraus überhaupt nicht möglich ist, zu prognostizieren, welche Fonds zu denen gehören werden, die sich überdurchschnittlich entwickeln werden.

Eine Ausnahme bilden die Indexfonds. Ihr Erfolgsgeheimnis: Sie bilden einfach passiv den jeweiligen Aktienindex nach. Das kostet keine aufwendigen Recherchen und kein teures Management. Durch diese Kostenvorteile schneiden sie auf mittlere und längere Sicht besser ab als die Mehrzahl der herkömmlichen Investmentfonds, bei denen das Management versucht, auf besonders aussichtsreiche Aktien zu setzen. Die deutschen Forscher Knut Griese und Alexander Kempf gelangen für 123 untersuchte deutsche Aktienfonds zwischen 1980 und 2000 zu dem Ergebnis, dass die Fonds mit aktivem Management nach Abzug aller Kosten rund 1,4 Prozent pro Jahr unter der Wertentwicklung von Indexfonds liegen. Langfristig wirken sich solche Renditeunterschiede immens auf das Vermögen der Anleger aus.

Link:
www.e-fundresearch.com (Analysen, Vergleiche zu Investmentfonds)

Was taugen Fonds-Rankings?

Irrtum: *Rankings machen die Auswahl von Investment-fonds kinderleicht.*

Richtig ist: *Rankings sind bei der Auswahl von Fonds relativ nutzlos.*

Erinnern Sie sich noch daran, wie Sie zu Ihrer Digitalkamera, Ihrem letzten DVD-Player oder auch zu Ihrem neuen Kaffeevollautomaten gekommen sind? Bei der Kamera wäre es naheliegend, zum Beispiel Bildqualität, Akkulaufzeit und Preis diverser Modelle zu vergleichen. Möglicherweise haben Sie aber auch einen Testbericht gelesen und den Testsieger gekauft. Bei Investmentfonds ist die Auswahl an Möglichkeiten noch viel größer als bei Digitalkameras oder Kaffeemaschinen. Allein deutschen Anlegern stehen rund 8600 Fonds zur Verfügung: Aktienfonds, Rentenfonds, Immobilienfonds, Mischfonds, Geldmarktfonds, Rohstofffonds, Themenfonds und eine ganze Reihe weiterer Fondstypen. Die Vielfalt ist erdrückend. Kein Wunder, dass man sich nach einer Entscheidungshilfe umschaut, zum Beispiel nach den Fondsrenditen des vergangenen Jahres. Solche Rankings sind weitverbreitet – und das, obwohl der Nutzen für den Anleger eher fraglich ist.

Die Zeit stellte im November 2006 auf der Basis einer Langzeitstudie der Finanzanalyse-Gesellschaft Südprojekt fest, dass die zurückliegende Wertentwicklung von Investmentfonds kaum Rückschlüsse auf die Zukunft zulässt: Fonds mit einer sehr guten Historie können ihren vorderen Rang meist nur zwei bis drei, bestenfalls fünf Jahre lang halten. Nach dieser Zeit schmilzt ihr Vorteil meist dahin, viele der herausragenden Fonds fallen dann sogar vollends aus der Spitzengruppe heraus. »Zwischen dem Platz im Ranking und dem späteren Abschneiden eines Aktienfonds gibt es keinen großen Zusammenhang«, konstatiert auch Christian Michel, Fondsanalyst von Feri Rating & Research, in der *Frankfurter Allgemeinen Sonntagszeitung* vom 9. Oktober 2006. Schließlich räumt auch die Fondsbranche selbst – etwa regelmäßig im Kleingedruckten ihrer Verkaufsprospekte – ein, dass »aus der Wertentwicklung in der Vergangenheit nicht auf die künftige Wertentwicklung geschlossen werden kann«.

Lediglich bei den ziemlich schlecht abschneidenden Fonds scheinen Rankings eine gewisse Prognosekraft zu besitzen. Die Fonds aus dem untersten Fünftel eines Rankings sollte man in der Tat nicht kaufen.

Auch Fondsratings, bei denen nicht nur die Vergangenheit, sondern weitere Faktoren in die Beurteilung einfließen, sind keine Alternative: Gerd Kommer schreibt über Fonds-Rating-Verfahren in seinem Buch *Souverän investieren mit Indexfonds, Indexzertifikaten und ETFs*:»Das Kriterium mit der nachgewiesenermaßen höchsten Prognoseleistung für die langfristige Nettorendite eines Investmentfonds, nämlich seine Gesamtkostenbelastung, lässt das Rating-Verfahren ganz unberücksichtigt.«

Das entscheidende Problem bei Rankings ist: Fonds, die es an die Tabellenspitze schaffen, gelingt das oft mit relativ riskanten Strategien, nämlich indem sie bestimmte Branchen, etwa die Rohstoffindustrie, übergewichten. Doch solche Erfolge lassen sich in den Folgejahren meist nicht wiederholen.

Eine weitere interessante Studie wollen wir Ihnen nicht vorenthalten: Die Ökonomen Jonathan Reuter und Eric Zitzewitz haben den Zusammenhang zwischen Anzeigenschaltung und Fondsempfehlungen bei US-amerikanischen Finanzmedien untersucht. Solchen Gefälligkeitsjournalismus für die Anzeigenkundschaft scheint es demnach bei den Tageszeitungen *New York Times* und *Wall Street Journal* nicht zu geben. Ganz anders sieht es hingegen bei Finanzzeitschriften aus: Unter 100 empfohlenen Fonds sei rund jeder zehnte nur deshalb dabei, weil die Muttergesellschaft entsprechend viele Anzeigen gebucht habe. Die Forscher konnten sogar belegen, dass es sich für die Anbieter lohne, Einfluss auf die Berichterstattung zu nehmen, denn positive Presseberichte über bestimmte Fonds führten in den folgenden zwölf Monaten zu erheblichen Mittelzuflüssen – und damit aus Sicht der Kapitalanlagegesellschaft auch zu mehr Erträgen, da diese stets als Prozentsatz vom verwalteten Vermögen berechnet werden.

Genau jene Mittelzuflüsse aufgrund eines herausragenden Rankings verursachen übrigens jenen Effekt, der in der Finanzmarktforschung als »kiss of death« bekannt ist. Dieser Todeskuss funktioniert so, dass den Fonds, nachdem sie in einem Ranking eine hervorragende Bewertung erhalten haben, große Summen Geld zufließen. Die kann das Management dann oft nicht ähnlich erfolgreich anlegen. Die Folge: Die Performance des Fonds ist bereits kurz darauf eine Enttäuschung, und das Ranking-Karussell dreht sich munter weiter.

Solange Fonds-Rankings sich nicht in erster Linie auf die Gesamtkostenbelastung beziehen, bleiben sie ohne große Aussagekraft für die zukünftige Rendite. Übrigens: Für deutsche Finanzmedien liegen noch keine vergleichbaren Studien vor.

Durchschnittsrendite von Aktienfonds

Irrtum: *Angaben über Durchschnittsrenditen von Investmentfonds haben eine hohe Aussagekraft.*

Richtig ist: *Renditeangaben zu Fonds sagen wenig über die tatsächlich erzielte Rendite der Anleger aus.*

Wer Ende Juni 1988 einmalig 10 000 Euro in internationale Aktienfonds angelegt hat, erzielte im Durchschnitt 6,7 Prozent Rendite pro Jahr. Dies jedenfalls ließ der Bundesverband der Investmentgesellschaften (BVI) verlauten. Das heißt also, man konnte sein Vermögen im Laufe von 20 Jahren auf rund 36 600 Euro steigern.

Wir sind indes der Auffassung, dass nicht ein einziger Anleger diese 6,7 Prozent Rendite pro Jahr eingefahren hat. Warum aber kommt beim Anleger deutlich weniger an?

1. Die Durchschnittsrendite ist statistisch bedingt systematisch verzerrt und fällt in Wirklichkeit geringer aus.
2. Ausgabeaufschläge und Depotgebühren des Anlegers verringern die Rendite ebenfalls.
3. Das Verhalten vieler Anleger, beispielsweise durch häufige Fondswechsel, drückt die Rendite weiter.
4. Auch Steuern auf Kapitalerträge müssen berücksichtigt werden.

Der Reihe nach: Die angegebene Durchschnittsrendite ist statistisch verzerrt, weil in diese Angabe nur die Renditen der Fonds einfließen, die heute noch existieren und die während des gesamten Untersuchungszeitraums von 20 Jahren existiert haben. Unter den Tisch fallen diejenigen Fonds, die in der Vergangenheit, meist wegen zu schwacher Wertentwicklung, von der Fondsgesellschaft aufgelöst wurden. Schließt eine Gesellschaft einen Fonds, können Anleger in andere Fonds derselben Gesellschaft wechseln, oder sie erhalten den aktuellen Wert der Anteile zurück. Allein im Jahr 2007 wurden in Deutschland etwa 250 Investmentfonds aufgelöst, das traf also etwa jeden 25. Fonds. Durch diesen sogenannten Survivorship-Bias – etwa zu übersetzen als »Verzerrung durch die Überlebenden« – werden in Deutschland die Durchschnittsrenditen systematisch um rund 0,4 Prozentpunkte zu hoch ausgewiesen, wie die Kölner Forscher Knut Griese und Alexander Kempf herausgefunden haben. Die Forscher Edwin J. Elton, Martin J. Gruber und Christopher Blake schätzen den Effekt für amerikanische Fonds sogar auf rund 0,9 Prozentpunkte pro Jahr. Korrigieren wir die angegebene Durchschnittsrendite nur um die zuerst genannten 0,4 Prozentpunkte nach unten, macht das im Durchschnitt immerhin 2600 Euro weniger Endvermögen aus, wie Sie der Tabelle auf S. 149 entnehmen können.

Jetzt zu den Depotgebühren: Während die Renditestatistik laufende Verwaltungskosten des Fonds bereits berücksichtigt, bleiben die Depotgebühren des Anlegers sowie die Ausgabeaufschläge außen vor. Wir kalkulieren die damals üblichen 5 Prozent Ausgabeaufschlag und jährliche Depotgebühren von 20 Euro inklusive Zinseszinsen mit ein. Die tatsächliche Rendite fällt so um weitere 0,4 Prozentpunkte. Das Endvermögen wurde um weitere 2500 Euro zu hoch ausgewiesen.

Zudem halten nur wenige Anleger einen Investmentfonds 20 Jahre lang. Doch häufige Fondswechsel drücken die Renditen noch weiter nach unten. Mal handeln die Anleger aus eigenem Antrieb, mal geht die Initiative vom Finanzberater aus. Finanzberater, auch die von Banken und Sparkassen, stehen aufgrund der Geschäftspolitik ihrer Unternehmen oft unter Druck, ihre Kunden dazu zu animieren, den einen oder anderen Fonds zu verkaufen und dafür einen anderen zu kaufen. Die angeführten Gründe für einen

Fondswechsel variieren beliebig: Ist ein Fonds gut gelaufen, geht es darum, »Gewinne mitzunehmen«; war ein Fonds wenig erfolgreich, lautet die Begründung, man müsse »Verluste begrenzen«. Freilich werden mit jedem Kauf lukrative Ausgabeaufschläge fällig. Gut für die Bank, schlecht für den Anleger. Dessen Kosten steigen, die Rendite sinkt weiter. Je häufiger Fonds gewechselt werden, desto stärker sind die Renditeeinbußen. Würde die Anlage von 10 000 Euro alle fünf Jahre unter Inkaufnahme eines Ausgabeaufschlags von 5 Prozent umgeschichtet werden, würde das in 20 Jahren mit Zinseszinsen weitere 5600 Euro kosten. Die Rendite verringerte sich dann um einen weiteren Prozentpunkt.

Verschärft werden die Renditeeinbußen, wenn Fondsanleger Modethemen hinterherrennen, die zum Kaufzeitpunkt ihren Höhepunkt bereits erreicht haben. Einige Leser werden sich noch schmerzlich an das Telekom- und Technologie-Fondsdesaster der Jahre 2000 bis 2002 erinnern.

Wie sich derartiges Verhalten auf die Performance der Anleger auswirkt, hat die Rating-Agentur Morningstar berechnet: »Während amerikanische Technologie-Fonds in den vergangenen zehn Jahren eine durchschnittliche Rendite von 7,7 Prozent einfuhren, machte der durchschnittliche US-Anleger mit solchen Papieren einen Verlust von 5,7 Prozent.« Der Grund: Zu den Zeiten, als die Technologieaktien stiegen, hatten viel weniger Anleger ihre Gelder investiert (und im Durchschnitt auch nur kleinere Beträge) als zu den Zeiten, als die Kurse zusammenbrachen. Das galt auch für den breiten Markt: So waren in den USA die Kapitalzuflüsse in Aktienfonds im Februar 2000 am höchsten, ab März 2000 ging die Börse dann auf Talfahrt. (Für unsere Berechnungen lassen wir diesen Effekt außen vor.)

Des Weiteren zehren Steuern auf Kapitalerträge an der Rendite. Wir unterstellen, dass jährlich 3 Prozent Dividende anfielen. Die steuerliche Behandlung dieser Erträge hat sich in dem Zeitraum zwischen 1988 und 2008 mehrmals verändert. In unserer Berechnung nehmen wir vereinfachend an, dass Dividenden jährlich mit einem Steuersatz von 20 Prozent versteuert wurden. Für die erzielten Kursgewinne waren keine Steuern zu bezahlen. Das reduziert die tatsächlich erzielte Durchschnittsrendite der Anleger um weitere 0,6 Prozentpunkte.

Die folgende Tabelle fasst die Schmälerungen der Anlegerrenditen zusammen:

Schmälerung der Anlegerrenditen bei Investmentfonds	
Endvermögen nach 20 Jahren bei 10 000 Euro Anlagebetrag und angeblicher Durchschnittsrendite von rund 6,7 Prozent	36 600 €
Statistische Verzerrung aufgrund des »Survivorship-Bias«[1]	– 2600 €
Ausgabeaufschlag und Depotgebühren[2]	– 2500 €
Kostspielige Umschichtungen[3]	– 5600 €
Steuern auf Kapitalerträge[4]	– 2800 €
Realistisches Endvermögen typischer Anleger; die tatsächliche Durchschnittsrendite beträgt lediglich 4,3 Prozent.	23 100 €

Annahmen:
Einmalanlage 10 000 Euro in internationale Aktienfonds mit Durchschnittsrendite laut BVI von gerundet 7 Prozent pro Jahr
1) 0,4 % pro Jahr
2) inkl. entgangene Zinseszinsen
3) alle fünf Jahre, inkl. entgangene Zinseszinsen
4) 20 % Ertragssteuern auf 3 % Dividende jährlich

Die Anleger, die in den vergangenen 20 Jahren in internationale Aktienfonds investiert hatten, haben je nachdem, wie häufig sie die Fonds gewechselt haben, im Durchschnitt 4 bis 5,3 Prozent Rendite erzielt. Das weicht deutlich von den berichteten 6,7 Prozent Durchschnittsrendite ab.

Fondsabrechnung – besser in Euro als in Dollar?

Irrtum: *Die Fondswährung Euro schützt vor Währungsverlusten.*

Richtig ist: *Entscheidend ist alleine, in welche Währungsgebiete der Fonds sein Vermögen investiert.*

Mit Investmentfonds, die auf Euro lauten, kann man als Anleger Währungsrisiken ausschließen, glauben viele. Diese Annahme ist jedoch falsch. Denn ob ein Währungsrisiko besteht, hängt alleine von den Wertpapieren oder Immobilien ab, die ein Fonds enthält. Anleger erhalten darüber in Prospekten und auf Internetseiten der Fonds Auskunft. Ob das Management dagegen den aktuellen Fondswert in Euro oder in US-Dollar darstellt, ist völlig unerheblich.

Anleger, die Währungsrisiken ausschließen wollen, können Investmentfonds kaufen, die ihre Fremdwährungsinvestitionen gegen Währungsverluste absichern. Bisweilen erkennt man eine Wechselkursabsicherung am Zusatz »Quanto«. Umsonst gibt es diese Sicherheit im Normalfall nicht, die Rendite fällt dann im Durchschnitt niedriger aus. Langfristig orientierte Anleger werden auf eine solche Absicherung in der Regel verzichten.

Die andere Möglichkeit: Man legt seine Gelder schwerpunktmäßig in Fonds an, die nur in Vermögenswerte aus dem Euroraum investieren. Die US-amerikanischen Aktienindizes haben sich in US-Dollar gerechnet in der Vergangenheit ohnehin meist ähnlich wie die Aktien der Eurozone entwickelt. Die dennoch zeitweilig erheblichen Renditeunterschiede kamen durch Wechselkursänderungen zustande. Aber selbst mit Investitionen in europäische Unternehmen lassen sich die Währungsrisiken nicht gänzlich ausschließen. Denn die Gewinne der international tätigen Unternehmen und damit deren Aktienkurse hängen auch vom Kurs des Euro gegenüber anderen Währungen ab. So ist ein starker Euro für exportabhängige Unternehmen von Nachteil. Für die vereinnahmten Dollar, Pfund oder Yen erhalten sie dann weniger.

Link:

www.onvista.de (Charts mit den Wechselkursen vergangener Jahre)

Indexfonds = ETFs?

Irrtum: *Indexfonds und ETFs sind das Gleiche.*

Richtig ist: *Indexfonds entwickeln sich nahe an einem Index, ETFs hingegen sind schlicht Fonds, die man an der Börse kaufen und verkaufen kann.*

Profis wie Privatanleger erkennen zunehmend, dass aktiv verwaltete Investmentfonds nur selten langfristig besser abschneiden als der entsprechende Aktienindex. In den einschlägigen Untersuchungen sind es meist nur 10 bis 20 Prozent der Fonds. Je länger der Untersuchungszeitraum, desto weniger Fonds übertreffen die Entwicklung ihres Vergleichsindex. Da zudem keine brauchbaren Ansätze existieren, die erfolgreiche Fonds im Voraus zu identifizieren, setzen immer mehr Anleger auf Indexfonds. Man geht davon aus, dass in den USA und Großbritannien bereits 30 Prozent des neu angelegten Kapitals in Indexfonds fließen. Im deutschsprachigen Raum ist es, mit Ausnahme der Schweiz, noch deutlich weniger. Diese Fonds bilden einfach den jeweiligen Vergleichsindex nach. Dafür ist kein teures Management erforderlich. Die Kostenvorteile wirken sich auf die Erträge der Anleger positiv aus.

Die meisten Indexfonds erkennt man schon daran, dass der Index im Namen des Fonds enthalten ist. Zum Beispiel beim ishares DJ EuroStoxx (ISIN: DE000A0D8Q07). Der EuroStoxx ist zwar weniger bekannt als sein großer Bruder, der EuroStoxx 50, dafür enthält er aber auch über sechsmal so viele Aktiengesellschaften, nämlich 312, allesamt aus der Euro-Zone.

Im Zusammenhang mit Indexfonds ist oft noch von einem anderen Begriff die Rede, den Sie auch in diesem Buch schon öfter gelesen haben: ETF. Das steht für »Exchange Traded Fund«, auf Deutsch: börsengehandelter Fonds. Generell können Fonds nämlich auch über die Börse oder aber über die Kapitalanlagegesellschaft, die den Fonds herausgebracht hat (meist ist noch ein Fondsvertrieb dazwischengeschaltet), erworben werden. Im letzteren Fall stellt die Kapitalanlagegesellschaft einmal täglich den Kurs, zu dem Anleger bei der Gesellschaft kaufen und verkaufen können. Im Unterschied zum Kauf über die Börse fällt dann noch ein Ausgabeaufschlag an.

Vor April 2000 war es in Deutschland nicht möglich, Fonds über die Börse zu kaufen. Den Anfang hat die Börse Hamburg gemacht. Seitdem ist dieses Marktsegment rasant gewachsen. Wer etwa über die Börse Frankfurt (www.boerse-frankfurt.de) unter dem Stichwort »Fonds + ETFs« sucht, wird über 3700 Einträge finden. Auch viele aktiv verwaltete Fonds werden inzwischen über die Börse gehandelt. Das hat für Anleger zwei Vorteile: Erstens vermeiden sie den Ausgabeaufschlag, zweitens können sie die Fonds innerhalb eines Tages zu jedem Zeitpunkt handeln, nicht nur einmal täglich. Anleger sollten jedoch beachten, dass ETFs nicht das Gleiche sind wie Indexfonds. Auch ein Investmentfond mit aktivem Management kann unter der Bezeichnung ETF laufen.

Die Krönung günstigen Investierens erreichen Sie, indem Sie beides kombinieren: ETFs auf Aktienindizes, also börsengehandelte Indexfonds. Hier sind die Kosten für Kauf und Verkauf sowie für die laufende Verwaltung des Kapitals am niedrigsten. Wir haben für Sie nachfolgend einige Fonds für die Anlageregionen Europa, Nordamerika, Japan, Schwellenländer und weltweit herausgesucht. Solche Fonds werden von verschiedenen Fondsgesellschaften (Emittenten) herausgegeben. Alle hier aufgeführten Fonds sind inzwischen so groß, dass eine Schließung mangels ausreichendem Fondsvolumen unwahrscheinlich ist. (Fondsschließungen können Anlegern im Zusammenhang mit der Abgeltungsteuer Nachteile bringen.) Fonds, die nicht an der Börse gehandelt werden, haben wir nicht berücksichtigt. Ferner haben wir bevorzugt Fonds ausgewählt, die sich auf Indizes beziehen, die möglichst viele Einzeltitel enthalten. Das ist besonders bei den MSCI-Indizes der Fall. Viele Einzeltitel in einem Index führen grundsätzlich zu einem etwas verringerten Risiko für die Anleger. Zudem legt eine Reihe von Untersuchungen den Schluss nahe, dass die in solchen Indizes stärker berücksichtigten Aktien mittelgroßer und kleinerer Unternehmen auf lange Sicht leicht überdurchschnittliche Renditen liefern.

Ausgewählte Indexfonds

Index	TER[1]	ISIN[2]	Fondsgesellschaft	Einsatz von Swaps[3]	Ertragsverwendung[4]
Europa					
EuroStoxx 50	0,15	LU0274211217	db x-trackers	Ja	A
MSCI Europe	0,30	LU0274209237	db x-trackers	Ja	A
MSCI Europe	0,35	FR0010261198	Lyxor	Ja	A
Stoxx 600	0,20	DE0002635307	ishares	Nein	A
MSCI Europe ex UK	0,40	DE000A0J2094	ishares	Nein	A
EuroStoxx	0,35	DE000A0D8Q07	ishares	Nein	A
Nordamerika					
S&P 500	0,40	DE0002643889	ishares	Nein	A
MSCI North America	0,40	DE000A0J2060	ishares	Nein	A
MSCI USA	0,35	FR0010296061	Lyxor	Ja	A
MSCI USA	0,30	LU0274210672	db x-trackers	Ja	T
Nasdaq 100	0,30	FR0007063177	Lyxor	Ja	A

Index	TER[1]	ISIN[2]	Fondsgesellschaft	Einsatz von Swaps[3]	Ertragsverwendung[4]
Japan					
MSCI Japan	0,50	LU0274209740	db x-trackers	Ja	T
MSCI Japan	0,59	DE000A0DPMW9	ishares	Nein	A
Schwellenländer					
MSCI Emerging Markets	0,65	LU0292107645	db x-trackers	Ja	T
MSCI Emerging Markets	0,75	DE000A0HG2T7	ishares	Nein	A
MSCI Emerging Markets	0,65	FR0010429068	Lyxor	Ja	T
MSCI Eastern Europe	0,65	DE000A0HG2V3	ishares	Nein	A
Welt					
MSCI World	0,50	DE000A0HG2R1	ishares	Nein	A
MSCI World	0,45	FR0010315770	Lyxor	Ja	A
MSCI World	0,45	LU0274208692	db x-trackers	Ja	T

Stand: 07/2008, Quellen: Webseiten der Emittenten, www.onvista.de

[1] TER: Total Expense Ratio = jährliche Gesamtkostenquote in Prozent des Fondsvermögens

[2] Identifikationsnummer des Wertpapiers, die Sie für die Auftragserteilung bei Ihrer Bank benötigen

[3] Der Begriff »Swap« wird auf S. 156 erklärt.

[4] T = Thesaurierung = Wiederanlage der Erträge; A = Ausschüttung der Erträge

Links:

www.portfoliotheorie.com (informative Seite zu Indexfonds)

www.turborendite.org (informative Seite zu Indexfonds)

www.roedl.de/newsletter/index.htm (Indexing inside, Newsletter zu Indexfonds)

www.boerse-online.de/finanzen/broker/discountbroker (Preis-Leistungsvergleich von Direktbanken, die einen Handel mit ETFs ermöglichen)

http://www.boerse-frankfurt.com/pip/dispatch/de/pip/private_investors/fonds/indexfonds (Gesamtliste aller in Frankfurt börsengehandelten Indexfonds)

Wo DAX draufsteht, ist auch DAX drin – oder etwa nicht?

Irrtum: *In einem DAX-ETF sind nur DAX-Aktien enthalten.*

Richtig ist: *In einem DAX-ETF können auch Schuldverschreibungen oder gar willkürlich ausgewählte andere Aktien enthalten sein – zum Beispiel aus Japan.*

Nicht überall ist das drin, was draufsteht. Das gilt auch für manche börsengehandelte Indexfonds. Ein Beispiel: Der DAX-ETF von db x-trackers (ISIN LU0274211480) hat im Jahresbericht zum 31. Dezember 2007 nicht etwa Siemens oder E.ON als Schwergewichte ausgewiesen, sondern Nippon Oil und Sumimoto Chemical. Daneben taucht zusätzlich ein Posten namens »Swaps« auf mit rund 2,5 Prozent des Gesamtvermögens. Oder nehmen wir den ishares DJ EuroStoxx 50 (ISIN DE0005933956), welcher laut Jahresbericht 2007 neben Aktien auch einige Zertifikate im Bestand hatte und im Berichtsjahr jede Menge Zertifikate ge- und verkauft hat. Der ishares DAX (ISIN DE0005933931) hingegen enthielt zum 30. April 2007 ausschließlich DAX-Werte. Sind also die anderen ETFs Mogelpackungen?

Ein Blick hinter die Kulissen zeigt, dass es offenbar plausible

Gründe dafür gibt, warum manche Fondsgesellschaften nicht ausschließlich die Aktien des jeweiligen Index im Fondsvermögen
halten. Der Grund ist der gleiche, der schon viele deutsche Anleger zu allerlei merkwürdigen Entscheidungen getrieben hat:
Steueroptimierung. Die im Fondsvermögen gehaltenen Aktiengesellschaften zahlen Dividenden, welche die Anleger versteuern
müssen. Um den zu versteuernden Anteil der Erträge so weit wie
möglich zu reduzieren, landen statt der Aktien des Index oft Zertifikate auf diese Aktien, also Schuldverschreibungen, sowie sogenannte Swaps oder gar völlig andere Aktien im Fondsvermögen.
Dadurch werden steuerpflichtige laufende Erträge in steuerfreie
umgewandelt.

Fonds, die sogenannte Swaps zur Indexnachbildung einsetzen,
haben die Nase in puncto Steuervermeidung leicht vorn. Das müssen Sie sich folgendermaßen vorstellen: Im Fondsvermögen befinden sich irgendwelche Aktien, und die Wertentwicklung dieses
Aktienbestands sowie die zukünftigen Dividenden werden gegen
die Wertentwicklung des Index getauscht, den der Indexfonds
nachbildet. Dieses Tauschgeschäft nennt man Swap. Der Wert des
Swaps entwickelt sich exakt so, dass sich das Fondsvermögen
nahezu identisch mit dem Index entwickelt. Nach derzeitiger Regelung sind Erträge aus einem Swap Kursgewinne, Dividenden-
erträge fallen nicht an. Dadurch wird die Steuer erst bei Verkauf
des Fonds fällig.

Das ist ein kleiner Vorteil. Der Nachteil besteht allerdings darin,
dass der Swap bis zu 10 Prozent des Fondsvermögens ausmachen kann. Sollte der Tauschpartner (der Kontrahent, in der Regel
eine Bank) pleitegehen, ist ein Teil des Fondsvermögens (maximal 10 Prozent) verloren. Der Fonds wird außerdem liquidiert,
wenn kein neuer Swap-Partner gefunden wird. Dann erhalten die
Anleger den verbliebenen Geldwert des Fondsvermögens ausbezahlt.

Zur Sicherheit dieser Praxis: Bei jedem Fonds, der Swaps einsetzt, wird der Wert des Aktienbestands gegen die Wertentwicklung eines Index getauscht. Dafür steht diejenige Bank gerade, die
bei den Swapgeschäften Vertragspartner des Fonds ist. Bei dieser
Bank sollte es sich schon um eine handeln, die jederzeit eine aus-
gezeichnete Kreditwürdigkeit, also ein gutes Rating besitzt.

Übrigens setzt der eingangs erwähnte DAX-ETF von db x-trackers inzwischen zwar weiterhin Swaps ein, verzichtet jedoch auf japanische Aktien und hält stattdessen die DAX-Werte, wie aus der Kurzzusammenfassung des Fondsprospekts (Factsheet) vom August 2008 hervorgeht. Warum er ausgerechnet japanische Aktien gehalten und anschließend getauscht hat, weiß wohl nur die Fondsgesellschaft so ganz genau.

Wer das Insolvenzrisiko einer Bank ganz und gar aus seinem Vermögen heraushalten möchte, muss daher Fonds wählen, die nachweislich laut Jahresbericht oder Verkaufsprospekt keine Swaps einsetzen und zugleich keine Zertifikate erwerben. Denn neben oder statt dem Einsatz von Swaps können Zertifikate zur Steueroptimierung eingesetzt werden.

Wie das funktioniert, zeigt folgendes vereinfachendes Beispiel: Eine ausländische Aktie notiert vor der Dividende bei 100 Euro. Sie wird gegen ein Zertifikat auf diese Aktie getauscht, das ebenfalls bei 100 Euro notiert. Der Emittent des Zertifikats streicht 5 Euro Dividende sowie eine Quellensteuerrückerstattung über zum Beispiel 0,50 Euro ein. Anschließend tauscht er die Aktie wieder zurück, aber zum vorher festgelegten Kurs über 94,60 Euro. Sein Gewinn: 94,60 + 5,50 – 100 = 10 Cent. Der Fondsanleger profitiert ebenfalls von dem Vorteil der Quellensteuererstattung des Emittenten, immerhin bleiben noch 40 Cent mehr als die reine Dividende.

Der Haken an der Sache: Zur Dividendensaison können sich vermehrt Zertifikate im Fondsvermögen befinden. Während dieser Zeit besteht ebenfalls ein zusätzliches Risiko ähnlich wie bei den Swaps, denn Zertifikate sind Schuldverschreibungen von Banken, und ein Konkursrisiko bei Banken lässt sich nie mit 100 Prozent Sicherheit ausschließen. Wer sehr großen Wert auf reine Aktienfonds legt, sollte sich daher vor dem Kauf bei der Gesellschaft informieren und die Vertragsbedingungen sorgfältig prüfen.

Die Wertentwicklung von Indexfonds

Irrtum: *Die Wertentwicklung von Indexfonds entspricht immer genau der des Index.*

Richtig ist: *Es gibt verschiedene Gründe dafür, warum Indexfonds nicht immer genau die Wertentwicklung des Index abbilden.*

Wer sich auf die Suche nach einem attraktiven Indexfonds macht, wird feststellen, dass die Abweichung zum entsprechenden Index auf Jahresbasis schon mal mehr ausmachen kann, als es die Gesamtkostenquote des Indexfonds von selten über 0,5 Prozent pro Jahr erklären kann. Welche Gründe gibt es neben den Kosten für die Abweichung zwischen Fonds und Index?

1. Transaktionskosten belasten zusätzlich das Fondsvermögen, denn auch bei einem Indexfonds entstehen für den Kauf und Verkauf von Wertpapieren Kosten. Diese sind allerdings nicht in der Gesamtkostenquote (Total Expense Ratio = TER) enthalten. Sie können pro Jahr einige Zehntel Prozent des Fondsvermögens ausmachen.

2. Die unterstellte Steuerbelastung auf die Dividenden beim Index kann von der tatsächlichen Steuerbelastung der Dividenden im Indexfonds abweichen. Auch bei der Berechnung eines Performance-Index wie etwa des DAX wird unterstellt, dass nicht der gesamte Dividendenertrag wieder angelegt werden kann, sondern nur der nach Steuern verbleibende Anteil. Es wird also eine fiktive Steuerbelastung angenommen. Die Kapitalanlagegesellschaft kann den Indexfonds so optimieren, dass die Steuerbelastung minimal ist. Fließen bei einem Performance-Index zum Beispiel von 100 Euro Dividenden 75 Euro wieder zurück in den Index, bei einem Indexfonds hingegen aufgrund der Steueroptimierung 85 Euro, dann verbleibt mehr Dividendenertrag beim Fonds. Dieser Effekt kann die Verwaltungskosten im Einzelfall sogar vollständig kompensieren.

3. Erträge aus der Wertpapierleihe können die Verwaltungskosten in Teilen auffangen, manchmal sogar überkompensieren. Die

Wertpapierleihe ist im Prinzip vergleichbar mit einem Kredit, nur dass anstelle von Geld Wertpapiere verliehen werden. Die Fondsgesellschaft verleiht also einen Teil der Aktien, die im Vermögen des Indexfonds enthalten sind, an interessierte Banken, Spekulanten oder Fondsgesellschaften. Die Wertpapiere werden nur gegen entsprechende Sicherheiten verliehen, denn es könnte ja passieren, dass der Spekulant pleitegeht. Für die geliehenen Wertpapiere erhält die Fondsgesellschaft von dem Spekulanten eine Vergütung. Diese Vergütung fließt dem Indexfonds zu.

4. Nicht alle Fonds sind an jedem Tag zu 100 Prozent im Aktienmarkt investiert. Hält ein Fonds ein ganzes Jahr über auch nur 0,5 Prozent Barmittel, wirkt sich das auf seine Rendite aus – in fallenden Märkten positiv, in steigenden Märkten negativ. Dieser Effekt wird auch als »Cash drag« bezeichnet.

Besonderheiten der zugrundeliegenden Indizes sind eine weitere Ursache für abweichende Wertentwicklungen, etwa wenn ein Fonds, der die anfallenden Dividenden an die Anleger ausschüttet, mit einem Performance-Index verglichen wird. Performance-Indizes unterstellen, dass ausgeschüttete Dividenden wieder angelegt werden. Bei europäischen Aktien macht die Dividende derzeit rund 3 Prozent jährlich aus. Vergleicht man den Kursverlauf eines ausschüttenden Fonds mit einem Performance-Index, wird der Fonds daher niemals gleichziehen.

Wer Indexfonds miteinander vergleichen möchte, sollte daher neben der Gesamtkostenquote die angeführten Punkte im Auge haben. Das Mindeste ist ein Blick auf die Wertentwicklung im Vergleich zum Index. Bei ausschüttenden Fonds ist ein Vergleich mit dem jeweiligen Kursindex sinnvoll, bei thesaurierenden Fonds mit dem Performance-Index.

Fondssparpläne und der Mythos Cost Average

Irrtum: *Der Cost-Average-Effekt ist ein Vorteil von Fondssparplänen.*

Richtig ist: *Fondsparpläne haben viele andere Vorteile – der Cost-Average-Effekt ist dabei unerheblich.*

Felix überlegt an Silvester, einen Fondssparplan abzuschließen. Er möchte jeden Monat für 100 Euro Fondsanteile dazukaufen. Aktuell bezahlt er für einen Fondsanteil 50 Euro, das ergäbe dann also zwei Anteile. In den Folgemonaten kann der Preis für die Fondsanteile steigen oder auch fallen. Je nachdem wird er von seinen 100 Euro Sparbetrag dann mehr oder weniger Fondsanteile als im Januar erhalten. Also denkt Felix auch darüber nach, ob es nicht vorteilhafter wäre, stattdessen jeden Monat genau zwei Fondsanteile zu erwerben, egal, wie sich die Fondspreise entwickeln.

Verfechter des Cost-Average-Effekts (Durchschnittskosten-Effekts) würden ihm zur 100-Euro-pro-Monat-Strategie raten. Dann würde er automatisch bei steigenden Kursen weniger Anteile und bei fallenden Kursen mehr Anteile erwerben. Das würde im Durchschnitt zu niedrigeren Einkaufspreisen führen, als wenn er jeden Monat genau zwei Fondsanteile erwerben würde, zu welchem Preis auch immer.

Simulationsrechnungen haben aber ergeben, dass im Durchschnitt keine der beiden Strategien einen eindeutigen Renditevorteil hat. Denn die Auswirkungen des Cost-Average-Effekts hängen ganz entscheidend davon ab, wie sich die Kurse in den zwölf Monaten, über die der Sparplan gehen soll, und danach tatsächlich entwickeln. Je nachdem hätte Felix mal mit der 100-Euro-pro-Monat-Strategie und mal mit der Zwei-Anteile-pro-Monat-Strategie die Nase vorn.

Allerdings hat die Zwei-Anteile-pro-Monat-Strategie in jedem Fall noch einen handfesten Nachteil: Die Sparrate müsste jeden Monat unterschiedlich ausfallen, je nachdem, wie hoch gerade der aktuelle Fondspreis ist. Das könnten sich bei steigenden Fondspreisen schon rein finanziell nicht allzu viele Haushalte leisten.

Doch auch ohne Cost-Average-Effekt bieten Fondssparpläne handfeste Vorteile:

1. Was nicht mehr auf dem Girokonto liegt, kann schon mal nicht mehr ausgegeben werden. Das steigert die Spardisziplin der Anleger.

2. Hohe Flexibilität! Die Sparrate kann jederzeit geändert werden, auch Ausführungen nur alle drei Monate sind in der Regel kein Problem.

3. Sie können den Sparplan jederzeit kündigen. Sollten Sie das Geld brauchen, weil Ihr Auto unerwartet kaputtgegangen ist oder Sie Eigenkapital für eine Immobilie brauchen, können Sie die Fondsanteile einfach kurzfristig verkaufen.

Sie können übrigens frei entscheiden, welche Risiken Sie eingehen wollen, indem Sie parallel einen prinzipiell eher wertschwankungsanfälligen Aktienfonds und/oder einen relativ wertstabilen Renten-(index-)fonds besparen.

Haken gibt es hierbei nur zwei. Der erste: Vor allem Aktienfonds können auch mal im Wert sinken – das kann ärgerlich sein, wenn man das Geld kurzfristig braucht.

Der zweite: Fondssparpläne sind natürlich mit Kosten verbunden. Und damit Sie hier so wenig wie möglich aufwenden müssen, haben wir nachfolgende Übersicht für Sie erstellt. Bei diesen Anbietern können Sie regelmäßig in börsengehandelte Indexfonds investieren und erhalten in der Regel sogar noch ein kostenfreies Depot. Die Kosten für den Erwerb der Indexfonds fallen meist noch deutlich niedriger aus, wenn man nur einmal im Quartal oder Halbjahr Fonds ordert.

Anbieter von Fondssparplänen in börsengehandelten Indexfonds (ETFs)

Internetadresse des Anbieters und Produktbezeichnung	Anzahl an ETFs	Orderkosten (in Prozent der Sparrate)			
		50 €	100 €	200 €	300 €
aab.de (Sparplan-Depot)*	17	0	0	0	0
comdirect.de (Sparplan ETF/Indexfonds)	24	5,40	2,90	1,65	1,23
cortalconsors.de (Sparplan Indexfonds/ ETF)	10	2,00	2,00	2,00	2,00
dab-bank.de (ETF-Sparplan)	58	5,25	2,75	1,50	1,08
maxblue.de (Wertpapier-Sparplan)	7	5,40	2,90	1,65	1,23
s-broker.de (Sparplan Börsennotierte Fonds)	5	2,50	2,50	2,50	2,50

* In dieser Übersicht einziges kostenpflichtiges Depot (35,70 € pro Jahr), Fonds-sparplan ohne Ausgabeaufschlag

Was garantiert ein Garantiefonds wirklich?

Irrtum: *Garantiefonds und -zertifikate schützen das Vermögen der Anleger.*

Richtig ist: *Die Kosten für die Garantien sind so hoch, dass die Renditen ziemlich mickrig ausfallen.*

Manche Anleger, die an den Börsen nahezu weltweit die dramatischen Kursverluste von März 2000 bis März 2003 miterleben durften, haben sich geschworen: Nie wieder! Aber etwas mehr Ertrag als beim Festgeld soll es dann doch sein. Genau diese Denkweise hat einen neuen Boom ausgelöst: Garantiefonds. Existierten Ende 2000 erst 13 Garantiefonds, so sind inzwischen im deutschsprachigen Raum über 250 von ihnen zum Vertrieb zugelassen. Anleger haben knapp 50 Milliarden Euro in Garantiefonds investiert sowie mehr als 40 Milliarden in unzählige Garantie- und Teilschutzzertifikate.

Der Gedanke hat etwas Verlockendes: Spekulieren mit Sicherheitsnetz. Oder ist Fahrradfahren mit Stützrädchen das passendere Bild? Stützrädchen verringern zumindest für Anfänger das Risiko. Aber warum sind dann nicht alle Fahrräder serienmäßig damit ausgestattet? Offensichtlich haben die Dinger auch Nachteile. Unter anderem hemmen sie die Geschwindigkeit des Fortkommens. Und genau das ist auch das Problem bei den wertgesicherten Produkten. Den Schutz gibt es eben nicht gratis. Die Geschwindigkeit, mit der sich das Vermögen des Anlegers vermehrt, verlangsamt sich.

Die Internetseite e-fundresearch.com gehört, was Investmentfonds anbelangt, zu den interessantesten. Jüngst hat die Seite wieder die Entwicklung von Garantiefonds unter die Lupe genommen: Im Schnitt der letzten fünf Jahre erzielten die 33 Garantiefonds, die bereits so lange am Markt sind, 3,8 Prozent Rendite pro Jahr. 105 Fonds existieren bereits seit drei oder mehr Jahren. Sie erzielten über diesen Zeitraum sogar nur 3,6 Prozent jährliche Rendite. Mit einer (nahezu) risikolosen Geldmarktanlage, etwa Tagesgeldern oder Bundesschatzbriefen, kamen Anleger auf vergleichbare Renditen, zumal dort keine Ausgabeaufschläge und Depotgebühren anfielen.

Nicht nur, dass die Renditen kläglich sind, der Schutz selbst taugt auch nur wenig. Der typische Garantiefonds hat eine Laufzeit von acht bis zehn Jahren, aber nur zum Laufzeitende greift der Schutz. Und auch dann ist nur die ursprüngliche Investitionssumme (minus Ausgabeaufschlag) abgesichert. 1000 Euro sind nach zehn Jahren bei 3 Prozent Inflation aber nur noch knapp 750 Euro wert, so dass man real keineswegs gegen Verluste gefeit ist. Schlechte Karten haben Anleger, die vor Laufzeitende an ihr investiertes Geld wollen: Sie haben Renditenachteile für die Absicherung in Kauf genommen, bekommen aber ihren Fonds bisweilen nur mit Verlusten los. Im Zuge der Kreditkrise sind im ersten Quartal 2008 sogar 90 Prozent der Garantiefonds ins Minus geraten.

Einige Garantiefonds bieten eine Höchststandsicherung: Der zu einem festgelegten Stichtag, etwa zum Monats- oder Quartalsende, erreichte Wert bleibt für die Anleger in jedem Fall erhalten. Das Problem mickriger Renditen besteht aber weiter.

Bei Garantie- und Teilschutzzertifikaten dürften die Renditen nicht besser ausfallen. Oft wird der Schutz dadurch bezahlt, dass Anleger auf die Dividenden verzichten müssen. An den Kurssteigerungen des zugrundeliegenden Index nehmen die Anleger oft nur zu einem gewissen Prozentsatz oder bis zu einer bestimmten Schwelle teil. Dazu kommt noch das Emittentenrisiko. Im Gegensatz zu einem Garantiefonds ist bei einem Konkurs des Anbieters ein Zertifikat nicht besonders abgesichert.

Wir empfehlen sicherheitsorientierten Anlegern einen »Garantiefonds« der Marke Eigenbau. Das ist mit Hilfe der folgenden Tabelle nicht schwierig: Sie zeigt eine Vermögensaufteilung zwischen festverzinslichen Geldanlagen und Aktienfonds, um selbst bei Totalverlust des Aktienfonds nach fünf bzw. zehn Jahren das ursprüngliche Kapital zu erhalten. Ein Totalverlust ist bei einem weltweit anlegenden Fonds ohne besondere Branchenschwerpunkte schwer vorstellbar.

Wer beispielsweise 10000 Euro über einen Zeitraum von fünf Jahren garantiert erhalten möchte, legt einen Teil des Geldes ohne größeres Verlustrisiko an. In Frage kommen beispielsweise ein Festgeldkonto oder auch Bundeswertpapiere. Bei 4 Prozent Zinsen braucht ein Anleger dazu rund 8200 Euro – die nach fünf Jahren auf 10000 angewachsen sind. Bleiben rund 1800 Euro übrig, die zum Beispiel in einen Aktienfonds investiert werden können. Die Endrendite setzt sich dann aus den Erträgen der sicheren Anlage und der Aktienperformance zusammen. Die Garantiefondsanbieter machen es auch nicht anders.

Zusammensetzung eines Garantiefonds Marke Eigenbau			
Anlagedauer	bei 3 % Zinsen	bei 4 % Zinsen	bei 5 % Zinsen
5 Jahre	86 % Festgeld 14 % Aktien	82 % Festgeld 18 % Aktien	78 % Festgeld 22 % Aktien
10 Jahre	74 % Festgeld 26 % Aktien	68 % Festgeld 32 % Aktien	61 % Festgeld 39 % Aktien

Link:
www.e-fundresearch.com (Berichte und Analysen zu Investmentfonds)

Nachhaltigkeit und Rendite – unvereinbar?

Irrtum: *Mit Umweltschutz- und Ethikfonds lässt sich kein Geld verdienen.*

Richtig ist: *Die Skepsis gegenüber nachhaltigen Investments ist oft unbegründet.*

»Was macht die Bank mit meinem Geld?« Immer mehr Anleger interessieren sich nicht nur für die klassischen Gesichtspunkte Rendite, Risiko und Verfügbarkeit, sondern auch dafür, *wie* ihr Kapital investiert wird. Sie wollen mit ihren Spargroschen weder Rüstungsprojekte noch Umweltzerstörung finanzieren, sondern ökologisch und sozial nachhaltige Projekte fördern. Die Idee des ethischen Investments boomt. Deutlich zweistellige Zuwachsraten bei den solchermaßen investierten Geldern sind in den letzten Jahren im deutschsprachigen Raum die Regel. Zuletzt hat die Diskussion um den Klimawandel dazu beigetragen. Und doch liegt der Marktanteil noch nicht einmal bei 1 Prozent. Denn viele Menschen haben nicht nur Zweifel, ob sich ansprechende Erträge erzielen lassen, sondern sind sich sogar sicher, dass das nicht möglich ist. Deshalb lassen sie nachhaltig investierende Fonds links liegen. Untersuchungen zeigen jedoch: Diese Skepsis ist meist unbegründet.

Im Prinzip stehen Anlegern drei Wege offen, nach ihren eigenen ethischen Grundsätzen zu investieren: Erstens wären da Fördersparangebote bei alternativen Banken, bei denen die Anleger sich freiwillig für eine niedrigere Verzinsung entscheiden, um förderungswürdige Projekte zu unterstützen. Bekannte Anbieter sind die GLS Gemeinschaftsbank in Bochum, die Umweltbank in Nürnberg, die Ethikbank in Eisenberg und die ökumenische Genossenschaft Oikocredit, die über örtliche Kooperationspartner günstige Klein- und Kleinstkredite an Menschen weitergibt, denen mit dieser Anschubfinanzierung der Aufbau einer eigenen Existenz ermöglicht werden soll. Hier zu investieren kann je nach Produkt tatsächlich einen Zinsverzicht bedeuten, auch wenn die Wertschöpfung im Sinne der individuellen ethischen Ziele der Anleger sehr hoch sein kann.

Ein weiterer Weg sind Direktinvestitionen in nicht börsennotierte Unternehmen über geschlossene Fonds. Allerdings ist das der riskanteste Weg. Zum einen schützt ein Umweltschutz- oder Ethik-Etikett nicht vor schwarzen und grauen Schafen – allein durch die großen Pleiten bzw. Betrugsfälle der vergangenen 15 Jahre haben im Bereich des »grünen Geldes« eine Viertelmillion Anleger ihre Ersparnisse verloren. Viele Anleger werden sich an Namen wie Hanseatische, CST Umwelttechnik, Concorde-Artus Ethische Vermögensverwaltung, Wabag oder EECH Energy Consult nur ungern erinnern. Neben dem Risiko des Totalverlusts kann auch die Rendite niedriger ausfallen als in den Prospekten dargestellt, denn wer sich an einem solchen Fonds beteiligt, wird zum Mitunternehmer. Er trägt das unternehmerische Risiko, und das ist nur bedingt berechenbar. Dafür winkt oft eine überdurchschnittliche Rendite, wenn alles gutgeht. Dass im deutschsprachigen Raum erneuerbare Energien wie Windkraftanlagen und Solarprojekte stark ausgebaut werden konnten, ist nicht unwesentlich den risikobereiten privaten Anlegern zu verdanken, die in geschlossene Fonds investiert haben.

Die dritte Möglichkeit besteht darin, in ethische, nachhaltige oder ökologische Investmentfonds zu investieren oder direkt in Aktiengesellschaften, die diesen Standards entsprechen.

Der wirtschaftliche Erfolg umweltfreundlicher Unternehmen sollte niemanden überraschen: Effizienter Einsatz von Ressourcen, verringertes Unfall- und Störfallrisiko, besseres Kundenimage und stärkere Mitarbeitermotivation schaffen einen Vorsprung am Markt. Ein modernes Umwelt- und Sozialmanagement signalisiert zudem, dass ein Unternehmen auch sonst seine Hausaufgaben gemacht hat – gut für die Anleger. Tatsächlich gibt es eine Vielzahl von Studien, die diese Annahmen geprüft haben. Schon 2003 veröffentlichten Marc Orlitzky, Frank L. Schmidt und Sara L. Rynes einen Aufsatz, in dem sie einen positiven Zusammenhang zwischen sozialer und finanzieller Performance von Unternehmen feststellten. Die Wissenschaftler haben 52 in den vergangenen 30 Jahren veröffentlichte Studien ausgewertet und kommen zu dem Schluss, dass vor allem soziale Faktoren, insbesondere soziale Reputation und finanzieller Erfolg, Hand in Hand gehen. Ein schwächerer, aber ebenfalls positiver Zusammenhang besteht außerdem zwischen Umweltengagement und finanziellem Erfolg.

Auch haben sich die Aktienindizes, die nachhaltig wirtschaftende Aktiengesellschaften umfassen, in der Vergangenheit meist gut entwickelt: Der weltweite Dow-Jones-Sustainability-Index übertraf 2003 bis 2007 den Weltaktienindex MSCI World um 14 Prozentpunkte. In Europa lag der Nachhaltigkeitsindex DJSI Stoxx allerdings gegenüber dem marktbreiten Index Stoxx600 um 13 Prozentpunkte zurück. Auch die Kursentwicklung von Nachhaltigkeitsfonds entspricht weitgehend der anderer vergleichbarer Fonds. Anleger können eine doppelte Dividende erzielen: eine wettbewerbsfähige Rendite auf der einen und einen gesellschaftlichen Zusatznutzen auf der anderen Seite.

Für nachhaltig orientierte Anleger hier noch ein paar Tipps und Hinweise: Bei Investmentfonds ist immer entscheidend, dass eine gute Entwicklung der Börsen auch tatsächlich beim Anleger ankommt und nicht durch hohe Managementkosten aufgezehrt wird. Daher ist es sinnvoll, bei der Auswahl eines Nachhaltigkeitsfonds auch auf die Gesamtkostenquote zu achten. Mehr als 2 Prozent jährlich sollten es nicht sein. Informationsquellen dazu finden Sie bei den untenstehenden Links.

Des Weiteren sollten Anleger niemals große Anteile ihres Vermögens in Fonds mit sehr enggestecktem Fokus investieren, etwa in Fonds mit dem Anlageschwerpunkt »Alternative Energien«. Weniger riskant sind Nachhaltigkeitsfonds, die etwa in die »klassenbesten« Unternehmen vieler verschiedener Branchen investieren. Auch bei den Anlagestilen gibt es Modewellen. So gibt es Zeiten, in denen sich die Aktienkurse der kleineren gegenüber den großen Aktiengesellschaften überdurchschnittlich entwickeln. In den Jahren 2000 bis 2006 war das der Fall. Es gibt aber auch Zeiten, in denen diese Smallcaps und Midcaps den großen Gesellschaften hinterherhinken. Dann dürfte auch die Wertentwicklung mancher Ethik- und vor allem Ökofonds etwas schwächer ausfallen, die oft einen Schwerpunkt auf kleineren und mittelgroßen Werten haben. Zudem gewichten gerade Ökofonds in der Regel Wachstumswerte über, das sind Unternehmen mit starkem Umsatz- und Gewinnwachstum. Auch die werden nicht zu jeder Zeit gleichermaßen von der Börse geliebt. Deshalb sagen Wertentwicklungen der Vergangenheit nur bedingt etwas über die Zukunft aus.

Übrigens: Ob Sie Ihr Geld in nachhaltige Anlagen investieren oder nicht, muss keine Grundsatzfrage sein. Viele Anleger investieren einfach 10, 20 oder 30 Prozent ihres Vermögens in solche Investments.

Hier einige nachhaltig investierende Fonds mit breiter Länder- und Branchenstreuung mit ISIN. Wie immer gilt: Bitte diese Beispiele nicht als blind nachzuvollziehende Kaufempfehlung auffassen: Nutzen Sie die unten angegebenen Links.

- LU0152554803 Liga-Pax-Cattolico-Union, Gesamtkostenquote (TER) 1,21 %
- LU0037079380 Öko-Aktienfonds (DZ-Bank), Gesamtkostenquote (TER) 1,61 % jährlich; Sparplan monatlich ab 50,00 EUR
- IE0005895655 Green Effects NAI-Wertefonds, besonders strenge Auswahlkriterien, Gesamtkostenquote (TER) 1,92 % jährlich; Sparplan nicht möglich
- LU0271656133 Pioneer Global Ecology A ND, ehemals »Activest EcoTech«, Gesamtkostenquote (TER) 1,99 % jährlich; Sparplan monatlich ab 50,00 EUR

Links:

www.nachhaltiges-investment.de (Fondssuche nach frei wählbaren ethischen Kriterien; Infos zu Aktiengesellschaften, die in den Nachhaltigkeitsindizes vertreten sind.)

www.forum-ng.de (Forum Nachhaltige Geldanlage)

www.ecoreporter.de (Seite der Zeitschrift ecoreporter *für nachhaltiges Investieren)*

www.test.de (kostenpflichtige Testergebnisse, Stichwortsuche »Ökofonds«)

www.fondsweb.de (Unter »Fondssuche« bei Anlageschwerpunkt »Ökologie/Umwelt/Sustainability« anwählen; enthält auch Infos zu Kostenquoten.)

www.gls.de (GLS Bank)

www.ethikbank.de

www.umweltbank.de (Direktbank für ethisch-ökologische Geldanlagen und Kredite)

www.oikocredit.org/site/de (Genossenschaft, die benachteiligten Menschen durch Klein- und Kleinstkredite eine Chance auf wirtschaftliche Eigenständigkeit gibt)

www.vorsorgedurchblick.de (Informationen des Verbraucherzentrale-Bundesverbands, u. a. auch zur nachhaltigen Vorsorge)

Offene versus geschlossene Fonds

Irrtum: *Geschlossene Fonds sind so was wie offene Investmentfonds, nur besonders exklusiv.*

Richtig ist: *Die Unterschiede zwischen geschlossenen und offenen Fonds sind gewaltig.*

Hat man Ihnen auch schon mal Anteile an einem geschlossenen Investmentfonds verkaufen wollen? Vielleicht wurde Ihr Banker oder Berater sogar ein wenig feierlich und meinte, dass er diese Anlage nur überdurchschnittlich verdienenden Anlegern anbieten könne?

Hierzu lässt sich schon mal bemerken, dass inzwischen viele

Anbieter und Vertriebe alle Hemmungen fallengelassen haben und sogar Geringverdienern Mini-Sparpläne für solche Anlagen anbieten.

Worin unterscheiden sich geschlossene von offenen Fonds? Die folgende Tabelle gibt Auskunft:

Offene versus geschlossene Fonds

	Offene Fonds	Geschlossene Fonds
Investitions-volumen	Unbegrenzt	Sobald das Zielvolumen an Kapital aufgebracht ist, wird der Fonds geschlossen und es sind keine weiteren Einzahlungen möglich.
Marktvolumen in Deutschland (Bestand)	1700 Mrd. Euro	200 Mrd. Euro
Investitions-objekte	Fonds investiert in viele verschiedene Objekte (meist Aktien, festver-zinsliche Wertpapiere oder Immobilien).	Fonds investiert meist nur in ein einziges Objekt, vor allem in Immobilien, Schiffe, Flugzeuge, Solar- und/oder Windkraftanlagen.
Anlagedauer	Meist unbegrenzt	Laufzeit meist 12 bis 20 Jahre
Flexibilität	Anleger können in der Regel jederzeit die Fondsanteile zum ak-tuellen Wert verkaufen.	Weiterverkauf oft nur mit erheb-lichen Verlusten (bis zu 50 Prozent und mehr) oder gar nicht möglich.
Kosten	Niedrig (Indexfonds) bis mittel	Hoch, oft 15 bis über 25 Prozent des Anlagebetrags (»Weichkos-ten« für Konzeption und Vertrieb); Vorsicht: Ein angegebener Aus-gabeaufschlag von zum Beispiel 5 Prozent deckt meist nur einen Teil dieser Kosten ab.
Gesetzlicher Schutz	Ausgeprägter Anlegerschutz	Minimale Schutzvorschriften, kaum regulierter, »grauer Ka-pitalmarkt«
Steuerliche Handhabung	Einkünfte aus Kapitalvermögen	Einkünfte aus Vermietung und Ver-pachtung oder aus Gewerbebetrieb

Der wichtigste Unterschied: Wer sich an offenen Investmentfonds beteiligt, hat wegen der strengen gesetzlichen Schutzvorschriften und der breiten Risikostreuung praktisch kein Totalausfallrisiko. Bei geschlossenen Fonds kommt es immer wieder vor, dass Anleger alles oder große Teile ihres Kapitals verlieren. Bei geschlossenen Immobilienfonds etwa können die Mieterträge niedriger ausfallen als geplant, vielleicht laufen auch die Leerstände oder Instandhaltungsaufwendungen aus dem Ruder. Insgesamt ist seit 1990 nach Angaben des Branchenexperten Stefan Loipfinger immerhin etwa jeder dritte geschlossene Immobilienfonds in Schieflage geraten. Bei Schiffsfonds mögen die Weltkonjunktur, der Ölpreis oder der Dollar-Wechselkurs einen Strich durch die schönen Berechnungen aus den Hochglanzprospekten machen. Bei Medienfonds hat neben zum Teil unseriösen Machenschaften von Initiatoren auch der Finanzminister schon Renditeträume zum Platzen gebracht, indem er die steuerlichen Rahmenbedingungen geändert und präzisiert hat. Selbstverständlich sind auch erneuerbare Energien nicht frei von Risiken: Bei Solaranlagen mag die Sonne doch nicht so optimistisch lächeln wie von manchen Anbietern prospektiert, und bei Windkraftanlagen rauscht der Wind bisweilen weniger, als es den Anlegern weisgemacht wurde. Auch die Technik ist nicht immer ganz ausgereift und leidet schon mal an Kinderkrankheiten.

Bleiben wir bei den Windrädern – nur so als Beispiel. Wenn der Wind 12 Prozent weniger weht, als in den Prospekten geplant (im Schnitt war das nicht selten so), dann bedeutet das nicht, dass der Gewinn nur ein bisschen kleiner ausfällt. Denn die Kosten gehen ja nicht im gleichen Umfang zurück, sondern bleiben in konstanter Höhe bestehen. Die geplanten Ausschüttungen können sich auf diese Weise ganz schnell buchstäblich in Wind auflösen. Es geht hier übrigens überhaupt nicht darum, Investitionen in erneuerbare Energien zu verdammen, aber Anleger sollten wie immer, so auch hier, alles kritisch hinterfragen.

Wenn ein geschlossener Fonds als Gesellschaft bürgerlichen Rechts (GbR) aufgelegt wird, droht den Anlegern sogar die Verpflichtung, unbegrenzt Geld nachzuschießen. Die bisweilen angebotenen Garantien, zum Beispiel Mietausfallgarantien, helfen meist wenig. Die Garanten sind oft nur GmbHs mit einem Stammkapital von 25 000 Euro, das im Ernstfall schnell aufgezehrt ist.

Wer sich einen neuen Wagen anschafft, wirft vorher mal einen Blick auf die Pannenstatistiken der Modelle. Wer sich an geschlossenen Fonds beteiligt, kann anhand von Leistungsbilanzen beurteilen, ob die Anbieter ihre Prospektprognosen bislang eingehalten haben oder ob die Fonds laufend aus dem Ruder liefen. Denn neben den seriösen Anbietern tummeln sich auch »unwissende Dilettanten, verurteilte Betrüger und andere staatsanwaltschaftlich gutbekannte Personen« auf dem Markt, wird Stefan Loipfinger Anfang 2008 im *Handelsblatt* und bei *Fondsprofessionell* zitiert. »Manche wissen nicht mal, wie man Fonds schreibt«, illustriert der Experte das Problem anhand eines Anbieters, der (nach Unternehmensangaben allerdings bewusst) auf das »s« in »Fonds« im Unternehmensnamen verzichtet.

Neben all diesen Risiken bestehen natürlich bei seriösen Initiatoren auch Chancen auf ansehnliche Ausschüttungen. Doch auch wohlhabende Anleger sollten nicht mehr als 10 bis 15 Prozent ihres Vermögens in geschlossene Fonds investieren und außerdem neutrale Experten bei der Produktauswahl hinzuziehen. Kleinanleger sollten sich von dieser Anlage fernhalten, zumal bei ihnen auch steuerliche Vorteile nicht im gleichen Maß greifen wie bei gutbetuchten Anlegern.

Links:

www.fondstelegramm.de (Branchendienst für Beteiligungsmodelle)
www.graumarktinfo.de (Anlegerschutzportal der Zeitschrift Börse Online*)*
www.markt-intern.de (Branchenreport, u. a. mit Prospekt-Checks)
ww.dias-ev.de (Deutsches Institut für Anlegerschutz e. V.)
www.bankundkapitalmarkt.org (aktuelle Rechtsprechung; Anwaltssuche aus einem bundesweiten Verbund von über 600 entsprechend spezialisierten Fachanwälten)

Was ist dran am Hedgefonds-Mythos?

Irrtum: *Private-Equity- und Hedgefonds sind Renditeturbos.*

Richtig ist: *Private-Equity- und Hedgefonds können sich den Marktentwicklungen nicht entgegenstemmen, kosten hohe Gebühren und sind nichts für den »normalen« Anleger.*

Um Private-Equity- und Hedgefonds ranken sich Mythen und Legenden. Drei Dinge glaubt die breite Öffentlichkeit insbesondere zu wissen:

a) »Mit denen verdient man Geld wie Heu.«

b) »Die treiben irgendwelche riskanten Spielchen.«

c) »Die haben wenig Skrupel, Arbeitsplätze oder sogar das Wohl der Weltwirtschaft aufs Spiel zu setzen.«

Berühmt wurde vor allem der Vergleich mit Heuschrecken, den der frühere Arbeitsminister Franz Müntefering angestellt hat. Die einen erfüllt ihr Treiben mit Abscheu, die anderen fragen sich, ob es nicht vielleicht Mittel und Wege gibt, einen Anteil an deren sagenhaften Gewinnen zu ergattern.

Was steckt hinter diesen schillernden Bezeichnungen? Zunächst einmal: Weder gibt es *den* Private-Equity- noch *den* Hedgefonds. Bei Private Equity (»Privates Beteiligungskapital«) gibt es etwa Venture-Capital-Fonds. Die investieren in Gründer- oder junge Technologiefirmen. Buyout-Fonds wiederum kaufen etablierte Unternehmen auf. Damit stellen diese Fonds aus Sicht von Unternehmenseigentümern eine Alternative zur Kapitalbeschaffung über die Börse dar.

Noch unterschiedlicher sind die Strategien, welche die Hedgefonds verfolgen. Mittlerweile existieren weltweit mehr als 9000 davon, die zusammen ein Vermögen verwalten, das 2 Billionen Dollar übersteigt. Das klingt nach viel, ist aber dennoch nur knapp 2 Prozent des Gesamtwerts aller Aktien und festverzinslichen Wertpapiere weltweit. Längst nicht alle Hedgefonds sind an den

Aktienmärkten aktiv. Manche ihrer Manager versuchen auch, Kursschwankungen bei Anleihen, Währungen oder Rohstoffen zu ihren Gunsten zu nutzen. Hedgefonds werden von den Aufsichtsbehörden kaum reguliert. Über die Hälfte der Fonds hat ihren Sitz ohnehin in exotischen Staaten wie auf den Jungferninseln oder den Cayman Islands. Dort macht man den Hedgefonds-Managern noch weniger Vorschriften als in Europa und den USA.

Wie kommen die gelegentlich erstaunlich hohen Gewinne dieser Anlageformen zustande? In ihrem Instrumentenkoffer haben Private-Equity- und Hedgefonds eine Reihe von Werkzeugen. Der sogenannte Hebel ist eins davon. Angenommen, der Kaufpreis eines Unternehmens beträgt 10 Millionen Euro und es erwirtschaftet 1 Million Euro Gewinn. Dies entspricht 10 Prozent Rendite auf das eingesetzte Kapital. Das Geheimnis, diese Rendite weiter zu steigern, heißt Leverage oder Hebel. Wenn ein Investor nur 20 Prozent von den 10 Millionen Euro Kaufpreis aus eigenen Mitteln einsetzt – eine übliche Quote – und die restlichen 8 Millionen Euro zu 5 Prozent Zinsen bei einer Bank aufnimmt, dann sieht seine Rechnung zum Jahresende so aus: Vom ausgeschütteten Unternehmensgewinn in Höhe von 1 Million Euro muss der Investor seine Bankzinsen bezahlen. 5 Prozent von 8 Millionen Euro Kreditsumme machen 400000 Euro aus. Für den Investor bleiben noch 600000 Euro vom Jahresgewinn übrig. Da er aber nur 2 Millionen Euro Eigenmittel beim Kauf eingesetzt hat, ist dessen Rendite über diesen Hebel auf 30 Prozent des investierten Kapitals angestiegen.

Ein großes Problem hat der Investor dann, wenn es beim aufgekauften Unternehmen zu einem Gewinneinbruch kommt. Dann vervielfacht der Hebel nicht die Gewinne, sondern die Verluste, die der Investor tragen muss.

Ein weiteres Werkzeug sind Leerverkäufe. Hier leihen sich speziell Hedgefonds Wertpapiere, etwa Aktien. Die verkaufen sie anschließend. Bis zum Rückgabetag versuchen sie dann, die Papiere am Markt billiger zurückzukaufen. So streben Hedgefonds auch in Zeiten fallender Kurse Gewinne an. Ihr überwiegendes Ziel dabei: Nicht maximale, sondern stetige Gewinne in allen Börsenphasen zu erzielen und so die Vermögen der Anleger abzusichern, sprich zu »hedgen« – daher die Bezeichnung. Doch genau diesen Anspruch lösen längst nicht alle Hedgefonds ein. Wenn die Börsen einbrechen, führt das auch bei vielen Hedgefonds zu Verlusten. Sind dann die Renditen wenigstens auskömmlich? Inzwischen ist bekannt, dass eine Reihe von Hedgefonds-Indizes mit oft Hunderten von Fonds wegen diverser Datenprobleme zu hohe Renditen ausweisen. Zirkulierende Angaben über die Durchschnittsrenditen der Hedge- und Private-Equity-Fonds sollte man daher nicht ohne weiteres für bare Münze nehmen.

Bei allen Vorbehalten gegenüber verschiedenen Hedgefonds-Statistiken konnten Anleger bei Einzel-Hedgefonds 2006 eine Wertentwicklung zwischen plus 15 und minus 16 Prozent erzielen. Dach-Hedgefonds, die ihre Gelder in verschiedenen Hedgefonds anlegen, spielten ihren Besitzern zwischen plus 6 und minus 0,6 Prozent ein – und das in einem Jahr, in dem die meisten Börsen boomten und etwa die Standardaktien der Eurozone um 15 Prozent anstiegen –, und da sind die Dividenden noch gar nicht mitgerechnet! 2007 lief es ähnlich. Die Turbulenzen der Kreditkrise gingen auch an den meisten Hedgefonds nicht spurlos vorbei. Im Schnitt sind sie ins Minus geraten, wenngleich sie sich besser als die Aktienindizes gehalten haben. In den ersten neun Monaten 2008 verloren Hedgefonds im Schnitt 17,6 Prozent an Wert, wie Daten des Branchenbeobachters Hedge Fund Research zeigen, während sie 2007 eine durchschnittliche Rendite von 10,4 Prozent erzielt haben sollen.

Auch die von Banken herausgegebenen Hedgefonds-Zertifikate scheinen keine Alternative zu sein. Michael Busack, Herausgeber des Fachmagazins *Absolut Report,* untersuchte 69 von ihnen. Mehr als die Hälfte blieben im Jahr 2006 unter einer Rendite von 5 Prozent, nur sechs schafften eine zweistellige Rendite. David F. Swensen, der sehr erfolgreich den Stiftungsfonds der amerikanischen Yale University verwaltet, meint, Dach-Hedgefonds könnten nur in minderwertige Hedgefonds investieren, weil die besten Hedgefonds-Manager das Geld der Dachfonds gar nicht haben wollten. Dann kämen noch die Gebühren hinzu. Im Ergebnis würden die Renditen der Dach-Hedgefonds mit Sicherheit enttäuschen.

Tatsächlich berechnen Hedgefonds-Gesellschaften ihren Anlegern üblicherweise eine Managementgebühr zwischen 1,5 und 2 Prozent. Zusätzlich behalten sie 10 bis 20 Prozent der vom Fonds erwirtschafteten Gewinne, ein Dachfonds berechnet zusätzlich nochmals 1 bis 2 Prozent der Anlagesumme. Zusätzlich fallen Ausgabeaufschläge an. Und wie haben sich die Private-Equity-Fonds bislang geschlagen? Auch hier gibt es nur wenige unabhängige und methodisch einwandfreie Untersuchungen. Professoren der französischen Wirtschaftshochschule HEC haben für das Europäische Parlament Beteiligungsfonds seit dem Jahr 1980 untersucht. Die Branche brachte demnach den Investoren in den vergangenen 25 Jahren eine Rendite, die im Durchschnitt um 3 Prozent unter dem marktbreiten US-Aktienindex S&P 500 lag. Die Renditen seien somit weitaus schlechter, als allgemein vermutet wird. Der Grund seien wiederum die hohen Gebühren, die die Beteiligungsmanager von den Anlegern verlangen. Im Endeffekt kassierten sie rund 6 Prozent im Jahr. Der volkswirtschaftliche Nutzen der Fonds sei allerdings besser, als gemeinhin angenommen werde. So haben in 91 Prozent der untersuchten Fälle die Beteiligungsfonds erfolgreich neue Wachstumsinitiativen angestoßen.

Eine Studie der Ratingagentur Moody's bestätigt, was Sie vielleicht ohnehin schon ahnten: Firmen im Besitz von Finanzinvestoren planten kein bisschen langfristiger und strategischer als am Aktienmarkt notierte Konzerne – und das, obwohl sie nicht dem Zwang unterliegen, Quartalsberichte öffentlich vorlegen zu müssen. Die Verschuldung der eingekauften Firmen sei außerdem nach der Übernahme oft gefährlich hoch. Das schade ihrer langfristigen Entwicklung.

Auch wenn Anleger seit Anfang 2004 hierzulande in Dach-Hedgefonds investieren können: Wir Privatanleger müssen oder sollten schon wegen der Gefahr der Kosten-Abzocke lieber »draußen bleiben«.

ZERTIFIKATE

Zertifikate: unverzichtbar?

Irrtum: *Zertifikate gehören grundsätzlich in jedes Wertpapierdepot.*

Richtig ist: *Offene und versteckte Gebühren sowie undurchsichtige Regelungen zehren erheblich an der Rendite von Zertifikaten – mal abgesehen vom Konkursrisiko.*

Zertifikate finden sich zunehmend in den Depots privater Anleger. Es handelt sich dabei um Schuldverschreibungen, also um Geld- und nicht etwa um Sachwerte. Man leiht das Geld einer Bank, erhält dafür aber nicht wie üblich Zinsen. Stattdessen hängt die Wertentwicklung der Zertifikate meist von einer bestimmten Aktie oder einem Aktienindex ab, immer öfter auch von Rohstoffen, Immobilien, Zinsen oder Währungen.

Der Deutsche Derivate Verband vertritt Anbieter von Zertifikaten und berichtet für 2004 ein ausstehendes Volumen von 28 Milliarden Euro. Bis zum Juni 2008 stieg dieser Betrag auf 125 Milliarden an und verteilte sich auf die kaum vorstellbare Anzahl von über 200 000 verschiedenen in Deutschland zugelassenen Zertifikaten. Auf einen in Deutschland zugelassenen Investmentfonds kommen damit über 30 Zertifikate. Das Spektrum reicht von einfachen Indexzertifikaten bis zu hochkomplexen Garantieprodukten mit seitenlangen Vertragsbedingungen, deren wahrscheinliche Rendite nur wenige Menschen überhaupt abschätzen können. Passend dazu drei Beispiele:

Einfach zu durchschauen: Indexzertifikate. Denn der Wert eines solchen Zertifikats entspricht einem Hundertstel eines Aktienindex, zum Beispiel des DAX-Performanceindex.

Schwierig zu durchschauen: Zertifikate mit speziellen Zinszahlungen, zum Beispiel, wenn der Zins ab dem zweiten Jahr dem Dreifachen der Differenz zwischen kurz- und langfristigen Zinsen entspricht, es sei denn, der kurzfristige Zins übersteigt den langfristigen – in diesem Fall erfolgen keine weiteren Zinszahlungen.

Undurchschaubar: Zum Beispiel, wenn der Zinssatz davon abhängt, dass während der gesamten Laufzeit keine von 20 bestimmten Aktien die Spanne von 75 bis 125 Prozent ihres Startniveaus verlässt. Sie verstehen nur Bahnhof? Ob das Absicht ist? Kein Kommentar!

Die oben angeführten Indexzertifikate, eine von vielen Zertifikatevarianten, sind auf den ersten Blick mit Indexfonds vergleichbar, soweit sie sich auf einen Performance-Index beziehen, bei dem ausgeschüttete Dividenden in die Berechnung mit eingehen. Allerdings besteht bei allen Zertifikaten zusätzlich das Risiko, dass der Emittent pleitegeht und das Zertifikat wertlos wird. Auch bei Garantiezertifikaten existiert dieses Konkursrisiko.

Die US-amerikanische Investmentbank Bear Stearns geriet im März 2008 in eine Krise. Die von ihr emittierten Zertifikate wurden daraufhin einige Tage vom Handel ausgesetzt und im Anschluss zu vergleichsweise ungünstigen Konditionen gehandelt. Denn der Abstand zwischen An- und Verkaufskursen (Spread) wuchs bei zahlreichen Zertifikaten dieser Bank bis auf 20 Prozent. Um beim Verkauf zumindest wieder den Einstandskurs zu erzielen, hätte der Preis des Zertifikats also um 20 Prozent zulegen müssen.

Kritisiert werden Zertifikate-Emittenten von privaten Anlegern oftmals auch dafür, dass der Handel ihrer Produkte an Crashtagen sehr schwierig ist. Am 22. Januar 2008 zum Beispiel gab es einen kleinen Crash im Aktienmarkt. Bei vielen Emittenten waren an diesem Tag vorübergehend alle Produkte »aufgrund von technischen Problemen« (so die offizielle Begründung) nicht handelbar, so dass Anleger ihre Zertifikate nicht verkaufen konnten.

Die beträchtliche Kostenbelastung ist ein weiterer Schwachpunkt bei Zertifikaten: Neben der Spanne zwischen An- und Verkauf können Emittenten noch weitere Gewinne in den Preis ihrer Zertifikate einkalkulieren, sogenannte versteckte Kosten. Im *Journal of Banking and Finance* erschien 2007 ein Aufsatz der Forscher

Pavel Stoimenov und Sascha Wilkens zu diesem Thema. Für die untersuchten Zertifikate konnten die Autoren eine Gewinnmarge der Emittenten von bis zu 18 Prozent errechnen.

In der Studie »Anlagezertifikate im Härtetest« hat die Deutsche Schutzvereinigung für Wertpapierbesitz (DSW) in Zusammenarbeit mit dem Institut für Vermögensaufbau (IVA) die Wertentwicklung einiger Zertifikatetypen auf den DAX zwischen 1999 und 2006 untersucht. In den Jahren eines starken Indexanstiegs (1999, 2003, 2005 und 2006) konnte mit speziellen, riskanteren Zertifikaten (so genannten Outperformance-Zertifikaten) eine höhere Rendite erzielt werden. In den Jahren ohne größere Kursveränderungen, also einer Seitwärtsbewegung des DAX, konnten Discount- und Bonuszertifikate den Basiswert teilweise deutlich schlagen. In schwachen Jahren hingegen wiesen weder Bonus- noch Discountzertifikate weniger Risiko als der DAX auf. Über den gesamten Zeitraum hinweg erzielte aber der Basiswert DAX die höchste durchschnittliche Rendite, so dass Anleger mit einer simplen Kaufen-und-Liegenlassen-Strategie (Buy and Hold) am besten gefahren wären.

Die Attraktivität der Zertifikate hängt laut Studie also von der Fähigkeit des Anlegers ab, die kurz- beziehungsweise mittelfristige Marktentwicklung vorherzusehen. Allerdings raten wir davon ab, das Depot speziell auf bestimmte Markterwartungen hin auszurichten. Der Zufall prägt die Märkte nämlich viel stärker als berechenbare Faktoren.

Dass der Markt für Zertifikate in den letzten Jahren trotzdem so rasant gewachsen ist, zeigt zweierlei: Erstens können Anbieter hier eine Menge Geld verdienen – je komplexer das Zertifikat, desto mehr Möglichkeiten gibt es, die Gewinnspanne zu verstecken. Zweitens muss es offenbar sehr viele Anleger und sehr viele Berater geben, die von sich glauben, die Marktentwicklung vorhersehen zu können, da ja je nach unterstellter Entwicklung der Aktienkurse in unterschiedliche Zertifikate investiert werden muss. Eine andere Erklärung wäre auch, dass Zertifikate, ähnlich einem Casino oder Wettbüro, dazu dienen, den menschlichen Spieltrieb zu befriedigen. Auch wenn Robert de Niro im Film »Casino« nicht über Zertifikate spricht, finden wir seine Worte in diesem Zusammenhang durchaus passend: »Die Hauptregel im Casino lautet: Veranlasse sie zu spielen und sorge dafür, dass sie wiederkommen. Je länger sie spielen, desto mehr verlieren sie.«

Discountzertifikate oder Aktien?

Irrtum: *Discountzertifikate sind interessanter als Aktien.*

Richtig ist: *Discountzertifikate reduzieren das Verlustrisiko, aber auch die Chancen auf einen größeren Gewinn.*

Aktien einzelner Unternehmen sind bekanntlich eine riskante Angelegenheit, weil Anleger ihr eingesetztes Kapital teilweise oder vollständig verlieren können. Discountzertifikate werden gerne mit dem Argument verkauft, mit ihnen ließe sich das Risiko verringern, da man über diese Papiere Anteil an der Wertentwicklung einer Aktie habe und zudem beim Kauf eine Art Preisnachlass gegenüber dem Kurs der zugrundeliegenden Aktie erhalte. Und der Discount wirke wie ein Sicherheitspuffer bei Kursrückgängen: Je höher der Discount sei, desto geringer falle der mögliche Verlust aus.

Doch wer ein Discountzertifikat erwirbt, erhält nun mal keine Aktien. Vielmehr stellt ein Zertifikat immer eine Schuldverschreibung einer Bank dar, die eines Tages zurückgezahlt wird.

Ein Beispiel: Ein Discountzertifikat bezieht sich auf eine Aktie der Daimler AG mit einem Rabatt von 20 Prozent. Der Kurs des Zertifikats entspricht also zunächst exakt dem Kurs der Daimler-Aktie abzüglich 20 Prozent.

Nun hat natürlich niemand etwas zu verschenken, und so fragen Sie sich zu Recht, wo da der Haken ist. Ganz einfach: Sie werden nicht an Kursgewinnen beteiligt, die oberhalb einer Schwelle von zum Beispiel 10 Prozent liegen. Steigt der Daimler-Kurs um 30 Prozent, wird der Gewinn, der Ihnen zusteht, einfach gekappt. Sie kriegen die 10 Prozent und kein bisschen mehr. Bei den Dividendenzahlungen von Daimler geht der Zertifikatanleger in der Regel ebenfalls leer aus. Das relativiert den Rabatt bei längeren Laufzeiten des Zertifikats.

Darüber hinaus ist die Annahme irreleitend, dass bei einem Discount von 20 Prozent das Zertifikat nicht an Wert verliert, solange die entsprechende Aktie diesen Verlust nicht überschreitet. Denn das trifft allenfalls beim Laufzeitende eines solchen Papiers zu. Während der Laufzeit unterliegt der Aktienkurs in der Praxis dem Einfluss vieler Faktoren, neben dem Kursverlauf der Aktie spielen auch die allgemeinen Marktzinsen und Dividendenerwartungen eine Rolle.

Dass Discountzertifikate trotzdem bei manchen Anlegern recht beliebt sind, dürfte damit zusammenhängen, dass Menschen keine Verluste mögen, selbst wenn sie noch so unwahrscheinlich sind. Wir möchten Ihnen anhand eines kleinen Spiels die Konsequenz dieser menschlichen Verhaltensweise verdeutlichen. Lassen Sie uns ein Casino betreten, vielleicht sogar das von Robert de Niro. Er bietet Ihnen zwei Spiele an: »Hi, ich bin's, Robert. Ich mache dir folgendes verlockende Angebot: Du nimmst an der Auslosung eines Hauptgewinns von 5000 Euro teil. Da noch weitere 999 Personen mitgespielt haben, liegt deine Gewinnchance bei 1 zu 1000. Oder: Du gewinnst einfach so und mit Sicherheit 5 Euro. Worauf wartest du? Entscheide dich!«

Na, welches Angebot von unserem Robert finden Sie attraktiver? Die meisten Menschen wählen das erste. Wenn Sie sich jedoch für das zweite entscheiden würden, dann sind Sie wahrscheinlich auch nicht der Typ, der gerne ab und zu mal einen Lottoschein ausfüllt. Als Nächstes müssen Sie sich noch mal entscheiden, diesmal an einem anderen Tisch des Casinos. Sie haben gerade ein Spiel verloren, und Robert stellt Sie vor folgende Wahl: »Tja, Pech gehabt! Was ist dir jetzt lieber: Du verlierst eventuell 5000 Euro – es kann aber auch diesmal einen deiner 999 Mitspieler erwischen. Das Risiko, zu verlieren, liegt wieder bei 1 zu 1000. Oder aber du verlierst mit Sicherheit 5 Euro. Na, wie entscheidest du dich jetzt?«

Ja, welche Möglichkeit würden Sie vorziehen: die erste oder die zweite? Die meisten Menschen wählen jetzt die zweite. Sie ziehen die Sicherheit und den kleineren Verlust vor. Mit sehr großer Wahrscheinlichkeit wäre aber die erste die bessere Wahl, weil man ziemlich sicher nichts verlieren wird. Aber angesichts der Höhe eines möglichen Verlusts wählen Menschen lieber das geringere Übel und verlieren mit Sicherheit 5 Euro, aber eben auch nicht mehr.

Paradox ist Folgendes: Warum ziehen die meisten Menschen einen großen, aber ziemlich unwahrscheinlichen Gewinn einem sicheren kleinen Gewinn vor, während ihnen ein kleiner sicherer Verlust lieber ist als ein großer unwahrscheinlicher? Die Antwort: Weil wir Menschen sind. Menschen handeln nun mal nicht immer ganz logisch und widerspruchsfrei. Und diese Erkenntnis hat seit einiger Zeit auch die Entwickler neuer Finanzprodukte erreicht. Das Ergebnis: Discountzertifikate in diversen Varianten, Garantiezertifikate und viele weitere Anleihen mit Sicherheitspuffer, aber höchst kuriosen Mechanismen zur Bestimmung der Rendite. Frei nach dem Motto:»Hauptsache Sicherheit und attraktive Gewinnchancen« – auch wenn Letztere noch so winzig und noch so unberechenbar sind.

Lange Gesichter bei Rohstoffinvestoren

Irrtum: *Mit Rohstoffzertifikaten profitiert man vom Rohstoffboom.*

Richtig ist: *Mit Rohstoffzertifikaten sind selbst dann Verluste möglich, wenn die Rohstoffpreise steigen.*

Anlegern, die zu Beginn des Jahres 2006 ein Zertifikat auf den Henry Hub Natural Gas Future gekauft haben, steht Ende Juli 2008 ein Verlust von rund 80 Prozent ihres eingesetzten Kapitals zu Buche. Und das, obwohl sich der Preis für Erdgas nach zwischenzeitlichen Preisanstiegen und dem starken Preisverfall im Juli 2008 insgesamt kaum verändert hat.

Eine solche Performance ist kein Einzelfall. Während die Preise vieler Rohstoffe in den letzten Jahren richtig Gas gaben, profitierten Anleger in Rohstoffzertifikate nur mit angezogener Handbremse, mitunter verloren sie sogar Geld. Selbst wer als Anleger die Entwicklung der Rohstoffpreise richtig einschätzte, konnte mit seinen Rohstoffinvestments Verlust machen. Das liegt an den

Dollarkurs-Schwankungen und den Eigenheiten der Terminmärkte. Denn Rohstoffe an sich werfen – anders als Zinspapiere oder Aktien – nicht den geringsten Ertrag ab. Daher verhält es sich mit Rohstoffen so wie mit anderen Handelsgütern: Billig einkaufen, teuer verkaufen, das macht den Gewinn. Lagerkosten müssen allerdings auch noch berücksichtigt werden.

Anleger investieren daher nicht direkt in Rohstoffe, sondern in Verträge über die zukünftige Lieferung von Rohstoffen, in sogenannte Terminkontrakte. Die Preise solcher Kontrakte gelten in der Regel für Lieferungen in einigen Monaten. Erst recht nicht investieren die Emittenten von Zertifikaten oder Fonds in physische Rohstoffe, gerade wegen der Lagerkosten und der Verderblichkeit mancher Rohstoffe. (Eine Ausnahme stellt bisweilen Gold dar.)

Wer mit Rohstoffzertifikaten Kursgewinne erzielen möchte, muss die ihnen zugrundeliegende Preisbildung an den Rohstoff-Terminbörsen verstehen. Zuallererst ist dabei wichtig zu wissen: Trotz steigender Rohstoffpreise können Anleger Verluste machen. Denn der aktuelle Preis am Terminmarkt enthält bereits Erwartungen des Marktes für die zukünftige Preisentwicklung. Liegt der Preis für einen Rohstoff aktuell bei 100 US-Dollar und erwartet der Markt, dass dieser in sechs Monaten bei 120 US-Dollar liegen wird, dann wird ein Termingeschäft nur dann Gewinne einbringen, wenn der Preis nach sechs Monaten auf mehr als diese 120 US-Dollar steigt.

Weiterhin können auch beim sogenannten Rollen der Terminkontrakte Gewinne oder Verluste entstehen. Jeder Terminkontrakt wird bei Ablauf des Termins erfüllt. Da Anleger aber nun mal kein Interesse an einer physischen Lieferung von einer Tonne Kupfer oder etlichen Ballen Baumwolle haben, tauschen sie den Kontrakt vor Ablauf des Termins wieder in einen neuen. So geht es munter von einem Fälligkeitsdatum zum nächsten.

Die Erträge bei Rohstoffspekulationen hängen auch davon ab, inwiefern dem Anleger anfallende Zinserträge gutgeschrieben werden. Der Verkäufer der Rohstoffe will sichergehen, dass der Käufer auch in sechs Monaten noch zahlungsfähig ist. Daher ist es üblich, dass eine Sicherheit von 5 bis 10 Prozent des Rohstoffwerts direkt beim Verkäufer hinterlegt wird. Der Rest des Kapitaleinsatzes kann verzinslich angelegt werden. Ein Zertifikat sollte diese Erträge nicht vernachlässigen, denn in der Regel entspricht der Kapitaleinsatz auch dem gesamten Wert des Kontraktes und nicht nur der Sicherheitsleistung.

Ein weitverbreiteter Index für die Preisentwicklung von Rohstoffen ist der S&P GSCI Total Return Index, welcher auch eventuelle Zinserträge enthält. In ihm sind 24 Rohstoffe enthalten, wobei Energie, in erster Linie Öl und Gas, mit rund 70 Prozent sehr stark vertreten ist.

Außerdem werden Rohstoffe meist in Dollar gehandelt. Dadurch entsteht für den Anleger ein Währungsrisiko. Steigt der Euro, verbuchen Anleger Währungsverluste, wenn ihr Geld in Rohstoffkontrakten steckt, deren Wert in Dollar notiert wird. Sogenannte Quanto-Zertifikate schützen vor Währungsverlusten, allerdings hat dieser Schutz seinen Preis.

Die Erträge von Rohstoffzertifikaten werden typischerweise zusätzlich durch hohe Kostenbelastungen geschmälert. Das gilt meist auch für Rohstoff-ETFs, die in der Regel eher Zertifikaten gleichen als den vielgelobten klassischen Indexfonds.

Wir raten Anlegern generell davon ab, in Modethemen zu investieren. Rohstoffe waren zuletzt eindeutig im Trend, aber aufgrund der komplexen Preisbildung nur für erfahrene Anleger geeignet, denen kein Emittent so schnell ein X für ein U vormachen kann. Auf die ganz lange Sicht konnte man mit Rohstoff-Termingeschäften in der Vergangenheit ohnehin nur sehr bescheidene Renditen einfahren. Bei darauf basierenden Zertifikaten fallen wegen der zusätzlichen Kostenbelastung die Erträge langfristig noch mickriger aus.

LEBENSVERSICHERUNG UND PRIVATE RENTENVERSICHERUNG

Sicherheit bei Lebens- und Rentenversicherungen?

Irrtum: *Lebensversicherungen sind eine sichere Angelegenheit.*

Richtig ist: *Eine Kapital-Lebensversicherung ist ebenso wie eine private Rentenversicherung mindestens eine dreifache Wette mit ungewissem Ausgang.*

»Unsere Kapital-Lebensversicherung ist eine Geldanlage mit höchster Sicherheit«, werben die Rheinland-Versicherungen. »Sicheres Kapital für Ihre Lebensplanung«, lockt die Zurich Kapital-Lebensversicherung. Und die Victoria verspricht »in jeder Situation finanzielle Sicherheit«. Aber wie sicher sind die Angebote der Lebens- und privaten Rentenversicherer wirklich?

Zuerst einmal ist es wichtig zu wissen, dass Kapital-Lebensversicherungen zwei Dinge miteinander kombinieren: die finanzielle Absicherung von Hinterbliebenen im Todesfall mit der Bildung von Ersparnissen. Eng verwandt mit dieser Art Lebensversicherung sind die privaten Rentenversicherungen, bei denen man bis ans Lebensende eine monatliche Rente ausbezahlt bekommt. In der Regel gibt es bei Rentenversicherungen auch das Wahlrecht, sich stattdessen das angesparte Kapital auf einen Schlag auszahlen zu lassen. Beide, Kapital-Lebensversicherungen und private Rentenversicherungen, sind in Wirklichkeit eine Wette auf verschiedene Ereignisse, deren Wahrscheinlichkeit gerade auf lange Sicht jeweils schwer zu bestimmen ist:

– *Der Anbieter wird mit dem Geld der Versicherten gut arbeiten.* Sie müssen sich darauf verlassen können, dass er auch in der ferneren Zukunft von den Beiträgen nicht zu viel für sich selbst abzwackt oder dazu benötigt, um eine »stabile Verzinsung« zu gewährleisten, dass er den Rest erfolgreich anlegt und vor allem, dass er nicht in Konkurs geht oder im Konkursfall der Sicherungsfonds der Branche wirklich greift.

- *Inflationsraten und Staatsverschuldung geraten auf lange Sicht nicht aus den Fugen.* Für solche Befürchtungen gibt es aktuell auch keinen Anlass, aber welcher Anleger hatte etwa 1890 die Inflation von 1923 vorausgesehen? Auf Lebensversicherungen dürften sich solche Szenarien ungünstiger als auf andere Anlageformen und Produkte auswirken.

- *Der Versicherte wird nicht vorzeitig aus der Kapital-Lebens- oder Rentenversicherung aussteigen.* Dies kann zum Beispiel eintreten, weil er das Geld für andere Zwecke benötigt.

- *Der Versicherte lebt lange genug, um über eine hinreichende Zeit die Rente genießen zu können.* Diese Wette läuft noch speziell bei Rentenversicherungen mit.

Zur Wette Nr. 1: Dass ein Lebensversicherer in Konkurs geht, war lange Zeit kaum denkbar. 2003 traf es dann die Mannheimer Leben (nicht zu verwechseln mit der Hamburg-Mannheimer). Letztlich hatte sie sich an der Börse verspekuliert. Für die Versicherten ging es eher glimpflich aus: Die deutsche Lebensversicherungsbranche wollte den Image-GAU vermeiden und übernahm großzügig die Verluste. Die Überschussbeteiligung der Verträge ist für die Mannheimer-Kunden aber seitdem vergleichsweise bescheiden. Auch andere Lebensversicherer wurden plötzlich nervös. Ohne eine spendable rückwirkende Steuergesetzänderung zugunsten der Versicherer hätte es wohl noch weitere Konkurse gegeben – in der Branche munkelte man von fünf bis zehn Wackelkandidaten. Finanzminister Eichel erlaubte deshalb den Versicherern, dass sie ihre im Börsencrash erlittenen Spekulationsverluste von der Steuer absetzen durften, obwohl die zuvor vereinnahmten Gewinne nicht versteuert werden mussten. »Gewinne privatisieren, Verluste sozialisieren« war sozusagen die Devise.

Inzwischen hat die Branche nicht zuletzt auf Druck des Gesetzgebers Vorsorge getroffen und einen Sicherungsfonds für die Lebensversicherer namens Protektor ins Leben gerufen. Dessen Kapitalausstattung ist aber mit rund 380 Millionen Euro (Ende 2007) nicht besonders großzügig. Es ist fraglich, ob damit der Konkurs eines großen oder mehrerer mittelgroßer Versicherer abgefedert werden könnte. Dass ein solches Szenario langfristig nicht völlig abwegig sein muss, zeigte sich in den Jahren um 2000 in Japan, als gleich sieben Lebensversicherer Konkurs anmelden mussten, nachdem sie ihre Zinszusagen nicht mehr erfüllen konnten. Allerdings ist die japanische Lebensversicherungsbranche sicher nicht in allen Details mit der deutschen vergleichbar.

Die zweite Wette, die jeder eingeht, der eine lange laufende Kapital-Lebens- oder private Rentenversicherung abschließt, besteht darin, dass es auf Sicht von 30 oder 40 Jahren zu keiner massiven Inflation kommt. Denn bei der Inflation 1923 und der Währungsreform 1948 gehörten die Lebensversicherten zu den Verlierern. Wenn Sie in Deutschland 1903 begonnen haben, 20 Jahre lang mit ansehnlichen Prämien in eine Lebensversicherung einzuzahlen, haben Sie 1923 den Wert von einem Laib Brot herausbekommen. Die Versicherer legen nur einen kleinen Anteil der Einzahlungen in Sachwerten an. So liegt der Aktienanteil selten höher als bei 10 oder 15 Prozent. Auch in Immobilien wird relativ wenig investiert. Das meiste fließt in festverzinsliche Staatsanleihen und Pfandbriefe. Die Streuung der Risiken erscheint, vorsichtig formuliert, verbesserungsfähig.

Am riskantesten dürfte aber die dritte Wette sein. Denn: »Bei einer Kapital-Lebensversicherung über 30 Jahre steigen bis zu drei Viertel der Versicherungsnehmer vorzeitig aus«, sagt der Versicherungsmathematiker Axel Kleinlein, Inhaber des Büros für Versicherungsmathematik math concepts. Bei Policen, die über 20 Jahre laufen, sei es bisweilen jeder Zweite. Häufigster Grund: Die Versicherten können die laufenden Beiträge nicht mehr aufbringen. Aber wenn man einen Versicherungsvertrag vorzeitig kündigt, ist eine Lebens- oder private Rentenversicherung fast immer ein Minusgeschäft.

Die Verbraucherzentrale Hamburg nahm in einer Stichprobe 418 vorzeitig gekündigte Verträge unter die Lupe. Im Durchschnitt verloren die Versicherten knapp 70 Prozent ihrer Einzahlungen, pro gekündigtem Vertrag schlugen durchschnittlich 3362 Euro Verlust zu Buche. In Zukunft beträgt der Rückkaufswert durch eine neue Regelung des Gesetzgebers mindestens 50 Prozent der Einzahlungen.

Wir sprechen von keinem Randproblem. Etwa eine Million Verträge werden jährlich vorzeitig gekündigt, weil die Einkommen für die Beitragszahlungen nicht mehr reichen oder weil man sein Erspartes für andere Zwecke benötigt.

Selbst nach zehn Jahren bekommt man oft nicht einmal die eingezahlten Beträge vollständig ausbezahlt, von einem Inflationsausgleich ganz zu schweigen. Wer statt einer verlustreichen Kündigung seinen Vertrag beitragsfrei stellt, muss wissen, dass auch hier manche Versicherungsunternehmen vom vorhandenen Guthaben Stornoabschläge abziehen. Das zeigt auch, dass die Bedürfnisse der Kunden bei der Gestaltung der Versicherungsprodukte und bei den Aktivitäten der Finanzvertriebe nicht gerade im Mittelpunkt stehen.

Selbst wenn bis hierher alles gut läuft, sind die Renditen von Lebensversicherungen nicht gerade berauschend. »Die Renditen auf den Zahlbeitrag betragen selbst bei den günstigsten Anbietern zurzeit nur 4 Prozent«, gibt Kleinlein zu bedenken. »Ich kann eine Lebensversicherung niemand mehr guten Gewissens empfehlen«, sagte auch Wolfgang Scholl vom Verbraucherzentrale-Bundesverband (vzbv). Sie sei zu unflexibel, zu intransparent, zu renditeschwach.

Gelegentlich fragen Versicherte, ob es besser für sie sei, eine bereits abgeschlossene Kapital-Lebens- oder Rentenversicherung weiterzuführen oder ob eine Kündigung, ein Verkauf oder eine Beitragsfreistellung günstiger sei – eine Frage, die sich oft nicht einfach beantworten lässt. Rat dazu gibt es bei Versicherungsberatern und Verbraucherzentralen.

Links:
www.bundderversicherten.de (Bund der Versicherten e.V.)
www.bvvb.de (Bundesverband der Versicherungsberater e.V.)
www.mathconcepts.de (versicherungs- und finanzmathematische Berechnungen, unter anderem auch Nachrechnung bestehender Verträge und Ablaufleistungen)
www.protektor-ag.de (Sicherungsfonds der Lebensversicherer)
www.verbraucherzentrale.de

Arbeitslos – Lebensversicherung unantastbar?

Irrtum: *Nur Lebensversicherungen bleiben dem Hartz-IV-Empfänger sicher.*

Richtig ist: *Nicht jede Lebensversicherung ist sicher vorm langen Arm der Behörden – dafür gibt es noch ein paar andere Produkte.*

Stellen Sie sich vor, Sie haben die letzten zehn Jahre mit Müh und Not jeden Monat 100 Euro zur Seite legen können, um Ihre spätere Rente aufzubessern. Jetzt liegen rund 15000 Euro in einer Lebensversicherung, und das Schicksal schlägt zu: Sie werden arbeitslos und finden eine ganze Weile keinen neuen Job. Aus dem Arbeitslosengeld wird dann irgendwann Hartz IV. Und was ist dann mit Ihrem Kapital in der Lebensversicherung? Viele Bürger können sich nicht vorstellen, dass das Sozialamt von ihnen verlangt, das Ersparte anzutasten. Die Lebensversicherung halten viele für sicher vor dem Zugriff der Sozialämter.

Das ist allerdings ein Trugschluss. Die Lebensversicherung ist in der Regel nur unter zwei Voraussetzungen sicher: Nämlich dann, wenn ihre vorzeitige Kündigung unwirtschaftlich ist, oder wenn der Rückkaufswert unterhalb des Vermögensfreibetrags für die private Altersvorsorge liegt.

Unwirtschaftlich ist eine Kündigung dann, wenn man Ihnen damit einen Verlust von 10 Prozent oder mehr zumuten würde. Bei Verträgen, die noch nicht so lange laufen, ist das freilich eher die Regel als die Ausnahme. Bei älteren Verträgen dürfte der Rückkaufswert jedoch schon mal über den Einzahlungen liegen. In dem Fall müsste geprüft werden, ob der Vermögensfreibetrag für private Altersvorsorge ausreichend hoch ist, um den Rückkaufswert abzudecken.

Freibeträge lassen sich folgendermaßen berechnen: Pro Lebensjahr haben Sie einen Grundfreibetrag von 150 Euro. Mit 50 Jahren macht das eine Summe von 7500 Euro aus. Zusätzlich haben Sie einen Vermögensfreibetrag für private Altersvorsorge, der auf 250 Euro pro Lebensjahr begrenzt ist, in unserem Beispiel also auf 12 500 Euro. Eine Lebensversicherung kann man aber nur diesem Vermögensfreibetrag zuordnen, wenn ein Verwertungsausschluss mit dem Versicherer vereinbart ist. Dieser besagt, dass jegliche Guthabenauszahlung vor Eintritt in den Ruhestand vertraglich ausgeschlossen wurde. Ein solcher Verwertungsausschluss ist nachträglich möglich, sollte aber sehr gründlich überlegt werden.

Unter Altersvorsorgevermögen fallen übrigens auch Banksparpläne und Fondssparpläne, sofern dort ein Verwertungsausschluss vereinbart wurde. Daneben gibt es aber noch eine Reihe weiterer Möglichkeiten, Vermögen zu bilden, das vor dem Zugriff der Sozialämter geschützt ist:

1. Guthaben in einem Riester-Vertrag bis zur Höhe der Fördergrenzen;
2. eine betriebliche Altersvorsorge, sofern kein Zugriff vor Eintritt in den Ruhestand möglich ist;
3. Guthaben, das in eine Rürup-Rente (Basisrente) eingezahlt wurde sowie
4. der Wert der selbstgenutzten Immobilie, sofern der Wohnraum angemessen ist.

Freilich sollte niemand seine Altersvorsorge alleine nach dem Kriterium planen, wie sicher die Vorsorge im Falle einer Arbeitslosigkeit ist. Denn auf diese Weise gebildetes Vermögen ist nicht oder nur eingeschränkt verfügbar. Es kann also nicht mehr für andere Zwecke, etwa den Immobilienerwerb, flüssig gemacht werden. Ferner sind auch viele andere interessante und vor allen Dingen günstige Produkte, die wir in diesem Buch erwähnen, nicht Hartz-IV-sicher.

Wahl des Anbieters bei Lebens- und privaten Rentenversicherungen

Irrtum: *Bei Lebens- beziehungsweise Rentenversicherungen gibt es keine großen Unterschiede.*

Richtig ist: *Die Unterschiede zwischen den Versicherungsangeboten sind gewaltig und machen im Einzelfall einige Tausend Euro aus.*

Jedes Jahr zwischen Oktober und Dezember können Sie in Finanzzeitschriften mit zuverlässiger Regelmäßigkeit Tests von Lebens- und Rentenversicherungen lesen. Laut *Finanztest* beispielsweise gibt es bei einem sehr guten Anbieter und einer Einzahlung von jeweils 1200 Euro jährlich über 30 Jahre bis zu 360 Euro Rente im Monat lebenslang, bei einem schwachen hingegen maximal 240 Euro. Dieser Unterschied macht auf 20 Jahre gesehen rund 30000 Euro aus.

Wie kommen solche Differenzen zustande? In erster Linie hängen sie von den Kosten des Versicherers und von dem Erfolg seiner Kapitalanlage ab. Die besten Versicherer haben ihren Kunden 2007 rund 5,5 Prozent gutgeschrieben, die schlechtesten rund 2 Prozentpunkte weniger – wohlgemerkt nur auf den Teil des einbezahlten Kapitals, der nach Abzug der Kosten verbleibt. Die tatsächliche Rendite fällt also niedriger aus.

Was für Privatleute bei der Geldanlage gilt, gilt ebenso für Versicherungen: Die Kosten sind einer der wichtigsten Stellhebel. Der Koblenzer Finanzprofessor Heinrich Bockholt weiß:»Es gibt Lebensversicherungen, da gehen über 90 Prozent der Einzahlungen in die Kapitalanlage, auf der anderen Seite gibt es Gesellschaften, die haben über 20 Prozent Kosten, und davon sollten Sie die Finger lassen.«

Modell- und Beispielrechnungen mit verschiedenen Zinssätzen, wie sie die Versicherer inzwischen den Policen beilegen müssen, sind oft das Papier nicht wert, auf dem sie stehen. Sie haben keine Verbindlichkeit. Dagegen können Sie aus den angegebenen garantierten Leistungen immerhin noch Rückschlüsse auf die

Kostenquote der Versicherer ziehen. Günstige Versicherer können es sich nämlich leisten, mehr zu garantieren als teurere. In den Vergleichen haben oft Gesellschaften wie Asstel, CosmosDirekt, Debeka, DEVK, Europa und HUK-Coburg die Nase vorn.

Links:

www.finanztest.de (Vergleiche von Lebensversicherungen)
www.wiwo.de (Seite der Wirtschaftswoche *mit Vergleichen von Lebensversicherungen)*
www.capital.de (Vergleiche von Lebensversicherungen)

Garantiezins = Mindestertrag?

Irrtum: *Die Garantieverzinsung ist die Mindestrendite, die man bei Lebens- und Rentenversicherungen erzielt.*

Richtig ist: *Der Garantiezins ist Augenwischerei.*

Bei der Kundenwerbung für Kapital-Lebensversicherungen und private Rentenversicherungen wird von den Anbietern gerne der Garantiezins ins Feld geführt. Anleger bekommen den Eindruck, er stelle die Mindestrendite für die eingezahlten Gelder dar.

Dem ist leider nicht so. In größter Not, zum Beispiel, um eine Insolvenz abzuwenden, ist selbst die Garantie nicht in vollem Umfang sicher. So heißt es auf der Website von Protektor, dem Sicherungsfonds der Lebensversicherungen: »Sofern die finanziellen Mittel des Sicherungsfonds nicht ausreichen, einen übertragenen Versicherungsbestand zu sanieren, setzt die Aufsichtsbehörde die vertraglich garantierten Leistungen aus den übernommenen Verträgen um maximal 5 Prozent herab.«

Besonders hoch war der Garantiezins ohnehin nie. Seit 1903 lag er immer zwischen 3 und 4 Prozent, ab 2004 fiel er auf 2,75 Prozent und seit 2007 beträgt der Garantiezins für Neuverträge lediglich 2,25 Prozent. Und dies sind die Maximalwerte. Unternehmen dürfen auch mit niedrigeren Garantiezinsen rechnen.

Maximaler Garantiezins bei Lebensversicherungen für Neuverträge	
bis 30. Juni 1986	3 %
bis 30. Juni 1994	3,5 %
bis 30. Juni 2000	4 %
bis 31. Dezember 2003	3,25 %
bis 31. Dezember 2006	2,75 %
seit 1. Januar 2007	2,25 %

Die Garantieverzinsung wird freilich nur auf das tatsächlich angesparte Kapital gewährt. Erstmal werden von den Sparbeträgen Vermittlerprovisionen, Verwaltungs- und Risikokosten abgezogen. Von 100 Euro Versicherungsbeitrag bleiben so oft nur 80 bis 85 Euro übrig, auf die der Garantiezins kommt. »Zurzeit liegen die garantierten Renditen für neu abgeschlossene Rentenversicherungen nach Abzug der Kosten bei 0,9 bis 1,8 Prozent«, sagt der Leiter des Instituts für Finanzwirtschaft an der Fachhochschule Koblenz, Heinrich Bockholt. Das reicht nicht einmal aus, um die Inflationsrate auszugleichen.

Zum Glück gibt es ja zusätzlich zum Garantiezins die Überschussbeteiligungen, oder? 2007 erwirtschafteten die Versicherer inklusive Garantie eine Gesamtverzinsung von 3,5 bis 5,4 Prozent – wohlgemerkt nur auf den Beitrag, der nach Deckung der Kosten übrigbleibt. Die tatsächliche Rendite ist also niedriger. Im Endeffekt ergeben sich bei Neuverträgen zurzeit bei guten Anbietern um die 4,5 Prozent Rendite. Vorausgesetzt, der Versicherte kündigt nicht vorzeitig seinen Vertrag, denn dann fallen die Renditen deutlich niedriger aus oder verkehren sich sogar ins Negative. Und die Rendite kann ohnehin in der Zukunft je nach Kapitalmarktlage steigen oder fallen. Es handelt sich also immer nur um eine Momentaufnahme.

Link:
www.test.de/themen/versicherung-vorsorge/rechner/ (nützliche Rechner, zum Beispiel »Lebensversicherung – Senkung der Überschussbeteiligung«)

Wie attraktiv sind Rentenversicherungen?

Irrtum: *Private Rentenversicherungen rechnen sich für die Mehrzahl der Kunden.*

Richtig ist: *Hohe Abschlusskosten, teure vorzeitige Kündigungen, leistungsschwache Gesellschaften und eine lediglich durchschnittliche Lebenserwartung des Versicherten führen zu Verlusten oder mageren Renditen.*

Wer eine Rentenversicherung abschließt, muss in der Regel mit etwa 4 Prozent der vereinbarten Beitragssumme als Abschlusskosten rechnen. Diese werden meist in den ersten fünf Jahren vom Sparkapital abgezogen. Bei einer Rentenversicherung, die über 30 Jahre läuft und mit einem monatlichen Beitrag von 100 Euro rechnet, summieren sich die Abschlusskosten typischerweise auf 1440 Euro. Diese Kosten müssen Sie also in den ersten Jahren bezahlen, ob Sie den Vertrag nun bis zum Ende erfüllen oder nicht. Dies führt dazu, dass diejenigen, die vor Ablauf des Vertrags kündigen, auf relativ hohen Kosten sitzenbleiben. Selbst wenn der Versicherer vor Kosten 5 Prozent Rendite erwirtschaftet, dauert es rund zehn Jahre, bis der Kapitalstand den eingezahlten Beiträgen entspricht. Wer zumindest 3 Prozent verdienen möchte, muss rund 18 der vereinbarten 30 Jahre warten. Und sollte er dann tatsächlich kündigen, wird oftmals zusätzlich ein Stornoabzug fällig. Wer einen solchen Vertrag kündigt, hat also kaum eine Chance, eine akzeptable Verzinsung zu erhalten.

Trotzdem sind solche vorzeitigen Kündigungen alles andere als Ausnahmefälle. Rund 50 Prozent aller Verträge werden vorzeitig beendet, etwa wegen Arbeitslosigkeit, Krankheit oder Scheidung. Doch die Verträge einzuhalten ist die erste wesentliche Voraussetzung dafür, dass sich eine Rentenversicherung überhaupt rechnet. Die zweite Voraussetzung lautet: Suchen Sie sich einen leistungsstarken Versicherer. Hierbei stellt die Kostenquote ein entscheidendes Kriterium dar. Und die dritte Voraussetzung: Eine Rentenversicherung lohnt sich natürlich nur dann wirklich, wenn der Versicherte ein hohes Alter erreicht.

Ein Beispiel: Helga Hurtig ist 65 Jahre alt und überlegt, geerbte 100 000 Euro für den anstehenden Ruhestand zu verwenden. Sie hat die Möglichkeit, den gesamten Betrag in eine private Rentenversicherung einzuzahlen. Die Rentenzahlungen würden dann sofort beginnen. Die günstigsten Anbieter im Markt garantieren ihr lebenslang eine monatliche Rente von 400 Euro. Rechnet sich das für sie? Das hängt schlicht davon ab, wie lange sie die Rente beziehen wird, wie nachfolgende Tabelle zeigt:

Rechenbeispiel: Rendite bei Sofortrente-Angebot eines günstigen Anbieters

Lebenserwartung	Rendite bei Zahlung der Garantierente ohne Überschüsse	Rendite bei derzeitigen Überschüssen
81	−3,2 %	0,0 %
86	−0,1 %	2,7 %
90	1,5 %	3,9 %
100	3,3 %	5,3 %

Annahmen: Sofortrente gegen Einmalbeitrag bei günstigem Anbieter für 65-jährige Frau; kein Hinterbliebenenschutz

Sobald die Rendite in der Tabelle 0 Prozent erreicht, hätte Helga ihre eingesetzten 100 000 Euro vollständig wieder zurückerhalten – allerdings noch ohne Inflationsausgleich. Geht man von der garantierten Rente aus, ist das erst in ihrem 86. Lebensjahr der Fall. Sollten die Überschüsse wie geplant anfallen, erhält sie ihre Einzahlungen bereits fünf Jahre früher zurück, mit 81 Jahren. Aber selbst wenn Helga Hurtig ein biblisches Alter von 100 Jahren erreicht, ist die Rendite nicht gerade sensationell. Hinzu kommt, dass bei ihrem Ableben das gesamte Kapital verloren ist, selbst wenn ihr nur einen Monat lang Rente ausbezahlt wurde. Das ist dann ungünstig, wenn sie Erben bedenken möchte. Man kann zwar vereinbaren, dass Hinterbliebene in den ersten fünf oder zehn Jahren nach Rentenbeginn die Rente weiter ausbezahlt bekommen. Dann fällt aber die Höhe der Rente selbst niedriger aus.

Da liegt es nahe, Helga Hurtig stattdessen zu empfehlen, das Geld zum Beispiel auf ein Tagesgeldkonto mit einem Zinssatz von derzeit rund 4 Prozent zu überweisen, über das sie jederzeit nach Bedarf verfügen kann. Selbst wenn sie die Erträge voll versteuern müsste, kann sie bis zu ihrem 99. Geburtstag Monat für Monat 400 Euro abheben, dann erst ist das Kapital aufgezehrt. Will sie die Auszahlungen jährlich – zum Ausgleich der Preissteigerungen – um 2 Prozent erhöhen, dann reicht das Tagesgeldkonto immerhin noch bis zum 89. Geburtstag. Noch bequemer: Sie zahlt das Geld in einen Auszahlplan ein. Das ist im Prinzip ein Sparkonto mit Dauerauftrag aufs Girokonto.

Für die Mehrzahl der Versicherten werden sich also private Rentenversicherungen schon deshalb nicht rechnen, weil sie
- den Vertrag vorzeitig kündigen und dabei Verluste in Kauf nehmen müssen,
- bei durchschnittlich oder unterdurchschnittlich renditestarken Gesellschaften versichert sind,
- nicht das hohe Alter erreichen werden, das erforderlich ist, damit sich eine solche Versicherung überhaupt rechnet. Traurig, aber realistisch!

Hier drei wichtige Tipps zum Thema private Rentenversicherung:
1. Holen Sie nur Angebote von günstigen Anbietern ein. Anbietervergleiche in *Finanztest*, *Capital* oder der *Wirtschaftswoche* können eine Hilfe bei der Auswahl sein.
2. Bei Abschluss vor Rentenbeginn: Prüfen Sie, ob Sie in der Lage sind, die vereinbarten Beiträge langfristig regelmäßig aufzubringen. Vereinbaren Sie im Zweifel eher niedrige Beitragszahlungen, die Sie auch auf Dauer einhalten können.
3. Bei Rentenbeginn einmalig einen Geldbetrag in eine Rentenversicherung einzuzahlen, um daraus eine monatliche Rente zu erhalten, lohnt sich nur bei bester Gesundheit beziehungsweise überdurchschnittlich langer Lebenserwartung. Denn nur dann bringt eine private Rentenversicherung wirklich attraktive Renditen. Oft sind gute Tagesgeldkonten und Auszahlpläne die bessere Alternative.

Links:

www.biallo.de (Tagesgeldkonditionen)

www.focus.de/finanzen/banken/tid-5717/auszahlplaene_aid_5602
4.html (Vergleich von Konditionen von Auszahlplänen)

www.finanztest.de

www.zinsen-berechnen.de (Entnahmeplanrechner; Berechnungen zu Auszahlplänen)

Fondsgebundene Rentenversicherungen – ja oder nein?

Irrtum: *Fondsgebundene Rentenversicherungen sind nach Einführung der Abgeltungsteuer Fondssparplänen überlegen.*

Richtig ist: *Fondsgebundene Rentenversicherungen gehören zu den unattraktivsten Möglichkeiten, Geld am Aktien- und Rentenmarkt anzulegen.*

Kunden, die keine klassische Rentenversicherung abschließen wollen, bieten Berater oft das fondsgebundene Gegenstück an, auch Fondspolice genannt. Das Versprechen: Anstatt in ein überwiegend konservatives, wenig schwankungsanfälliges Finanzprodukt zu investieren, soll der Sparanteil des Beitrags in Investmentfonds gepackt und dadurch eine langfristig weitaus höhere Rendite erzielt werden. Tatsächlich ist die Fondspolice sehr beliebt – in erster Linie bei Vermittlern, weil sie mitunter zu den höchsten Provisionszahlungen führt. Abkassiert wird hier auf ganzer Linie.

Wir zeigen Ihnen in einem Beispiel mal Schritt für Schritt die einzelnen Glieder der »Wert(ab)schöpfungskette« anhand einer durchschnittlichen Fondspolice mit regulären Beitragszahlungen: Zuerst einmal gehen von Ihren über die gesamte Vertragslaufzeit zu zahlenden Beiträgen 4 Prozent als Provision an den Vermittler, also an die Bank, die Sparkasse oder den »unabhängigen« Finanzberater. Diese Kosten bezahlen Sie aber nicht über die gesamte Vertragslaufzeit, sondern in den ersten fünf Vertragsjahren. Der

Rest Ihrer Zahlungen geht an die Versicherungsgesellschaft. Sie deckt damit ihre eigenen Kosten und investiert das, was übrigbleibt, anschließend in Investmentfonds, zum Beispiel in Dachfonds. Das sind Fonds, die das verwaltete Vermögen in andere Fonds anlegen. Das Management des Dachfonds wählt Fonds aus, in die investiert wird, und belastet das gesamte verwaltete Sparguthaben mit etwa 1 Prozent (im Einzelfall bis zu 2,5 Prozent), und zwar Jahr für Jahr. Ein Teil dieses Erlöses kann als Dankeschön an die Versicherungsgesellschaft oder den Vermittler zurückfließen. Die einzelnen Investmentfonds schließlich legen die Mittel am Aktien- und Rentenmarkt an. Diese berechnen rund 1,5 Prozent des verwalteten Vermögens pro Jahr. Die Depotbank wickelt die Wertpapierkäufe und -verkäufe der Fonds ab und erhält dafür ebenfalls eine Vergütung.

Nehmen wir also mal an, der Aktienmarkt bringt eine Rendite von 8 Prozent pro Jahr. Wie viel davon verbleibt am Ende beim Sparer einer Fondspolice und wie viel bei einem Sparer, der in einen kostengünstigeren Indexfonds anlegt? Wir gehen von einer Sparrate in Höhe von 200 Euro monatlich über 30 Jahre aus. Hier das Ergebnis im Überblick:

Fondsgebundene Rentenversicherungen versus Indexfondssparpläne		
	Fondspolice	**Indexfonds**
Marktrendite jährlich	8,0 %	8,0 %
Renditeschmälerungen aufgrund von:		
4 % Vermittlerprovision auf Einzahlungen	−0,5 %	
Kosten der Versicherungsgesellschaft	−0,5 %	
Verwaltungskosten des Dachfonds	−1,0 %	
Verwaltungskosten der Fonds	−1,5 %	−0,3 %
Rendite nach Abzug aller Kosten	4,5 %	7,7 %
Vermögen vor Steuern bei Ablauf nach 30 Jahren	149 986 €	268 096 €
Annahme: Sparbetrag 200 Euro pro Monat bei einer Laufzeit von 30 Jahren		

Aus Indexfonds ist in diesem Beispiel ein Vermögen zu erwarten, das fast doppelt so hoch liegt wie das der Fondspolice. Und das schlicht aus dem Grund, weil von der Marktrendite beim Anleger am Ende deutlich mehr ankommt. Zu einem ähnlichen Ergebnis kommt auch eine Untersuchung des Instituts für Finanz- und Aktuarswissenschaften in Ulm. Danach verschlingen die Kosten bei Fondspolicen im Extremfall bis zu zwei Drittel der Marktrendite. Es gibt allerdings auch Fondspolicen mit deutlich moderateren Konditionen. Diese können Anleger etwa im Direktvertrieb oder über Honorarberater erwerben.

Den Anleger interessiert natürlich, wie hoch das Endvermögen nach Steuern ausfällt. Erträge aus einer fondsgebundenen Rentenversicherung werden steuerlich anders behandelt als Erträge einer direkten Fondsanlage. In der Regel sind die Erträge bei Fondspolicen niedriger zu versteuern. Sind nicht zumindest die günstigen Fondspolicen deshalb attraktiver als die direkte Anlage in Fonds?

Die Verbraucherzentrale Bremen gelangt zu dem Ergebnis, dass Fondspolicen trotz Steuervorteil meist schlechter abschneiden als reine Fonds. Dabei wurde die Fondspolice mit einem herkömmlichen (teuren) aktiv veralteten Fonds verglichen. Noch deutlicher fällt der Kostenvorteil für den Fondssparplan gegenüber der Fondspolice aus, wenn in mit geringeren Kosten belastete Indexfonds investiert wird.

Endgültig kippt die Entscheidung in Richtung Fondssparplan, wenn man berücksichtigt, dass bei diesem die Einzahlungen in einer finanziellen Notsituation problemlos gestoppt werden können. Auch kommen Anleger jederzeit problemlos an ihr Geld heran. Bei einer fondsgebundenen Lebens- oder Rentenversicherung drohen dagegen deutliche Renditeeinbußen. Daher lautet unser Votum eindeutig: Finger weg!

RIESTER UND RÜRUP

Sparen für Frühstarter – das Zinseszinswunder

Irrtum: *Mit dem Sparen kann man sich Zeit lassen.*

Richtig ist: *Mit Sparen kann man gar nicht zu früh beginnen. Wofür man in jungen Jahren zehn Jahre braucht, dauert später 35.*

Unglaublich, aber wahr: Wer heute im Alter von 20 bis 30 Jahren zehn Jahre lang 2000 Euro pro Jahr zurücklegt, verfügt mit 65 Jahren über ein genauso hohes Vermögen wie jemand, der im Alter von 30 bis 65 Jahren 35 Jahre lang 2000 Euro jährlich zur Seite legt. In beiden Fällen hat der Anleger 254 000 Euro auf dem Konto (deren Kaufkraft dann nicht mehr dieselbe sein wird wie die von heute, aber immerhin). Klar, das Zinseszinswunder funktioniert nur mit einer geglückten Anlagestrategie, die mindestens 6,6 Prozent Rendite einbringen muss – nach Steuern ist das reichlich ambitioniert, aber nicht völlig unmöglich.

In jungen Jahren sollte die klassische Vermögensbildung dennoch erst einmal vor anderen Herausforderungen zurückstehen – selbst bei einer rein finanziellen Sichtweise. Vorrang hat zuvorderst eine gute Ausbildung, die später zu einem höheren Einkommen führt. Wir haben bereits im Kapitel zum Humanvermögen (S. 24) erläutert, dass eine perspektivenreiche Ausbildung nicht nur Chancen auf interessante Aufgaben eröffnet, sondern auch eine Form der Vermögensbildung ist – oft sogar eine besonders lukrative.

Dann ist die Existenzsicherung dran – da sind sich die Anlegerschützer einig: Solange existentielle Risiken wie die eigene

Berufsunfähigkeit nicht abgesichert sind, hat das gegenüber dem Sparen die höhere Priorität. (Zu den Ausnahmen von dieser Regel siehe S. 267 ff.) Dann: Wer Schulden hat, sollte diese zuerst tilgen. Sonst würde er im Endeffekt auf Kredit sparen, was wirtschaftlicher Unfug ist, sofern nicht staatliche Förderungen ins Spiel kommen, und die müssen dann schon extrem hoch ausfallen.

Wer sich all diesen Herausforderungen erfolgreich gestellt hat, kann daran denken, das Zinseszinswunder für sich selbst wahr werden zu lassen. Je früher, desto besser.

Die Sorge um die Altersvorsorge

Irrtum: *»Meine Versorgungslücke beträgt ... Euro.«*

Richtig ist: *Ihre Versorgungslücke können Sie lediglich sehr vage abschätzen.*

Der Begriff »Versorgungslücke« bezeichnet den Betrag, der fehlt, wenn Ihre Rente und sonstigen Einkommensquellen nicht ausreichen, um den angestrebten Lebensstandard im Alter zu finanzieren. Wer diese Lücke mit seinem Finanzberater ermitteln will, dürfte sich zunächst mit der Frage konfrontiert sehen: »Wie viel wollen Sie denn im Alter zur Verfügung haben?« Das abzuschätzen ist gar nicht so einfach. Denn finanziell ändert sich einiges, wenn Sie nicht mehr erwerbstätig sind. Ausgaben für Auto und Sprit fallen möglicherweise geringer aus, weil der Pendelverkehr zum Arbeitgeber entfällt und weil Sie vielleicht auf ein kleineres Modell umsteigen. Das Eigenheim oder die Wohnung sind hoffentlich bis dahin abbezahlt, so dass die Zahlungen für den Kapitaldienst an die Bank entfallen. Vielleicht ist das Zuhause aber schon wieder renovierungsbedürftig, was wiederum zusätzliche Ausgaben bedeutet. Und mehr Freizeit bedeutet auch mehr Zeit für Hobbys, vielleicht auch für kostspielige Wunschreisen, die Sie sich erfüllen wollen.

Nehmen wir an, Michael Munter hat sich dazu bereits ein paar Gedanken gemacht und kommt auf einen Betrag von 2000 Euro netto, den er im Alter monatlich zur Verfügung haben möchte. Und ja, gerne darf es auch ein bisschen mehr sein. Michael ist 37 Jahre alt, und es werden wohl noch 30 Jahre verstreichen, ehe sein wohlverdienter Ruhestand beginnen kann. Nun wird ein guter Berater das Thema Inflation ansprechen. Denn wer gefühlte 2000 Euro auch noch im Rentenalter haben will, muss angesichts steigender Preise mit einem deutlich höheren Betrag rechnen. Die »2000-Euro-Frage« an dieser Stelle lautet also: Wie hoch wird die Inflationsrate die nächsten 30 Jahre lang im Durchschnitt ausfallen? Liegt diese bei 2 Prozent, braucht Michael Munter tatsächlich 3600 Euro, liegt sie gar bei 4, braucht er monatlich 6500 Euro.

Gehen wir mal von den Werten der letzten zwei Dekaden aus und rechnen mit 2 Prozent. Anschließend werfen wir einen Blick auf die Renteninformation, die wir von der Deutschen Rentenversicherung erhalten haben. Dort steht, dass ohne weitere Rentensteigerungen 1500 Euro Rente gezahlt wird. (Fußnote: Vorausgesetzt, sein Einkommensniveau bleibt die ganze Zeit bis Rentenbeginn weiterhin so hoch wie in den letzten fünf Jahren.) Zusätzlich erwartet Michael von seinem Arbeitgeber eine Betriebsrente, die hochgerechnet rund 320 Euro ausmachen wird. Jetzt zieht Michaels Finanzberater eine Zwischenbilanz: 3600 Euro monatlicher Bedarf minus 1500 Euro Rente minus 320 Euro Betriebsrente ergibt eine Versorgungslücke von 1780 Euro monatlich.

Nun gibt es verschiedene Möglichkeiten, wie diese Versorgungslücke gedeckt werden kann. Dabei haben für Michael die Produkte mit staatlicher Förderung Vorrang. Er neigt zu einer Riester-Rente in Form eines Banksparplans. So kommt eine weitere große Unbekannte hinzu: die Rendite der Riester-Rente. Vorausgesetzt, die Zinsen bleiben in Zukunft etwa gleich hoch wie aktuell, darf er eine Verzinsung von 4 Prozent erwarten. Das ergibt eine Zusatzrente von circa 700 Euro.

Wenn Michael risikofreudiger wäre und bis Rentenbeginn mit einem Fondssparplan »riestern« und erst danach in eine weniger schwankungsanfällige Geldanlage wechseln würde, wäre zumindest bis Rentenbeginn auch eine Verzinsung von 6 Prozent nach Abzug aller Kosten möglich, meint sein Berater – das ergebe dann etwa 1000 Euro Rente. Die Entscheidung fällt zugunsten der Fondsvariante.

Der Riester-Vertrag löst das Rentenproblem also nur zum Teil. Hinzu kommt, dass schätzungsweise mindestens 500 Euro Steuern und Sozialabgaben das Einkommen belasten. Denn die Riester-Rente wird – so wie das laufende Einkommen – voll versteuert und von der gesetzlichen Rente müssen im Jahr 2039 98 Prozent versteuert werden. Denn die Mär einer deutlich sinkenden Steuerlast im Alter gilt für die Jüngeren unter uns nicht mehr. Um die fehlenden 1280 Euro sicherzustellen, müsste Michael Munter einen weiteren Sparvertrag über rund 450 Euro monatlich abschließen, der mit 4 Prozent verzinst würde.

Was bei der Berechnung von Versorgungslücken bisweilen übersehen wird: Auch angelegtes Kapital, nicht nur Sparpläne, können die Lücken im Alter stopfen. Beispiel: Hätte Michael bereits 75000 Euro in Aktienfonds angelegt und erwirtschafteten diese nach Steuern und Kosten 6 Prozent pro Jahr, dürfte ihm das etwa eine ähnlich hohe Zusatzrente bringen wie der Riesterplan und der private Sparplan zusammen.

Beispiel: Berechnung der Versorgungslücke	
Bedarf im Rentenalter in heutiger Kaufkraft	+2000 €
Bei 2 Prozent Inflation entspricht das in 30 Jahren	+3600 €
Gesetzliche Rente	−1500 €
Betriebsrente	−320 €
Zwischenergebnis	*−1780 €*
Riester-Fondssparplan	+1000 €
Steuern und Sozialabgaben auf die bezogenen Renten	−500 €
Privater Sparplan	+1280 €
Restliche Versorgungslücke	0 €

Kann Michael jetzt endlich einen Haken hinter das Thema Altersvorsorge machen? Aber was ist denn eigentlich, wenn die Inflation aus dem Ruder läuft und dauerhaft auf 4 Prozent steigt? Dann fehlen plötzlich wieder rund 3000 Euro jeden Monat. Das gilt freilich nur, sofern sich nicht gleichzeitig auch die Zinsen erhöhen und den Preisanstieg auffangen. Aber auch, wenn sich Renditen und

Steuersätze gravierend verändern, wird die ganze bisherige Planung über den Haufen geworfen.

Angesichts all dieser Unwägbarkeiten sind Faustregeln beliebt. Eine solche lautet etwa, wenn man von jung an rund 10 Prozent seines Nettoeinkommens spare, sei man auf der sicheren Seite. Wer das bereits in jungen Jahren berücksichtigt, fährt mit dem Ratschlag gar nicht so schlecht. Wer erst mit 50 anfängt, Rücklagen zu bilden, wird um deutlich höhere Sparraten sicher nicht herumkommen. Und selbst jüngere Selbständige müssten eher 30 bis 35 Prozent ihres Nettoeinkommens sparen, soweit kein nennenswertes Betriebs- und sonstiges Vermögen im Entstehen ist und wenn keine Leistungen aus der gesetzlichen Rentenversicherung oder einem Versorgungswerk zu erwarten sind. Die zu leistenden Raten für Hypothekendarlehen sind übrigens im Prinzip auch nichts anderes als Sparvorgänge und müssen in solche Quoten eingerechnet werden.

Unser Tipp: Passen Sie Ihre Planung immer wieder Ihren sich verändernden Lebensumständen an. Die Gründung einer Familie, die Anschaffung einer Immobilie oder ein sich veränderndes Einkommen sind ganz verschiedene Koordinaten, die sich auch unterschiedlich auf Ihre Rentenpläne auswirken. Auch wenn sich das allgemeine Zinsniveau ändert, die Aktien mal besonders gut oder schlecht gelaufen sind oder die Inflation völlig unerwartete Dimensionen annimmt, ist es sinnvoll, die Planung anzupassen.

Links:
www.vorsorgedurchblick.de (Stichwortsuche »Checkliste Versorgungslücke« – Checkliste zur groben Schätzung der Versorgungslücke)
www.dia-vorsorge.de/Rentenschaetzer (Rentenschätzer des Deutschen Instituts für Altersvorsorge, einer bankennahen Einrichtung)
www.rentenanzeiger.de (brauchbare Rechenwerkzeuge)
www.destatis.de (Seite des Statistischen Bundesamtes – Verbraucherpreisindizes)

Riester für alle?

Irrtum: *Die Riester-Rente ist für jeden sinnvoll.*

Richtig ist: *Viele Riester-geförderte Produkte sind so teuer, dass jedweder Vorteil von den Vertragskosten aufgefressen wird.*

Die Riester-Rente wird nicht zuletzt aufgrund ihrer staatlichen Förderung derzeit als so attraktiv dargestellt, dass man den Eindruck gewinnen kann, sie sei für jeden sinnvoll. Was dabei oft unter den Tisch gekehrt wird, sind erstens die Vertragskosten, die manchmal so hoch ausfallen, dass sie die gesamte Förderung aufzehren können. Zweitens wissen die wenigsten, dass die Riester-Rente im Alter versteuert wird. Die Förderung ist also eher geliehenes als geschenktes Geld.

Drittens hängt der Vorteil einer Riester-Rente darüber hinaus von einer ziemlichen Unwägbarkeit ab: Ihrer eigenen Lebenserwartung.

Bevor wir auf die einzelnen Punkte eingehen, werfen wir zuerst mal einen Blick auf das, was die Riester-Rente eigentlich so attraktiv machen soll: die staatliche Förderung. Wer ist förderberechtigt? Im Prinzip jeder, der in die gesetzliche Rentenversicherung einzahlt, und noch einige weitere Personenkreise. Mehr dazu erfahren Sie bei der Deutschen Rentenversicherung (vgl. die dazu angeführten Links).

Wie funktioniert die Riester-Rente? Die Förderung setzt sich aus Zulagen und Steuervorteilen zusammen. Ein Riester-Sparer kann jährlich eine Grundzulage in Höhe von 154 Euro erhalten. Wer für seine Kinder Kindergeld bezieht, erhält zusätzlich noch 185 Euro pro Kind, für ab 2008 Geborene gibt es sogar 300 Euro. Um diese Geldgeschenke vom Staat voll auszuschöpfen, müssen inklusive der Zulagen jedes Jahr 4 Prozent des Bruttolohns auf das Riester-Konto fließen. Der Steuervorteil besteht darin, dass sowohl die eigenen Beiträge als auch die staatlichen Zulagen in der Steuererklärung als Sonderausgaben geltend gemacht werden können.

Ein Beispiel: Nina Findig ist 30 Jahre alt und zahlt jährlich nur so viel in die Riester-Rente ein, wie nötig ist, um die vollen Zulagen zu erhalten. Sie verdient 30 000 Euro brutto jährlich. Die folgende Tabelle stellt die Eckpunkte der staatlichen Förderung ihres Vertrags zusammen:

Förderung der Riester-Rente	
Bruttoeinkommen	30 000 €
davon insgesamt 4 Prozent, für maximale Zulage	1200 €
davon Grundzulage (vom Staat)	154 €
davon Eigenbeitrag	1046 €
außerdem: erstattete Einkommensteuer (Steuersatz 30 Prozent)	206 €

Um die volle Grundzulage zu erhalten, müssen 4 Prozent von 30 000 Euro, also 1200 Euro, auf das Riester-Konto fließen. Davon übernimmt 154 Euro der Staat, 1046 Euro muss Nina selbst aufbringen. Das Finanzamt errechnet aufgrund der als Sonderausgabe absetzbaren Einzahlung in Höhe von insgesamt 1200 Euro bei einem angenommenen Steuersatz von 30 Prozent eine Einkommensteuerrückerstattung von 360 Euro. Diesen Betrag verrechnet es mit der Zulage in Höhe von 154 Euro und erstattet den Restbetrag.

Hört sich doch alles ganz hübsch an, meinen Sie? Das Problem: Nina Findigs Förderung in Höhe von 154 Euro Zulage plus 206 Euro Steuervorteil jährlich kann durchaus durch die Kosten des Anbieters wieder aufgezehrt werden. Wie hoch sind die Kosten eigentlich? »Es ist fast aussichtslos für Kunden, sich in den Vertragsunterlagen einen Überblick über die Gebühren zu verschaffen. Es ist zu komplex«, sagt Uwe Wystup, Professor für Quantitative Finance an der Frankfurt School of Finance & Management. Wystup hat jüngst vier Produkte unter die Lupe genommen, die ihren Anlegern die Renditen des Aktienmarktes versprechen. Die Belastung der Einzahlungen mit den Vertriebs- und Verwaltungskosten des Anbieters schwankt in den untersuchten Fällen zwischen 7,3 und 16,6 Prozent. Noch gänzlich unberücksichtigt sind hier die eigentlichen Kosten der Kapitalanlage. So fließen in den untersuchten Riester-Produkten Gelder etwa in aktiv verwaltete

Aktienfonds, die jährlich im Durchschnitt 1,5 Prozent des Kapitals dahinschmelzen lassen. Zusätzlich fallen auch noch Kosten für die Kapitalgarantie an, die der Gesetzgeber für Riester-Produkte vorgeschrieben hat. Wystups zufolge betragen sie rund 0,5 Prozentpunkte zusätzlich. Edda Castelló von der Verbraucherzentrale Hamburg hat festgestellt: »Nicht selten sind die Verwaltungskosten so hoch, dass sie die Zulage auffressen und sogar noch das selbst Angesparte anknabbern.«

Okay, denkt sich Nina, da vermeide ich doch lieber einen teureren Riester-Vertrag, informiere mich in Testzeitschriften und suche eine günstige Riester-Rentenversicherung. Das Angebot: Man will ihr eine Garantierente von 240 Euro monatlich ab Beginn des Ruhestandes mit 67 Jahren verkaufen. Ein guter Teil dieser Garantierente wurde mit staatlicher Hilfe finanziert. Bei Rentenbeginn schlägt dann die Stunde des Finanzamts und es holt sich einen Teil davon zurück, denn die Riester-Rente ist voll zu versteuern, ebenso im Übrigen ihre gesetzliche Rente und ihre betriebliche Rente. Sinkt ihr Steuersatz im Rentenalter auf 20 Prozent, dann ergibt das eine garantierte Rente von 192 Euro netto. Je nach Tarif kann eine jährliche Steigerung dieser Rente vertraglich vorgesehen sein, in unserer Rechnung gehen wir nicht davon aus. Der Versicherer freilich stellt auch eine höhere Rente in Aussicht, wenn die Überschüsse so bleiben, wie er sie zuletzt erzielt hat – das ergäbe dann nach Steuern sogar 360 Euro.

Rechnet sich dieser Riester-Vertrag für Nina? Die Kosten schlagen hier schon mal nicht sonderlich zu Buche, hat sie doch einen günstigen Anbieter gefunden. Wir rechnen und kommen zu folgenden Ergebnissen: Wie immer bei Rentenversicherungen müssen wir eine bestimmte Lebenserwartung annehmen, denn davon wird die Rendite maßgeblich beeinflusst. Da Nina jung ist und der medizinische Fortschritt weiter Einzug in die Statistik zur Lebenserwartung hält, kalkulieren wir mal – ähnlich wie viele Versicherer – mit einem Alter von 95 Jahren. Die *mögliche* in Aussicht gestellte Rendite beträgt demnach 4 Prozent nach Steuern, die vom Anbieter *garantierte* hingegen nur 2,1 Prozent.

Zu Recht findet Nina 95 Jahre sehr optimistisch und bittet darum, noch mal mit 90 Jahren zu rechnen. Die Rendite beträgt nunmehr möglicherweise 3,6 Prozent, wenn der Rentenversicherer bei der

Kapitalanlage weniger Erfolg hat, bleibt sogar nur die garantierte Verzinsung, die Rendite fällt dann auf enttäuschende 1,6 Prozent. Schlimm genug, dass viele Riester-Verträge teuer und intransparent sind. Dreh- und Angelpunkt für die Rendite bei der Riester-Rente sind aber nicht allein die Kosten. Vielmehr ist es die hohe angenommene Lebenserwartung der Versicherer, welche die Renten drückt und die Attraktivität im Wesentlichen auf eine Wette auf ein langes Leben reduziert. Auch wenn die Entwicklungen der Vergangenheit für weiter steigende Lebenserwartungen sprechen (seit 1840 etwa gibt es in den Industrieländern einen vergleichsweise stetigen Anstieg der durchschnittlichen Lebenserwartung um erstaunliche zwei bis drei Monate jährlich, und die sogenannte »fernere Lebenserwartung« von 60-jährigen nimmt in Deutschland im Trend um 1,5 Monate pro Jahr zu), ist das ein Unsicherheitsfaktor. Und wenn Nina denkt, dieser Wette aus dem Weg zu gehen, indem sie einen Bank- oder Fondssparplan auswählt, verschiebt sie das Problem nur bis zum Rentenbeginn. Immerhin kann sie bis dahin aber deutlich besser abschätzen, ob sie die Wette auf ein langes Leben eingehen möchte. Wenn ja, sollte sie sich zu jenem Zeitpunkt für das angesammelte Kapital Angebote einholen und zum attraktivsten Anbieter wechseln. Wenn nein, besteht die Möglichkeit einer Kündigung. Immerhin werden von dem dann aktuellen Kapitalstand die Zulagen nur nominal, das heißt ohne Verzinsung, von ihr zurückgezahlt und die angefallenen Erträge versteuert. Die Versteuerung muss aber nicht nur Nachteile haben, im Gegenteil: Schließlich ist es günstiger, die Erträge erst viele Jahre später im Nachhinein zu versteuern als laufend jedes Jahr.

Nina hat sich eine Rentenversicherung anbieten lassen, die in der Rentenbezugsphase keine Rentengarantiezeit enthält – stirbt sie nach Rentenbeginn, gehen die Erben in diesem Fall leer aus. Grundsätzlich ist es bei der Riester-Rente aber schon möglich, Kapital zu vererben. Allerdings kommt ein Vererben rechtlich gesehen einer Kündigung gleich, mit der Konsequenz, dass die Förderung zurückgezahlt werden muss. Das gilt sowohl in der Ansparphase als auch in der Rentenbezugsphase. Nur an den überlebenden Ehepartner kann das Guthaben im Todesfall vollständig übertragen werden, aber nur, sofern dieser auch einen Riester-Vertrag hat, auf den das Kapital dann eingezahlt wird.

Richtig attraktiv wird die Rendite erst, wenn Nina alleinerziehende Mutter von zwei kleinen Kindern ist und nur halb so viel verdient wie jetzt. Dann zahlt sie selbst weniger ein und der Staat stattdessen mehr, und für sie ergibt sich, selbst wenn sie nur 85 Jahre alt würde, eine rechnerische Rendite von rund 7,5 Prozent pro Jahr. Freilich lohnt sich für Nina auch dann der Abschluss einer Riester-Rente nur, wenn sie die Früchte des langen Ansparens auch ernten kann. Soweit ihre Alterseinkünfte später nicht für einen bescheidenen Lebensstandard reichen, gewährt der Staat als Sozialleistung die sogenannte Grundsicherung. Vorhandenes Vermögen, egal, ob es mit oder ohne Riester-Förderung gebildet wurde, wird dann mit jener verrechnet. Im Einzelfall kann das bedeuten, dass das langjährige Sparen nicht zu einer gesteigerten Altersrente führt, zum Beispiel, weil 100 Euro gesetzliche Rente plus 500 Euro private Rente immer noch zu wenig zum Leben sind und daher vom Sozialamt auf, sagen wir, 800 Euro aufgerundet werden. Das Sparen für die 500 Euro war dann für die Katz, da auch 800 Euro erhält, wer nicht privat angespart hätte. Trotzdem wäre es ziemlich riskant, auf diese gerade bei Geringverdienern großzügig geförderte Vorsorge zu verzichten. Denn niemand kann mit Sicherheit absehen, ob er im Alter wirklich auf die Grundsicherung angewiesen sein wird, wie hoch diese dann ist und wie die Anrechnung bis dahin geregelt ist.

Unser Fazit lautet deshalb: Eine erste Grundvoraussetzung für eine sinnvolle Riester-Rente ist die Wahl eines günstigen Anbieters. Nur dann kommt der Fördereffekt voll der Altersvorsorge zugute. Der Fördereffekt kann besonders bei Geringverdienern mit hohen Zulagen für einen Renditeschub sorgen. Für alle anderen gilt: Je niedriger die Steuern in der Rentenbezugszeit im Vergleich zur Erwerbsphase sind, desto größer ist der Fördereffekt. Und schließlich profitieren natürlich besonders diejenigen, die sehr alt werden und die Rente daher sehr lange beziehen.

Links:

www.altersvorsorge-macht-schule.de/grundkurs5.html (Informationen unter Federführung der Deutschen Rentenversicherung zu privater Vorsorge und Riester-Rente; kostenlose Hotline zur Prüfung der Förderberechtigung)

*www.deutsche-rentenversicherung-bund.de (Unter »Grundsicherung«
können Sie häufige Fragen und Antworten zum Thema nachlesen.)*
www.oekotest.de (kostenpflichtige Testberichte)
www.finanztest.de (kostenpflichtige Testberichte)

Wenn Riester, dann welches Produkt?

Irrtum: *Für eine Riester-Förderung muss man eine Rentenversicherung abschließen.*

Richtig ist: *Neben der Rentenversicherung werden auch andere Sparpläne gefördert. Und das ist oftmals attraktiver.*

Die Förderung der Altersvorsorge im Rahmen der Riester-Rente ist oft ansprechend. Um von dieser Förderung ohne Einbußen zu profitieren, sollten Sie ausschließlich günstige und individuell passende Verträge auswählen. Die Vorteile und Nachteile der verschiedenen Möglichkeiten zeigen wir Ihnen hier im Überblick. Die Skala reicht von einem bis drei Sternchen. Je mehr Sternchen, desto besser ist das Produkt in der jeweiligen Kategorie. Die Einschätzung der Sicherheit ist vor dem Hintergrund zu sehen, dass Inflationsraten und Staatsverschuldung langfristig nicht aus dem Ruder laufen, aber das haben wir ja bereits angesprochen.
Riester gibt es in sechs Geschmacksrichtungen:

Produkte mit Riester-Förderung			
	Sicherheit	**Rendite**	**Flexibilität**
Banksparplan	★★★	★★	★★★
Rentenversicherung klassisch	★★★	★★	★
Rentenversicherung fondsgebunden	★	★	★

	Sicherheit	Rendite	Flexibilität
Fondssparplan	★ ★	★ ★ ★	★ ★
Bausparvertrag	★ ★ ★	★	★ ★ ★
Wohn-Riester – Darlehenstilgung	★ ★ ★	★ ★ ★	★ ★ ★

Beim *Banksparplan* fließen Einzahlungen auf ein Sparkonto. Dabei fallen keine Abschlusskosten an. Und es gibt kein Wertschwankungsrisiko. Die zu erwartende Verzinsung liegt etwas unter der von Bundesschatzbriefen oder Bundesanleihen. Die Flexibilität ist sehr hoch, denn bei einer Kündigung des Vertrags fallen keine oder nur geringe Kosten an. So können Sparer das Kapital je nach Bedarf später anderweitig im Rahmen der Riester-Förderung nutzen, zum Beispiel, indem sie es für ein Eigenheim verwenden.

In den letzten 60 Jahren erwies sich neben den Banksparprodukten die *klassische Rentenversicherung* ebenfalls als sicher. Allerdings ist die Rendite in den Anfangsjahren niedriger, weil sie in den ersten fünf Jahren durch die Abschlusskosten belastet wird. Chancen auf eine gute Rendite sind nur bei günstigen Verträgen und bei Einhaltung der Vertragslaufzeit möglich. Und aufgrund der Kostenbelastung zu Vertragsbeginn ist die Flexibilität sehr gering. Entnimmt man das angesparte Kapital zum Beispiel nach zehn Jahren, um es in einen anderen Vertrag einzuzahlen oder um es als Eigenkapital für den Immobilienerwerb einzusetzen, drückt die bis dahin hohe Kostenquote die Rendite deutlich nach unten. Im Einzelfall entstehen sogar Verluste. Es existieren leider nur vereinzelt Versicherungstarife, bei denen die Abschlusskosten auf die gesamte Vertragslaufzeit verteilt werden.

Die *fondsgebundene Rentenversicherung* bietet in der Regel weniger Sicherheit, die Chancen der Fondsanlage auf hohe Renditen werden durch die im Schnitt sehr hohe Kostenbelastung häufig zunichte gemacht.

Mit *Fondssparplänen* sind die höchsten Renditen möglich. Zugleich besteht aber auch ein Risiko, dass die Rente aufgrund von ungünstigen Kursentwicklungen niedriger ausfällt als bei den anderen Riester-Produkten. Bei der Flexibilität gibt es im Vergleich zu Banksparplänen leichte Abstriche. Denn von jedem bezahlten Beitrag gehen in der Regel rund 5 Prozent Kosten ab, was die Rendite erstmal belastet. Im Gegensatz zu fast allen Rentenversicherungen werden die Abschlusskosten bei den meisten Fondssparplänen nicht geballt in den ersten fünf Jahren belastet, sondern über die gesamte Laufzeit verteilt. Das ist gut für die Rendite, etwa wenn man den Vertrag wider Erwarten vorzeitig beenden möchte.

Bausparverträge sind erst seit 2008 mit dem Inkrafttreten des Eigenheimrentengesetzes förderfähig. Für Sparer, die mit dem Gedanken spielen, später ein Eigenheim zu erwerben, kann ein Bausparvertrag eine interessante Alternative zum Banksparplan sein. Den Vorteil eines günstigen Bauspardarlehens erkaufen sich Anleger mit einer niedrigen Rendite in der Ansparphase. Eigenheimorientierte Anleger sollten sich auf diese beiden Alternativen – Bausparvertrag oder Banksparplan – konzentrieren. Erste förderfähige Bausparverträge soll es ab November 2008 geben. Auch hier lohnt es sich, beizeiten die Testberichte von *Finanztest* oder *Ökotest* zu lesen.

Auch die *Darlehenstilgung* im Zusammenhang mit dem Erwerb von Wohneigentum ist erst seit kurzer Zeit förderfähig. Die schnelle Tilgung von Schulden ist in der Regel sehr rentabel, da hohe Schuldzinsen eingespart werden. Wer das geförderte Eigenheim oder die geförderte Wohnung verkauft, kann das gesamte geförderte Guthaben ohne Abzüge in einen anderen Riester-Sparvertrag übertragen, daher gibt es auch keine Abstriche bei der Flexibilität.

Wer sich für die Riester-Rente interessiert, sollte sich also vor einer Entscheidung überlegen, welche Prioritäten er bei den Kriterien Sicherheit, Rendite und Flexibilität setzt. Wer so vorgeht, schließt unpassende Produkte aus und vermeidet kostspielige Fehler.

Ist Riester etwas für Fans von Aktien?

Irrtum: *Aktienfreudige Anleger sollten bei der Riester-Rente stets auf Fonds setzen.*

Richtig ist: *Wie so oft im Leben: Es kommt drauf an.*

»Ich schätze Aktien als Anlageform und bin mir der Risiken voll bewusst. Banksparpläne und Rentenversicherungen begeistern mich deshalb wenig«, sagt sich so mancher Anleger, während er diese Kapitel liest. »Was sind schon 4 Prozent Rendite, wenn ich mit Aktien und etwas Glück das Doppelte rausholen kann?«

Diese Einstellung ist verständlich und im Prinzip richtig. Auch im Hinblick auf die Riester-Rente haben Anleger die Wahl zwischen verschiedenen Fondssparplänen. Allen gemeinsam ist, dass das Geld zumindest teilweise in Aktien fließt und bei Rentenbeginn garantiert wird, dass Verluste beim eingezahlten Kapital ausgeschlossen sind. Ferner handelt es sich bei den angebotenen Fonds ausschließlich um aktiv verwaltete Fonds und Dachfonds. Ein Fondssparplan in besonders kostengünstige Indexfonds ist bislang nicht erhältlich. Das können chancenorientierte Vorsorgesparer durchaus als Nachteil an der Riester-Rente empfinden.

Nehmen wir zum Beispiel Jan Klugmann, einen beruflich sehr erfolgreichen Single im Alter von 35 Jahren. Sein Bruttoverdienst beträgt stolze 52 000 Euro pro Jahr. Auf die Riester-Rente wurde er wegen der Steuervorteile aufmerksam, welche in seinem Fall dazu führen könnten, dass der Staat zu jedem Euro, den er spart, inklusive Steuervorteile 43 Prozent zuschießt. Diese Vorteile würde er gerne mitnehmen, indem er so viel wie möglich einzahlt. Er verabredet einen Termin bei einem »unabhängigen« Finanzberater, den er während seines Studiums bei einem Bewerbertraining kennengelernt hat. Dieser bietet ihm eine fondsgebundene Rentenversicherung an. Jan winkt dankend ab, die Abschlusskosten und die laufenden Kosten des Produkts sind ihm zu hoch. Er geht zu seiner Hausbank, einer deutschen Großbank, und erhält den gewünschten Fondssparplan – zwar kein Indexfondsparplan, aber immerhin eine Anlage in Fonds ohne den zusätzlichen Kostenballast einer Rentenversicherung. Jan lässt sich vorrechnen, auf welche Rente er käme, und notiert alle Eckdaten des Angebots. Da er sonst Aktienindexfonds bevorzugt, wendet er sich mit dem Zahlenwerk an die Autoren dieses Buches und bittet um eine Vergleichsrechnung. Hier das Ergebnis:

Riester-geförderte Fondssparpläne versus Indexfonds-Sparpläne		
	Riester-Fonds	**Aktienindexfonds**
Kalkulierte Rendite des Aktienmarktes pro Jahr	8,00 %	
Verwaltungsvergütung der Aktienfonds pro Jahr	1,75 %	0,30 %
Ausgabeaufschlag bzw. Transaktionskosten	5,00 %	1,00 %
Geschätzte Garantiekosten pro Jahr	0,60 %	entfallen
Rente nach Garantiekosten und Steuern	614 €	611 €

Annahmen: Aktienindexfonds: Kursgewinne werden mit Rentenbeginn versteuert, Dividenden (3 % p.a.) und Zinserträge (4 % p.a.) am Jahresende versteuert, jeweils mit 25 % Abgeltungsteuer zzgl. 5,5 % Solidaritätszuschlag. Die Rendite aktiv verwalteter Riester-Fonds entspricht der Aktienmarktrendite abzgl. Kosten.
In beiden Fällen: Anlage ab Rentenbeginn bis zum 93. Lebensjahr zu 4 % p.a. Grenzsteuersatz in der Ansparphase 40 %, in der Rentenbezugsphase 35 %

Erstaunlich: Trotz hoher Riester-Förderung schneiden Aktienindexfonds nicht viel schlechter ab als die geförderten Riester-Fonds. Der Grund? Ausgabeaufschläge, Verwaltungs- und Garantiekosten sind bei den Riester-Fonds deutlich höher als bei den Aktienindexfonds.

Allerdings ist eine Größe bei dieser Rechnung noch recht vage: die Garantiekosten des Riester-Fonds, welche den Beitragserhalt bei Renteneintritt sicherstellen. Diese Garantie wird entweder am Kapitalmarkt auf Rechnung des Anlegers eingekauft, oder sie wird über eine reduzierte Aktienquote sichergestellt. In beiden Fällen reduziert sich die erwartete Rendite – fragt sich nur, um wie viel?

In einer Simulationsstudie zur Riester-Rente gehen die Frankfurter Forscher Andreas Weber und Uwe Wystup von Garantiekosten in Höhe von 0,48 Prozentpunkten jährlich aus. Eine andere Studie der Frankfurt School of Finance & Management kommt zu dem Ergebnis, dass die Garantie bei Garantiefonds mehr als die Hälfte der Rendite aufzehren kann. Und in der Vergangenheit konnte man in verschiedenen Aktienmärkten weltweit beobachten, dass Aktien gegenüber schwankungsärmeren Anlageformen im Durchschnitt etwa 4 Prozentpunkte jährlich mehr Rendite erwirtschaftet haben. Pro 10 von 100 Euro, die nicht in Aktien, sondern in schwankungsärmere Anlageformen fließen, reduziert sich die zu erwartende Rendite daher um 0,4 Prozentpunkte pro Jahr. Das macht dann bei 90 Prozent Aktienquote Garantiekosten über 0,4 Prozentpunkte und bei einer Aktienquote von 80 Prozent schon 0,8 Prozentpunkte aus. Ein weiterer Ansatz: Zieht man die Preise für sogenannte »crash puts« (eine Versicherung gegen starke Kursverluste) und eine durchschnittliche Aktienquote von unter 90 Prozent ins Kalkül, dürften die Garantiekosten leicht 0,70 Prozentpunkte überschreiten. Die von uns angesetzten 0,60 Prozentpunkte sind daher nicht unrealistisch. Bereits an diesem Schwellenwert kippt das Ergebnis zugunsten der Aktienindexfonds. Was risikofreudige Anleger wie Jan zusätzlich an den Riester-Fonds stören dürfte, ist, dass sich viele Fondssparpläne mit zunehmendem Alter des Sparers aus der Aktienanlage verabschieden, was grundsätzlich auf die Rendite drückt. Außerdem wird bei Renteneintritt ein Teil des Kapitals in eine Rentenversicherung angelegt, welche die Rentenauszahlung dann übernimmt, wenn der Anleger älter als 85 Jahre wird. Das heißt, auch bei Riester-Fonds läuft spätestens bei Rentenbeginn wieder die Wette auf ein langes Leben mit.

Unser aktienfreudiger Anleger Jan überlegt sich daraufhin nochmals seine Handlungsoptionen:

1. Er entscheidet sich für Riester-geförderte Fondssparpläne und reduziert die Ausgabeaufschläge, indem er den Rabatt nutzt, den Direktvermittler einräumen. Immerhin steigert das die Rente in unserem Beispiel um bis zu 30 Euro monatlich.

2. Er nimmt die Riester-Förderung mit, schwenkt allerdings in die kostengünstigeren Varianten um: Banksparpläne oder Darlehenstilgung. Eine zusätzliche, ungeförderte private Vorsorge

fließt in Aktienindexfonds. Eine private Altersvorsorge allein mit der Riester-Förderung wird ohnehin die Versorgungslücke im Alter nicht vollständig schließen.

3. Er verzichtet ganz auf die Förderung und hofft, aufgrund der Kostenvorteile mit Aktienindexfonds eine zumindest ebenso hohe Rente aufbauen zu können.

Bei der Abwägung dieser Optionen spielt natürlich die Förderquote und der individuelle Steuersatz im Alter eine große Rolle. Ist die Förderquote sehr hoch und der Steuersatz im Alter niedrig, haben Riester-Fonds auf jeden Fall die Nase vorn.

Option eins wird eher nur Anleger ansprechen, die mit Internet-Banking versiert umgehen können und denen es nichts ausmacht, dass die Riester-Fonds in der Regel mit zunehmendem Alter die Aktienquote reduzieren. Wer seine Altersvorsorge ohnehin nicht ausschließlich auf wertschwankungsanfällige Aktien aufbauen will, dürfte sich für Variante zwei entscheiden. Wem eine Kapitalerhaltgarantie nicht so wichtig ist und wer lieber die Chancen der Aktienmärkte ohne Abstriche nutzen will, dürfte mit Handlungsalternative drei am besten beraten sein.

Links günstiger Direktvermittler mit mehreren Riester-Fondssparplänen im Angebot (zu günstigen Sparplananbietern von Indexfonds vgl. S. 160):

www.fondsvermittlung.de

www.avl-investmentfonds.de

www.fonds-sparkauf.de

www.fonds4you.de

www.fondsrabatt-mainz.de

www.trigonus.de

Wohn-Riester – zu bürokratisch?

Irrtum: *Wohn-Riester ist ein bürokratisches Monster und deshalb nicht attraktiv.*

Richtig ist: *Für den Anleger ist Wohn-Riester nicht büro-kratischer als andere Riester-Verträge – und für viele mit Abstand die attraktivste Variante.*

Das Eigenheimrentengesetz wurde im Sommer 2008 verabschiedet und gilt rückwirkend zum 1. Januar 2008. Für viele Bürger spielt Wohneigentum eine wichtige Rolle bei der Altersversorgung. Dem wollte der Gesetzgeber gerecht werden. Die Entschuldung von Eigenheimbesitzern wird nun genauso gefördert wie die Vermögensbildung mit Sparverträgen. Das ist von großem Vorteil für alle, die ein Eigenheim erwerben wollen oder noch vorhaben, dies zu tun. Sie müssen zukünftig nicht mehr zwei Ziele gleichzeitig verfolgen – nämlich den Schuldenabbau *und* die private Altersvorsorge –, sondern können sich voll auf die Schuldentilgung konzentrieren und erhalten trotzdem die volle Förderung der Riester-Rente, im Idealfall in Form einer jährlichen zusätzlichen Tilgung auf das Darlehenskonto.

Warum die Darlehenstilgung mit Wohn-Riester so attraktiv ist, zeigen wir an folgendem Beispiel: Die Familie Gscheidle hat zwei Kinder und erwirbt eine Wohnung im Großraum Stuttgart. Vater und Mutter sind jeweils 35 Jahre alt, der Sohn ist 2005 geboren, die Tochter 2008. Zur Finanzierung des Kaufpreises soll ein Darlehen von über 100 000 Euro aufgenommen werden. Der Zinssatz dafür beträgt 5 Prozent, die Kreditrate 600 Euro monatlich. Familie Gscheidle kann nun Folgendes tun: Entweder sie entscheidet sich dafür, für die ohnehin zu leistenden Kreditraten die Zulage zu beantragen, um mit dieser die Tilgung zu erhöhen, oder sie nutzt die Zulage als zusätzlichen Sparvertrag. Nachfolgende Tabelle zeigt den Vorteil der direkten Tilgung des Darlehens durch Zulagen:

Wohn-Riester: Darlehenstilgung mit Zulagen

**Ehepaar mit zwei Kindern und 35 000 € Bruttoeinkommen;
Darlehen 120 000 €, Darlehenszins 5 %, 2 % anfängliche Tilgung**

Monatliche Kreditrate	600 €
Monatliche Belastung aus Riester-Sparvertrag	keine, da die Tilgung berechtigt, Zulagen zu erhalten
Zusätzliche Tilgung durch Riester-Förderung – aufgrund der Zulagen – aufgrund der Steuervorteile	18 200 € 3 360 €
Zinsersparnis, weil durch die gewährte Förderung der Kredit schneller abbezahlt werden kann	33 000 €
Jahre bis zur Schuldenfreiheit ohne Wohn-Riester	36
Jahre bis zur Schuldenfreiheit mit Wohn-Riester	29
Steuerlast bei Rentenbeginn aufgrund der Riester-Förderung bei einem Steuersatz von 20 %	monatlich 50 €

Familie Gscheidle ist sieben Jahre früher schuldenfrei, wenn sie die Zulagen und Steuerersparnisse als jährliche zusätzliche Tilgung einsetzt. Dadurch beläuft sich die Zinsersparnis auf rund 33 000 Euro. Da Rentenversicherungen und Banksparpläne derzeit nach Kosten kaum mehr als 4 Prozent bringen, sind die Zulagen und Steuervorteile auf dem Darlehenskonto besser aufgehoben – schließlich sorgen sie dort für eine Zinsersparnis von 5 Prozent.

Das Beispiel zeigt auch: Die vielgescholtene fiktive Versteuerung des in der Förderung gebundenen Kapitals wird bei weitem überschätzt. Die Steuerlast von 50 Euro ist bereits finanzierbar, wenn Familie Gscheidle den einen oder anderen Sonntagsbrunch in der eigenen Wohnung zu sich nimmt statt auswärts im Restaurant. Außerdem können die Gscheidles die neue finanzielle Freiheit nach Tilgung der Schulden – immerhin sind plötzlich 600

Euro monatlich übrig – voll nutzen, um noch zusätzliches Kapital von rund 22 000 Euro aufzubauen.

Die Steuerlast von 50 Euro errechnet sich übrigens wie folgt: Jegliche Form der Riester-Rente wird im Rentenalter versteuert. Die Riester-Rente setzt sich aus den eigenen Einzahlungen, aus den Zulagen und aus den Erträgen in der Ansparphase zusammen. Die Erträge hängen von der jeweiligen Anlageform ab. Beim Wohn-Riester allerdings wird nicht die tatsächliche Wertsteigerung der Immobilie herangezogen, weil das viel zu kompliziert zu errechnen wäre. Stattdessen wird unterstellt, dass die Erträge des geförderten Wohneigentums pauschal 2 Prozent pro Jahr betragen, bezogen auf die geleisteten Eigenbeiträge und Zulagen. Viel zu bürokratisch erscheint nun auf den ersten Blick, dass ein fiktives Förderkonto angelegt wird, um die Wertentwicklung von Eigenbeitrag und Zulagen inklusive pauschaler Zinsen zu berechnen. Das ist allerdings nicht bürokratischer als irgendein Sparkonto, sondern sogar einfacher, da der Zinssatz die ganze Zeit über konstante 2 Prozent beträgt. Auf diesem fiktiven Wohnförderkonto sammelt sich in den nächsten 32 Jahren bis Rentenbeginn von Herrn und Frau Gscheidle, geplant mit 67 Jahren, ein fiktives Kapital an, in unserem Fall immerhin 53 000 Euro – eben die Summe der geleisteten Eigenbeiträge und Zulagen inklusive der 2 Prozent Zinsen jährlich. Diese Summe wird nun durch 216 geteilt (216 deshalb, weil zwischen Rentenbeginn und dem 85. Lebensjahr noch 216 Monate liegen). Das macht rund 250 Euro fiktive Rente monatlich. Diese wird dem sonstigen Alterseinkommen der Gscheidles als steuerpflichtiges Einkommen hinzugefügt. Bei einem Steuersatz von 20 Prozent macht das 50 Euro Steuerbelastung. Selbst bei einem Spitzensteuersatz im Alter bleibt die Belastung für Familie Gscheidle unter 100 Euro.

Abgesehen davon, dass unsere Familie schneller schuldenfrei ist, hat ein Wohn-Riester-Darlehenstilgen sogar noch drei dicke Vorteile gegenüber anderen Riester-Varianten:

1. Weil nur die fiktiven Erträge von 2 Prozent angesetzt werden, ergibt sich ein zusätzlicher Förderbonus. Denn Familie Gscheidle spart ja tatsächlich 5 Prozent Darlehenszinsen ein. Die tatsächliche Rendite ist also 5 Prozent, nicht die besteuerten 2 Prozent. Dadurch wird rund die Hälfte der tatsächlichen Erträge bei der

Berechnung der Steuerlast bei Rentenbeginn nicht erfasst. Berücksichtigte man hingegen die tatsächlichen Erträge, müsste die Familie etwa die Hälfte mehr an Steuern bezahlen, im Beispiel also 75 statt 50 Euro monatlich.

2. Die Wette auf ein langes Leben entfällt hier ersatzlos, denn das Produkt kommt gänzlich ohne Rentenversicherung aus. Der Fördereffekt kommt also in jedem Fall voll dem Sparer und seinen eventuellen Erben zugute.

3. Die Chancen stehen gut, dass der Fördereffekt nicht durch hohe Vertragskosten wieder aufgezehrt wird, sondern nahezu ohne Abstriche an den Anleger geht. Dies hängt nur davon ab, welche Tilgungsverträge die Finanzindustrie anbietet und wie hoch die Verwaltungskosten des Wohnförderkontos sein werden.

Diese Vorteile machen diese Variante der Förderung nicht nur theoretisch unschlagbar gegenüber den Alternativen. Interessierte sollten daher die Berichterstattung in Testzeitschriften zum Thema im Auge behalten. Achtung: Auch die Entschuldung bei Rentenbeginn durch die Auflösung eines herkömmlichen Riester-Sparvertrags wird im Rahmen von Wohn-Riester gefördert. Von diesem Weg raten wir aber ausdrücklich ab, denn die Rendite eines Sparvertrages dürfte immer unter dem Zins für ein Darlehen liegen.

Freilich: So attraktiv die Tilgung mit Wohn-Riester auf dem Papier auch ist, sie sollte nicht davon ablenken, dass Sparer, die Wohneigentum erwerben wollen, erst einmal eine ausreichend hohe Eigenkapitalbasis haben sollten. Und die Darlehenskonditionen sollten im Zweifel Vorrang vor der Frage haben, ob der Anbieter auch ein förderfähiges Darlehen anbietet. Schließlich soll Wohn-Riester die Entscheidung zum Thema Kaufen oder Mieten keinesfalls beeinflussen, denn diese Frage hängt nun mal von vielen anderen Faktoren ab (siehe S. 121).

Um auch die letzten Fragezeichen auszuräumen: Sollten Sie Ihr Eigenheim verkaufen wollen, übertragen Sie einfach das gesamte Förderkapital aus dem Verkaufserlös in einen neuen Riester-Vertrag, oder Sie setzen es erneut als Eigenkapital für eine selbstgenutzte Immobilie ein. Wenn Sie beruflich bedingt umziehen müssen oder mit dem Verkauf unsicher sind, können Sie das Objekt auch vorübergehend vermieten. Flexibilität ist damit auch beim Wohn-Riester garantiert.

Link:

www.verbraucherzentrale.de (Anlaufstelle für Fragen, sobald erste förderfähige Produkte im Rahmen von Wohn-Riester angeboten werden)

Riester-Verträge – Treue bis in den Tod?

Irrtum: *Einen Riester-Vertrag sollte man auf keinen Fall kündigen.*

Richtig ist: *Besser manchmal ein Ende mit Schrecken als ein Schrecken ohne Ende.*

Immer wieder wird bei den Verbraucherzentralen nachgefragt, ob ein Riester-Vertrag mit einer überdurchschnittlichen Kostenbelastung besser durchgezogen oder gekündigt werden sollte. Die Kostenbelastung eines Riester-Vertrags – Sie wissen es bereits – entscheidet tatsächlich wesentlich über die Rendite und damit über die Höhe der späteren Rente.

Wie hoch dürfen die Kosten eigentlich sein? Der Gesetzgeber hält mit der entscheidenden Auskunft hinterm Berg: Auf eine Anfrage einiger Bundestagsabgeordneter, ob die Angemessenheit des Kostenteils der Riester-Rente einer öffentlichen Kontrolle unterliege, antwortet die Bundesregierung: »Die Angemessenheit des Kostenanteils wird weder im Rahmen des Zertifizierungsverfahrens noch von der zuständigen Ordnungswidrigkeitenbehörde formal geprüft.« Ach so ...

Wer einen Riester-Vertrag kündigt, etwa weil die Kostenbelastung zu hoch ist, muss die Förderung zurückzahlen. Zudem müssen die Erträge nachträglich versteuert werden. Diese Nachteile kann man nur umgehen, wenn man das angesparte Guthaben in einen neuen Riester-Vertrag überträgt. Ob Sie dabei den Anbieter wechseln, spielt keine Rolle.

In der Praxis schrecken viele Sparer vor einer Kündigung eines
Riester-Vertrags zurück. Aber bei ungünstigen Verträgen türmen
sich im Laufe der Jahre die finanziellen Nachteile. Da ist es besser,
zu kündigen, als einen solchen Vertrag fortzuführen.

Wer bislang, wie viele Riester-Sparer, eine Rentenversicherung
abgeschlossen hat, die in Testberichten eher schlecht wegkommt,
sollte durchaus in Erwägung ziehen, in eine Rentenversicherung
bei einem günstigen Anbieter oder in einen günstigen Banksparplan zu wechseln – selbst wenn dabei ein paar hundert Euro unwiederbringlich verloren sind, weil man die bezahlten Abschlusskosten nun mal bei einer Kündigung nicht zurückerhält und der
Restbetrag auch noch mit Stornokosten belastet wird:

Bei welchem Renditeunterschied lohnt es sich, den Riester-Anbieter zu wechseln, wenn bei der Vertragskündigung ein Verlust in Höhe von 1000 Euro (Abschlusskosten und/oder Stornokosten) entsteht?	
Alter des Sparers und Förderquote (Bei-spiele)	Erforderliche Mehrrendite pro Jahr
30 Jahre, Förderquote 40 %	> 0,1 %
50 Jahre, Förderquote 30 %	> 0,2 %
60 Jahre, Förderquote 30 %	> 0,7 %
Annahmen: Einzahlungen jeweils in Höhe der Maximalbeiträge, angenommene Grundverzinsung nach Kosten 4 Prozent; Rentenbeginn 65 Jahre; Mehrrendite des neuen Vertrags auch in Renten-bezugsphase erzielbar	

Anleger unterschätzen häufig die Wirkung von selbst geringen
Unterschieden im Zinssatz auf die spätere Rentenhöhe. Bei ei-
nem 30-Jährigen, der im Beispielfall auf eine Förderquote von 40
Prozent kommt, lohnt es sich, bei Kündigung des Vertrags einen
Stornoverlust über 1000 Euro in Kauf zu nehmen, selbst wenn der
neue Vertrag dauerhaft nur 0,1 Prozent mehr Zinsen anbietet.

Der Verlust kann langfristig leicht ausgeglichen werden, wenn
noch viele weitere Einzahlungen erfolgen und diese rentabler angelegt werden. Ist der Zeitraum bis Rentenbeginn kürzer, ist das

natürlich schwieriger. Doch selbst bei einem Vertrag, der nur fünf Jahre vor der Auszahlung steht, lohnt sich die Kündigung bereits, wenn die Mehrrendite 0,7 Prozent pro Jahr beträgt. Das gilt, wenn die in der Vergangenheit bereits gezahlten Abschlusskosten 1000 Euro betragen haben oder wenn in dieser Höhe Stornokosten anfallen, denn dieses Geld ist dann verloren. Bis Rentenbeginn wird der Verlust zwar noch nicht ausgeglichen sein, allerdings endet der Vertrag dann ja auch noch nicht. In der Rentenbezugsphase bliebe dann noch genug Zeit, um den Verlust durch Zusatzerträge wieder wettzumachen.

Sparer sollten sich durch Stornoverluste also nicht grundsätzlich davon abhalten lassen, in einen günstigeren Vertrag zu wechseln. Bei der Suche nach attraktiven Verträgen kann es äußerst hilfreich sein, Fachzeitschriften wie zum Beispiel *Finanztest* und *Ökotest* zu Rate zu ziehen oder sich von wirklich unabhängiger Seite beraten zu lassen.

Gibt es bei Riester einen Mindestbeitrag?

Irrtum: *Man muss jährlich einen Mindestbeitrag in die Riester-Rente einzahlen.*

Richtig ist: *Niemand ist dazu verpflichtet. Zulagen gibt es aber nur, wenn der Mindesteigenbeitrag bezahlt wurde.*

Für die Riester-Rente zahlt man freiwillig ein. Bei allen Vertragsformen sind Beitragspausen jederzeit möglich. Sollten Sie für einige Jahre selbständig sein und deswegen den Anspruch auf eine Förderung verlieren, lassen Sie den Vertrag einfach ruhen. Gleiches gilt, wenn Sie eine Weile knapp bei Kasse sind. Nachteilig ist das lediglich bei Rentenversicherungen, denn erstens werden die Abschlusskosten für die gesamte Vertragslaufzeit in den ersten fünf Jahren belastet, ob die Sparbeiträge nun eingezahlt werden oder nicht, zweitens ist eine Beitragsfreistellung hier oft mit Abzügen verbunden.

Der Staat gewährt Riester-Zulagen übrigens bereits dann, wenn

Sie mindestens 60 Euro jährlich einzahlen. Allerdings erhalten Sie die volle Zulage nur, wenn Sie den Mindesteigenbeitrag dafür entrichten. Dieser berechnet sich zum Beispiel für einen Single nach folgendem Schema:

Riester-Rente: Mindesteigenbeitrag für die volle Zulage	
Jahresbruttoeinkommen	30 000 €
4 % davon entsprechen	1200 €
abzüglich Grundzulage	154 €
abzüglich Kinderzulage 185 € für vor 2008 Geborene 300 € für seit 2008 Geborene	–
Mindesteigenbeitrag pro Jahr für die volle Förderung	1046 €

Wer weniger als den Mindesteigenbeitrag für die volle Förderung aufbringt, erhält die Zulage immerhin noch anteilig gutgeschrieben, sofern seine Einzahlung zumindest 60 Euro jährlich beträgt. Würde in dem obenstehenden Beispiel anstelle der 1046 Euro nur 500 Euro eingezahlt, erhält der Riester-Sparer rund die Hälfte der Zulagen.

Unser Extra-Tipp: Der Ehepartner eines Riester-Sparers, der kein sozialversicherungspflichtiges Einkommen hat, muss keinerlei Einzahlungen leisten und kann trotzdem die Zulagen erhalten, wenn er einen sogenannten reinen Zulagenvertrag abschließt. Diese Verträge sind in der Regel nur bei demselben Anbieter erhältlich, bei dem auch der einzahlende Ehepartner den Vertrag eingerichtet hat.

Link:

www.deutsche-rentenversicherung-bund.de (Unter »Rente/Riester-Rente/Ansprüche berechnen« finden Sie einen Zulagenrechner, der den Mindesteigenbeitrag für die volle Förderung ausrechnet.)

Ohne Antrag gibt es gar nichts

Irrtum: *»Die Zulagen für die Riester-Rente werden meinem Vertrag automatisch gutgeschrieben.«*

Richtig ist: *Millionen Euro werden jährlich verschenkt, weil Sparer vergessen, ihre Zulagen zu beantragen oder zu wenig in den Vertrag einzahlen.*

Es ist erstaunlich: Da verteilt der Staat schon mal großzügig Geschenke, und dann werden sie nicht abgeholt. Die Grundzulage bei Riester-Verträgen beträgt jährlich 154 Euro je Sparer, die Kinderzulage 300 Euro je Kind, sofern es nach dem 1. Januar 2008 geboren wurde, sonst immerhin 185 Euro – jährlich. Aber viele, die bereits einen Riester-Vertrag abgeschlossen haben, versäumen es, die Zulagen zu beantragen. Dabei haben Riester-Sparer sogar zwei Jahre Zeit, die Förderung abzurufen. Die jüngste Statistik der Zentralen Zulagenstelle für Altersvermögen stammt vom Herbst 2007. Zu diesem Zeitpunkt hatte jeder vierte Riester-Sparer die Zulagen für das Jahr 2005 noch nicht beantragt. Die Frist, die Zulage für 2005 abzurufen, ist mit Ablauf des 31. Dezember 2007 verstrichen.

Über die Gründe für den Verzicht auf die Zulagen kann man nur spekulieren. Vermutlich kommen mehrere Umstände zusammen. Erstens sind viele Menschen froh, wenn sie mit der Unterzeichnung des Riester-Vertrags endlich einen Haken hinter das Stichwort »Altersvorsorge« gemacht haben. Das Thema wird vorschnell als erledigt betrachtet, der Papierkram ungelesen abgeheftet. Zweitens trägt bisweilen unzureichende Beratung ihren Anteil daran. Wenn Sie die Zulagen einstreichen wollen, sind Sie oft sich selbst überlassen. Dabei ist es gar nicht schwer. Wir sagen Ihnen, was Sie dazu brauchen:

- den Zulagenantrag des Anbieters Ihrer Riester-Rente,
- die »Meldung zur Sozialversicherung« Ihres Arbeitgebers aus dem Vorjahr nebst Sozialversicherungsnummer,
- Ihre Steuernummer und das für Sie zuständige Finanzamt (steht im Einkommensteuerbescheid) sowie
- für die Kinderzulage Familienkasse und Kindergeldnummer.

Wer den Zulagenantrag einmal ausgefüllt und an den Anbieter zurückgesandt hat, muss ihn im Folgejahr nicht noch mal ausfüllen, wenn er sich im Antrag für die Option »Dauerzulagenantrag« entscheidet.

Achtung: Wer Nachwuchs bekommen hat, sollte dies dem Anbieter natürlich mitteilen, damit er auch die Kinderzulage erhält.

Ohne Papierkram kein Steuervorteil

Irrtum: *Die Steuervorteile der Riester-Rente werden vom Finanzamt automatisch ausgezahlt.*

Richtig ist: *Wer sich Steuervorteile erhofft, sollte der Steuererklärung die »Bescheinigung für das Finanzamt« des Anbieters beilegen, und zwar Jahr für Jahr.*

Es könnte so einfach sein: Die Zulagenstelle könnte den Finanzämtern automatisch mitteilen, welcher Betrag auf einen Riester-Vertrag eingezahlt wurde, damit dieser automatisch in der Steuererklärung berücksichtigt würde. Wäre die geförderte Altersvorsorge so einfach, würden sich bestimmt noch mehr Menschen dafür interessieren.

Aber Sie merken schon: Könnte, wäre, würde – so weit sind wir leider noch nicht. Was das angeht, leben wir noch im Zeitalter des Konjunktivs.

So bleibt es dem Riester-Sparer nicht erspart, der Steuererklärung jedes Jahres die »Bescheinigung für das Finanzamt« des Anbieters beizulegen. Einen Dauersteuererstattungsantrag gibt es leider nicht. Warum? Wenn's ums Finanzamt geht, nie »Warum« fragen.

Jedenfalls prüft das Finanzamt dann, ob zusätzlich zur Zulage ein Steuervorteil gewährt wird. Der Steuervorteil errechnet sich wie folgt:

Riester-Rente: Ermittlung der Steuerermäßigung durch Sonderausgabenabzug	
Jahresbruttoeinkommen	30 000 €
Mindestbeitrag für die volle Zulage (4 Prozent vom Jahresbruttoeinkommen)	4 % von 30 000 € = 1200 €
Rechnerische Steuerermäßigung bei z. B. 30 Prozent Grenzsteuersatz aufgrund des Sonderausgabenabzugs	30 % von 1200 € = 360 €
Bereits gutgeschriebene Zulagen	154 €
Tatsächliche Steuerermäßigung (nach Verrechnung mit Zulagen)	360 € –154 € = 206 €

Die Einzahlungen und Zulagen werden als Sonderausgaben in der Steuererklärung angegeben. Die Einzahlungen in die Riester-Rente sowie die Zulagen reduzieren das zu versteuernde Einkommen im Beispiel um 1200 Euro. Die Steuerlast verringert sich dadurch rechnerisch um 360 Euro, wobei die gutgeschriebenen Zulagen davon noch abgezogen werden. Die Differenz, 206 Euro, erscheint dann als »Steuerermäßigung wegen berücksichtigter Altersvorsorgebeiträge« in der jährlichen Steuererklärung.

Unser Extratipp: Zahlt ein Ehepartner Beiträge in die Riester-Rente ein, obwohl er selbst nur einen sogenannten reinen Zulagenvertrag hat, können dessen Einzahlungen steuerlich beim förderfähigen Ehepartner als Sonderausgaben geltend gemacht werden. Das kann zusätzliche Steuervorteile bringen.

Links:
www.steuertipps.de
www.finanzamt.de (Portal der Finanzämter, Auskünfte zu steuerrechtlichen Fragen, auch zur Riester-Rente)

Rürup für Selbständige?

Irrtum: *Die Rürup-Rente ist eine ideale Altersvorsorge für Selbständige.*

Richtig ist: *Die Rürup-Rente hat mehr Haken als eine Angelschnur.*

Die Rürup-Rente geht auf den Ökonomen und Wirtschaftsweisen Professor Bert Rürup zurück. Sie wird auch als Basisrente bezeichnet, seit dem Jahr 2005 angeboten und steuerlich gefördert. Die Hauptzielgruppe sind Selbständige – Arbeitnehmer verfügen schließlich schon mit der gesetzlichen Rentenversicherung über eine Basisabsicherung.

Wer sich auf eine Rürup-Rente einlässt, der sollte wissen, dass er die vollständige Kontrolle über sein eingezahltes Geld verliert. In der Tat handelt es sich um die »reinste« Altersvorsorge, die am Markt verfügbar ist. Denn außer für das Alter vorzusorgen, bietet die Rürup-Rente rein gar nichts. Sie kann nicht vererbt werden, und sie kann auch nicht beliehen werden, zum Beispiel als Sicherheit für eine Immobilie. Sie ist auch nicht veräußerbar. Das einmal angelegte Kapital kann niemals wieder abgerufen werden.

Vor diesem Hintergrund bezeichnet der Finanzexperte Volker Loomann die Rürup-Rente in seiner hervorragenden *FAZ*-Kolumne »Die Vermögensfrage« sogar als »Knebelvertrag«. Im Prinzip sind die Produktmerkmale aber nicht anders als bei der gesetzlichen Rentenversicherung ausgestaltet, bis auf den Umstand, dass diese Rente nicht umlagefinanziert ist, also nicht von den Beiträgen der Jüngeren zur Rentenversicherung abhängt, sondern von den Erträgen des eingesetzten Kapitals.

Werfen wir mal einen Blick auf die Steuervorteile dieser Vorsorge: Wer in einen Rürup-Vertrag einzahlt, kann im Jahr 2009 bis zu 20 000 Euro zu 68 Prozent steuerlich als Sonderausgaben geltend machen. Für Ehepaare gilt das Doppelte. In den Folgejahren steigt die Abzugsfähigkeit um 2 Prozentpunkte pro Jahr bis auf 100 Prozent im Jahr 2025. Aber diesen Steuervorteil gibt es nicht zum Nulltarif: Wenn später die Rürup-Rente ausgezahlt wird, hält der Finanzminister die Hand auf. Zunächst sind im Jahr 2009 58 Prozent der Rente mit dem persönlichen Steuersatz zu versteuern; wer in diesem Jahr erstmals eine Rürup-Rente bezieht, für den gilt diese Quote sein ganzes Leben lang. Wer erst später erstmals Rürup-Rente bezieht, für den erhöht sich die Quote: In den Folgejahren werden es bis 2020 Jahr für Jahr jeweils 2 Prozentpunkte mehr. Danach steigt der zu versteuernde Anteil um einen Prozentpunkt pro Jahr, bis dann 2040 100 Prozent erreicht werden. Wer sich also im Jahr 2040 erstmals eine Rente aus einem Rürup-Vertrag auszahlen lässt, muss diese Rente voll mit seinem persönlichen Steuersatz versteuern.

Die Rürup-Förderung besteht also darin, von den Sparbeträgen zunächst weniger und ab 2040 gar keine Einkommensteuer abzuziehen. Die andere Seite der Medaille: Ähnlich wie bei der Riester-Förderung bezahlt man später durchaus Steuern, nämlich wenn man die Rente bezieht. Die Steuerzahlungen entfallen also nicht, wie vielfach in der Werbung suggeriert wird, sie verschieben sich lediglich in die Zukunft: Man spricht von einer nachgelagerten Besteuerung.

Dem Sparer bleibt also immerhin ein Zinsvorteil. Allerdings fällt die steuerliche Förderung in bestimmten Fällen sehr mager aus – oder entfällt sogar ganz. Die Geburtsjahrgänge ab 1973 nämlich können nur einen Teil der Einzahlungen steuerfrei leisten, während sie sämtliche Auszahlungen voll versteuern müssen.

Glaubt man diversen Fachzeitschriften, dann soll ein älterer Selbständiger mit Spitzenverdienst von der Rürup-Rente am meisten profitieren. Wir haben uns die Konditionen guter Angebote angesehen und nachgerechnet. Die üblichen Geldanlagekriterien sind Rendite, Risiko und Verfügbarkeit. Nur die Gesamtbetrachtung dieser drei Kriterien lässt eine Beurteilung einer Geldanlage zu. Bei der Rürup-Rente wird die Rendite auch von der Lebenserwartung und den Steuersätzen vor und nach Rentenbeginn bestimmt.

Lässt sich die Verzinsung des Versicherungsvertrags noch halbwegs vorausahnen, so sind Lebenserwartung und Steuersätze hingegen nicht vorhersehbar.

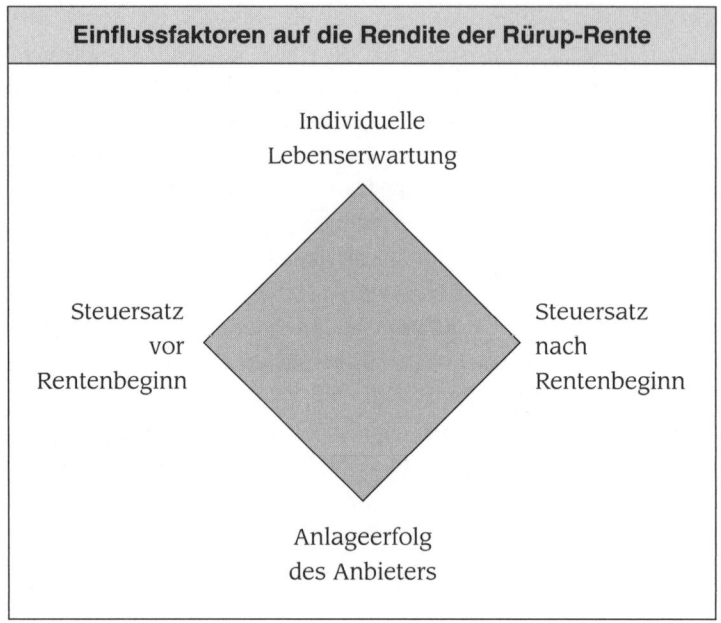

Einflussfaktoren auf die Rendite der Rürup-Rente

Individuelle
Lebenserwartung

Steuersatz
vor
Rentenbeginn

Steuersatz
nach
Rentenbeginn

Anlageerfolg
des Anbieters

Wie bei jeder Rentenversicherung ist die Lebenserwartung eine wichtige Einflussgröße. Je älter der Sparer wird, desto mehr profitiert er natürlich auch von einem Vertrag wie dem Rürup-Angebot. Ferner ist entscheidend, wie erfolgreich und kostengünstig die Versicherung das Kapital anlegt. Aktuell sind vor allem klassische und fondsgebundene Rentenversicherungen mit allen bereits angeführten Problemen in solchen Angeboten enthalten. (Fondssparpläne werden erst vereinzelt angeboten.) Und schließlich hängt der steuerliche Kick davon ab, dass die Steuererstattungen in der Einzahlungsphase größer sind als die Steuerzahlungen nach Rentenbeginn.

Widmen wir uns also dem vermeintlichen Idealkunden einer Rürup-Rente. Rüdiger Reichlich ist 60 Jahre alt, selbständig und möchte in fünf Jahren in den wohlverdienten Ruhestand eintreten. Die nachfolgende Tabelle zeigt die Wirkung der verschiedenen Einflussfaktoren auf die Rendite der Rürup-Rente:

Lohnt sich die Rürup-Rente für Selbständige?
Sechs unterschiedliche Fälle

	Grenz-steuersatz bis Renten-beginn	Grenz-steuersatz Renten-beginn	Lebens-erwartung in Jahren	Rendite: garantierte Höhe und Prognose
Ausgangssituation: 60-jähriger Mann	42 %	30 %	89	2,8 %; 5,3 %
1. Keine Steuern im Alter	42 %	0 %	89	5,1 %; 7,8 %
2. Konstanter Steuersatz im Alter	42 %	42 %	89	1,8 %; 4,2 %
3. Früher Tod (mit 75 Jahren)	42 %	30 %	75	−4,7 %; −1,1 %
4. Durchschnitts-lebenserwartung 65-jähriger Männer lt. Sterbetafel Statistisches Bundesamt: 83 Jahre	42 %	30 %	83	1,1 %; 3,9 %
5. Später Tod (mit 95 Jahren)	42 %	30 %	95	3,8 %; 6,0 %

In der Ausgangssituation profitiert Rüdiger Reichlich von relativ großen Steuervorteilen, da er im Erwerbsleben einem Steuersatz von 42 Prozent unterliegt und die spätere Rente nur mit 30 Prozent besteuert wird. Außerdem hofft Rüdiger auf ein langes Leben und ist guten Mutes, 89 Jahre alt zu werden. Damit bewegt sich die Rendite zwischen 2,8 und 5,3 Prozent, legt man jeweils die angebotene garantierte Mindestrente beziehungsweise die von optimistischeren Annahmen ausgehende prognostizierte Überschussrente zugrunde.

Wie die Versteuerung im Alter das Ergebnis beeinflusst, zeigen Varianten 1 und 2. Welche Besteuerungen für Rüdiger realistisch sind, sollte sein Steuerberater ihm mitteilen können. Viel gravierender ist aber noch der Einfluss der Lebenserwartung, da die Rente lebenslang gezahlt wird. Das zeigen die Varianten 3 bis 5. Vor diesem Hintergrund titelte *Ökotest* in einem Testbericht zur Rürup-Rente unlängst makaber, aber passend: »Stirb langsam«. Tatsächlich kalkulieren die Versicherer in ihren aktuellen Tarifen für einen 65-jährigen Mann eine Lebenserwartung von rund 89 Jahren ein, bei einer gleichaltrigen Frau rechnen sie mit etwa 93 Jahren. Das ist durchaus optimistisch gedacht, liegt doch die durchschnittliche Lebenserwartung für 65-jährige Männer nach den Prognosen des Statistischen Bundesamtes bei etwa 83 Jahren, auch wenn diese in Zukunft weiter ansteigen dürfte.

Negative Renditen bedeuten, dass Sparer weniger herausbekommen, als sie einbezahlt haben. Sogar aus den Musterrechnungen, die den Vertragsangeboten beigefügt werden, ist bisweilen zu ersehen, dass Sparer unter bestimmten Bedingungen im Endeffekt weniger herausbekommen, als sie einbezahlt haben. »Rechnen denn die Anbieter damit, dass ihre potentiellen Kunden nicht nachrechnen?«, fragen Sie sich jetzt. Sie fragen zu Recht.

Renditen unterhalb der Preissteigerungsrate (im historischen Mittel 2 bis 3 Prozent) sind ebenfalls nicht zufriedenstellend, denn warum sollte man Geld anlegen, wenn man sich dafür später sogar weniger kaufen kann als heute?

Für Selbständige ist die Rürup-Rente also nur im Einzelfall interessant. Um sich die Entscheidung zu erleichtern, können Sie folgende Checkliste heranziehen. Achtung: Wer nur eine dieser Fragen verneint, für den ist eine Rürup-Rente eher keine ideale Altersvorsorge:

1. Gelangt Ihr Steuerberater zu dem Schluss, dass steuerliche Vorteile für Sie überhaupt zum Tragen kommen? (Selbständige, die nur geringe Einkünfte haben, profitieren zum Beispiel kaum von den Steuervorteilen.)
2. Wollen Sie die Mittel für eine reine Altersrente verwenden? (Oder wollen Sie sich die Option offenhalten, das Geld auch für andere Zwecke zu verwenden, zum Beispiel für den Erwerb oder den altersgerechten Umbau einer Wohnung?)
3. Ist es Ihnen nicht wichtig, Vermögen für die Erben zu erhalten? (Bei der Rürup-Rente ist dies ausgeschlossen.)
4. Haben Sie Vertrauen in den Kapitalanlageerfolg des Anbieters?

Links:

www.vorsorgedurchblick.de (Informationen des Verbraucherzentrale-Bundesverbands)

www.oekotest.de (Test Rürup-Renten 8/2008)

www.finanztest.de (Tests von Rürup-Produkten)

www.bundesfinanzministerium.de (Stichwortsuche »Rürup-Rente« für Details zur steuerlichen Behandlung)

www.bstbk.de (Bundessteuerberaterkammer mit Suchdienst nach Steuerberatern)

www.rentenanzeiger.de (Rechenwerkzeuge)

KAPITALANLAGEBETRUG UND ANDERE REINFÄLLE

Anlagebetrüger leicht durchschaubar?

Irrtum: *Geldanlagebetrüger erkennt man immer an unrealistisch hohen Renditeversprechen.*

Richtig ist: *Die Tricks variieren. Das Risiko, auf unseriöse Geldanlageangebote hereinzufallen, ist allgegenwärtig.*

Ein Kunde betritt das Büro seiner Anlagefirma:»Kann ich bitte mal den Chef sprechen?«»Leider nicht«, erwidert die Sekretärin.»Der musste mal eben zum Gericht.«»Wann kommt er denn wieder?«»Der Prokurist meint, so in ein bis zwei Jahren.« Dem Anleger schwant nichts Gutes:»Heißt das, mein ganzes Geld ist weg?«»Aber nein, das ist nicht weg«, lautet die Antwort.»Es gehört jetzt nur einem anderen!«

Etwa jedem Siebten wird es einmal in seinem Leben passieren – dass seine investierten Gelder veruntreut werden. Ihnen nicht? Na, dann ist ja alles gut! Übrigens: Ob man betrogen werden kann oder nicht, hat nichts mit Bildung oder Status zu tun. Unter den Opfern von Kapitalanlagebetrügern sind auch Ärzte, Psychologen oder Rechtsanwälte ... Nach Schätzungen von Anlegerschützern versickern auf diese Weise jedes Jahr rund 20 bis 30 Milliarden Euro. »Rund 500 000 Anleger wurden 2007 Opfer krimineller Anbieter«, so Volker Pietsch vom Deutschen Institut für Anlegerschutz (DIAS). Dieser Tage seien Altersvorsorge und Abgeltungsteuer Schlagworte, mit denen Abzocker verstärkt auf Kundenfang gehen.

Aber die Tricks der Anbieter ändern sich immer wieder. So bekam man lange Zeit eingebläut, dass zweistellige Renditeversprechen unseriös seien. Prompt warben unseriöse Anbieter mit immer noch hohen, aber nur mehr einstelligen Renditen.

Nur ein Fall von vielen: »Kein Kursrisiko, lukrative Rendite, keine Kosten ...«, so warb die Wohnungsbaugesellschaft Leipzig-West AG in Prospekten und Werbebeilagen für Inhaberschuldverschreibungen. Jahrelang wurden auch Kleinanleger mit Zinsen zwischen 5,5 und 7 Prozent zum Kauf von Inhaberschuldverschreibungen animiert. Am 19. Juni 2006 meldete die Gesellschaft dann Insolvenz an. Betroffen davon waren etwa 28 000 Anleger, die im Glauben an eine sichere und rentable Geldanlage ihr Vermögen in den Sand gesetzt hatten. Auf jeden Anleger kamen rund 10 000 Euro. Die Staatsanwaltschaft ermittelt in einem laufenden Verfahren wegen Untreue, Betrug und Insolvenzverschleppung. Anlegerschützer hatten schon lange vor dem Unternehmen gewarnt.

Wie Sie sich schützen können? Im Zweifel hilft eine Nachfrage bei der Verbraucherzentrale oder ein Blick auf unten angeführte Links. Jeder einzelne der folgenden Punkte ist ebenfalls ein Indiz für ein unseriöses Geldanlageangebot:

– Der Erstkontakt läuft über einen Telefonanruf. Kein seriöser Anbieter von Finanzdienstleistungen wird unaufgefordert telefonisch Kontakt mit Privatpersonen aufnehmen. Das ist wettbewerbsrechtlich gar nicht zulässig. Werden Verwandte oder Bekannte als Referenz genannt oder sprechen diese Sie sogar selbst wegen der Vereinbarung eines Beratungstermins an, ist das noch lange kein Beleg für eine seriöse Anfrage. Häufig werden ahnungslose, bereits selbst zum Opfer gewordene Kunden benutzt, um an neue Anleger heranzukommen.

– Unrealistisch hohe Renditeversprechen: Als Maßstab sollten Sie die aktuelle Verzinsung der Bundesanleihen oder Bundesobligationen nehmen. Diese erfahren Sie aus den Wirtschaftsteilen überregionaler Tageszeitungen und aus dem Internet (www. bundeswertpapiere.com). Wer eine höhere Rendite verspricht, kann das nur mit einem höherem Risiko erreichen. Ein Teil- oder Totalverlust Ihres Anlagebetrages lässt sich dann nicht ausschließen.

– Geschäfte zur Probe: Zum Einstieg wird Ihnen ein Geschäft mit minimalem Betrag angeboten. »Dann sehen Sie, dass wir keine leeren Versprechungen machen«, heißt es. Natürlich verläuft dieses Erstgeschäft immer positiv. Die »Gewinne« fließen dabei allerdings oft nicht aus tatsächlich erwirtschafteten Erträgen, sondern aus den Anlagegeldern anderer Neukunden. Wenn Sie dann Vertrauen gefasst haben und richtig einsteigen, werden Sie gnadenlos abgezockt. Es ist das gleiche Prinzip wie das sogenannte »Salzen« während des kalifornischen Goldrauschs Mitte des 19. Jahrhunderts: Damals streuten windige Geschäftemacher feine Goldkörnchen auf unergiebige Claims und forderten die Kaufinteressenten auf, den Sand einmal versuchsweise auszuwaschen.

- Ein weiteres Indiz: Der Anbieter oder Vertreter kann das Prinzip der Geldanlage für Sie nicht nachvollziehbar erklären.
- Sie werden unter Zeitdruck gesetzt – die Frist, um die angepriesenen Vorteile für sich zu nutzen, läuft angeblich in Kürze ab.
- Der Geschäftssitz des Anbieters klingt irgendwie exotisch. Mögliche gerichtliche Auseinandersetzungen können da ziemlich teuer werden, falls die Gauner im Ausland überhaupt greifbar sind.

Welche Geschäfte von unseriösen Anbietern gerne angeboten werden? Zum Beispiel geschlossene Fonds, über deren Tücken wir bereits gesprochen haben: Der Erwerber eines Anteils wird dabei Mitunternehmer, meist Kommanditist. Auch mit sogenannten atypisch stillen Beteiligungen versucht man Opfer anzulocken. Bricht die Firma zusammen, müssen Anleger oft sogar noch Geld nachschießen. Beliebt bei Kapitalanlagebetrügern sind auch Inhaber-Schuldverschreibungen: Hierbei handelt es sich um festverzinsliche Wertpapiere. Zinsen und Kapitalrückzahlung sind oft sehr unsicher.

Nicht jede dieser Anlagen ist automatisch unseriös. Und auch an sich seriöse Geldanlagen können durch Kostenregelungen zu Risikofaktoren werden. Dazu gehören hohe Vertriebsprovisionen und Gebühren für häufiges Umschichten des Kundendepots. Der Anbieter investiert zunächst in Wertpapiere, zum Beispiel in Aktien, Fonds oder Derivate. Durch häufiges Kaufen und Verkaufen streicht der Anbieter Gebühren ein, ohne dass diese Umschichtungen wirtschaftlich Sinn machen. Mit einer solchen »Gebührenreiterei«, neudeutsch »Churning«, sind schnell mal 50 Prozent und mehr Ihrer investierten Gelder durchgebracht.

Links:

www.dias-ev.de (Deutsches Institut für Anlegerschutz e. V.)

www.anlageschutzarchiv.de (Schutzgemeinschaft der Kapitalanleger e. V.; mit Suchmöglichkeit nach Personen und Unternehmen)

www.graumarktinfo.de (Portal zum Grauen Kapitalmarkt von Börse Online)

www.bafin.de (Bundesanstalt für Finanzdienstleistungsaufsicht)

Staatlich geprüfte Seriosität?

Irrtum: *Wenn der Staat eine Geldanlage steuerlich fördert, ist das Angebot seriös.*

Richtig ist: *Dass der Staat eine Geldanlage steuerlich fördert oder die Bundesagentur für Finanzdienstleistungsaufsicht einen Verkaufsprospekt genehmigt, senkt das Risiko um keinen Deut.*

Von geschädigten Anlegern hört man immer wieder:»Ich habe mich mit meiner Geldanlage sicher gefühlt. Ich konnte mir nicht vorstellen, dass der Staat unseriöse Geldanlageangebote steuerlich fördert.«

Ein Beispiel von vielen: Denkmalgeschützte Steuersparmodelle. Die Verkaufsmasche läuft seit Jahren. Es scheint sich dabei um eine Art finanzielles Perpetuum Mobile zu handeln, was alleine schon stutzig machen sollte. Die nicht selten unseriösen Initiatoren geben vor, dass sich Zinsen und Tilgung eines für den Wohnungskauf aufgenommenen Kredits über die Mieteinnahmen und Steuerersparnisse ganz von alleine tragen. Zehntausende Anleger investieren. Die anvisierten Mieteinnahmen und Steuerersparnisse fallen dann meist viel niedriger aus als in den schönen bunten Prospekten dargestellt. Übrig bleibt ein Berg an Schulden.

Auch Unternehmensbeteiligungen in Form von atypisch stillen Beteiligungen wurden trotz jahrelanger Warnungen der Verbraucherverbände mit dem Steuerspar-Argument verkauft. Doch die Versprechungen erwiesen sich häufig als überzogen. Leider hat die bloße Möglichkeit, dem Finanzamt ein Schnippchen zu schlagen, offenbar geradezu hypnotische Wirkung auf Anleger, die ihr Geld in blindem Vertrauen zweifelhaften Anbietern in den Rachen schieben.

Dass die Bundesanstalt für Finanzdienstleistungsaufsicht (BaFin) einem Anbieter Verkaufsprospekte genehmigt hat, sagt ebenso rein gar nichts über das Risiko aus, dass dieser mit den angelegten Geldern durchbrennt. Die BaFin-Beamten müssen seit 2005 prüfen, ob Verkaufsprospekte formalen Ansprüchen gerecht werden und bestimmte Informationen enthalten sind. Ob Kapitalanlagekonzept und Renditeberechnungen überhaupt schlüssig sind und ob die Initiatoren womöglich etwas auf dem Kerbholz haben, wird dagegen nicht geprüft.

Unternehmen aus dem sogenannten Grauen Kapitalmarkt wissen das gnadenlos auszunutzen. Sie werben für ihre zweifelhaften Bauherrenmodelle oder Unternehmensbeteiligungen mit dem Hinweis, sie seien von der BaFin überwacht. Die Firmen wissen, dass sie damit nicht werben dürfen. Aber was bedeuten schon drohende Bußgelder von schlimmstenfalls einigen Tausend Euro gegenüber der hohen Werbewirkung des BaFin-Siegels?

Schützen Promis vor Reinfällen?

Irrtum: *Wenn Promis für Geldanlagen ihren guten Namen hergeben, ist das Risiko überschaubar.*

Richtig ist: *Ob eine Anlage was taugt oder nicht, hat nichts mit dem Bekanntheitsgrad ihrer Werbeträger zu tun.*

Die Finanzszene ist ziemlich unübersichtlich. Tausende Anbieter konkurrieren, und zwar um Ihr Geld. Da ist der Gedanke verlockend, sich die Entscheidung zu erleichtern und einfach auf Leute zu hören, die mit ihrem guten Namen für eine Geldanlage Werbung machen. Die werden schon wissen, was sie tun – schließlich haben die ja einen Ruf zu verlieren, denkt man. Aber fährt man wirklich gut mit deren Empfehlungen.

Hier einige Fälle – oder besser gesagt: Reinfälle.

Der Klassiker: Schon in den Sechzigern und frühen Siebzigern sorgte die Fondsgesellschaft Investors Overseas Services (IOS) für einen gigantischen Anlegerskandal. Allein in Deutschland warb man 200 000 Anleger an. Riskante Anlagestrategien und hohe Kostenbelastungen der angepriesenen Investmentfonds führten zu miserablen Ergebnissen. 1973 folgte gar die Pleite. Aber alles hatte ja einen seriösen Anstrich: Der ehemalige Vize-Bundeskanzler Erich Mende machte nicht nur auf Massenveranstaltungen Werbung, er übernahm auch Führungsaufgaben in der Gruppe. Übrigens hatten auch manche andere Gründer der von den Verbraucherschützern kritisch beäugten Finanz- und Strukturvertriebe bei der IOS – überwiegend in leitenden Positionen – mitgearbeitet.

Dass Medienleute nicht die besten Börsenexperten sind, hat sich spätestens herumgesprochen, seit Manfred Krug für die Telekom-Aktie getrommelt hat. Auch der Börsentipp der Gebrüder Gottschalk – die Aktie der Deutschen Post – war kein Kracher. Gemeinsam mit dem DAX ging die Aktie gleich nach ihrem Börsengang Ende 2000 auf Tauchstation und fiel im Laufe zweier Jahre von 21 auf unter 9 Euro. Die Aktie der Fluggesellschaft Air Berlin, für die Johannes B. Kerner sein Gesicht vermietete, hob zunächst tatsächlich ab und entwickelte sich für einige Zeit besser als ihr Vergleichsindex, der SDAX. Inzwischen (zumindest bis Mitte 2008) gleicht ihr Kurschart allerdings eher einem Sturzflug.

Sie ahnen es: Auch wenn Politiker für ein Investment werben, sollte man das eher als ein Warnsignal denn als Gütesiegel ansehen. Für den MSF Master Star Fund Deutsche Vermögensfonds I gab es eine ganze Reihe prominenter Werber: den früheren Bundesverteidigungsminister Rupert Scholz, ein ehemaliger Berliner Schulsenator und gleich drei ehemalige Staatssekretäre, zudem Dieter Kronzucker, der früher das *heute-journal* moderierte. Sie alle lobten den Fonds als seriöse Altersvorsorge – was ihn nicht davon abhielt, Pleite zu gehen.

Der wohl größte Finanzskandal der Nachkriegsgeschichte war der Zusammenbruch des Schneeballsystems der Göttinger Gruppe mit der Securenta AG. Rund 270 000 Anleger waren betroffen, mehr als eine Milliarde Anlegergelder sind wohl vollständig verloren. Den Anlegern drohen zudem Nachforderungen von

Insolvenzverwaltern und dem Finanzamt. Die Gruppe hatte mit den Bundesligaspielern des VfB Stuttgart und dessen Präsidenten Gerhard Mayer-Vorfelder (damals gleichzeitig Finanzminister in Baden-Württemberg) geworben, ebenso mit dem ehemaligen *Tagesschau*-Sprecher Werner Veigel. Auch zur Politik hatte man einen guten Draht: Die Gruppe sponserte mehrmals das Kinderfest im Bundeskanzleramt unter Regierungschef Helmut Kohl. Führende Politiker tauchten nach Angaben von DIAS-Vorstand Volker Pietsch scharenweise in den Werbeprospekten der Göttinger Gruppe auf: neben Helmut Kohl die Ex-Bundestagspräsidentin Rita Süßmuth, die früheren Bundesminister Hans-Dietrich Genscher, Norbert Blüm, Sachsens Ex-Ministerpräsident Kurt Biedenkopf und weitere Politiker. Doch statt »Privater Altersvorsorge nach Maß«, wie die Securenta es versprach, brachte sie Anleger quasi um das letzte Hemd.

Es ist nicht auszuschließen, dass einzelne Politiker ohne deren Wissen für die Werbung der Securenta instrumentalisiert wurden. Unabhängig davon bleibt es riskant, sich bei Geldanlagen auf prominente Namen zu verlassen.

Nach Recherchen von *Plusminus*, dem Wirtschaftsmagazin der ARD, lobte der ehemalige Wirtschaftsminister Otto Graf Lambsdorff gar auf einer Veranstaltung der Securenta AG deren Wirken ganz direkt: »Ich bin sicher, die Göttinger Gruppe tut ihr Bestes, als innovativer Finanz- und Versicherungskonzern ihren Anlegern Wegweisung durch die Vielfalt dieser modernen Finanzwelt zu geben.«

Sowohl Volker Pietsch, zu der Zeit Referent bei der Verbraucherzentrale Berlin, als auch Ingo Blank von *Plusminus* kommt das Verdienst zu, bereits seit den frühen neunziger Jahren durchgängig vor den Aktivitäten dieser Unternehmensgruppe gewarnt zu haben. Leider fühlte sich die Politik nicht bemüßigt zu handeln. Ohnehin ist dieser graue Kapitalmarkt ein Phänomen, das in den meisten anderen EU-Staaten undenkbar wäre. Dort herrschen wesentlich strengere Anlegerschutzbestimmungen als hierzulande.

Als in den Neunzigern das Schneeballsystem des European Kings Club (EKC) platzte, konnten nahezu 100 000 Anleger mehr als 600 Millionen Euro in den Wind schreiben. Die Macher des Clubs hatten jedem, der ihnen einen sogenannten »Letter« für

1400 DM abkaufte, versprochen, ihm Monat für Monat 200 Mark zurückzuzahlen – ein ganzes Jahr lang, so dass naivere Gemüter mit einem Rückfluss von 2400 Mark rechneten. Für diesen Klub ließ sich kein Geringerer als Michail Gorbatschow einspannen. Er wirkte dort als Vortragsredner und ließ sich sogar zum »Ehrenpräsidenten« ernennen. Immerhin ging er bald darauf in einem Brief an Spiegel-Herausgeber Rudolf Augstein auf Distanz zu dieser Organisation und ließ anklingen, »unfreiwilligerweise Opfer einer falschen Information« geworden zu sein.

Zuletzt warben Michael Schumacher, Niki Lauda und Boris Becker für Immobilien-Investments in Dubai Fonds. Stattliche Bürotürme werden medienwirksam nach ihnen benannt. Dass die Initiatoren einfach mit dem Geld der Anleger durchbrennen, erscheint sehr unwahrscheinlich. Allerdings muss man sich die Frage stellen, ob es für Privatinvestoren wirklich attraktiv ist, größere Beträge in das Pulverfass Nahost zu investieren. Ohnehin ist der Immobilienmarkt in Dubai so heißgelaufen, dass man sich an die Exzesse der Internetblase erinnert fühlt. Schon 2006 war zu vernehmen, dass die Flächen aller im Bau befindlichen Bürogebäude dort fast so groß sei wie die des vorhandenen Bestands. Man fragt sich, ob die Anleger da nicht auf Sand bauen würden.

Links:
www.lexikon-der-finanzirrtümer.de (mit weiteren Informationen zu diesem Kapitel)

KREDIT UND GIRO

Zeigt der Effektivzins, wie teuer ein Kredit ist?

Irrtum: *Der Effektivzins zeigt an, wie teuer ein Kredit wirklich ist.*

Richtig ist: *In einigen Fällen wird der Effektivzins viel zu niedrig ausgewiesen. Kredite sind nicht selten doppelt so teuer, wie es der Effektivzins vermuten lässt.*

Der Effektivzins ist entscheidend beim Vergleich von Kreditangeboten. Je höher er ausfällt, desto höher sind auch die Kosten für den Kredit. Kreditangebote daraufhin zu vergleichen lohnt sich: 2 Prozent Unterschied beim effektiven Jahreszins eines 5000-Euro-Kredits mit einer Laufzeit von 60 Monaten erhöhen die monatlich zu leistende Rate zwar nur um rund 4 Euro. Die insgesamt bezahlten Zinsen steigen aber um ein Drittel an, und das sind immerhin 300 Euro. Banken sind gesetzlich dazu verpflichtet, bei Kreditangeboten den effektiven Jahreszins anzuführen. Er beinhaltet neben den Zinsen weitere anfallende Kosten, etwa Bearbeitungsgebühren und Provisionen. Einen *anfänglichen* Effektivzins gibt es dann, wenn sich die Kosten während der Kreditlaufzeit noch ändern können. Das ist oft bei Hypothekendarlehen der Fall, weil die Zinsen zum Beispiel zunächst nur zehn Jahre festgeschrieben sind und sich danach wieder verändern können.

Aber wer einen Ratenkredit, zum Beispiel zum Möbelkauf, aufnehmen möchte, sollte nicht nur auf den Effektivzins achten, denn manchmal trügt der Schein. Der Verbraucherzentrale-Bundesverband e. V. hat viele solcher tatsächlich vergebenen Ratenkredite untersucht. Wer schon einmal einen Kredit aufgenommen hat, weiß, dass die meisten Kreditinstitute Wert darauf legen, dass im Todesfall eine Versicherung die Restschuld begleicht. Dagegen haben viele Kreditnehmer nichts einzuwenden, denn die meisten möchten ihre Erben nicht mit Schulden belasten. Nun hat die Untersuchung von 68 Ratenkrediten mit solchen Restschuldversicherungen höchst erstaunliche Ergebnisse zutage gebracht: Die Kosten für die Restschuldversicherung betrugen in einem Fall 606 Euro. Weil der Kunde auch diesen Betrag nicht bar zahlt, finanziert die Bank diese Kosten im Rahmen des Kredits mit. Sie verdient daher zusätzlich 299 Euro Zinsen — das macht zusammen 935 Euro. Eine vergleichbare Versicherung wäre bei einem günstigen Versicherer bereits für 122 Euro zu haben gewesen.

In mehr als der Hälfte der Fälle wurde der Abschluss einer solchen Versicherung verlangt, ansonsten wäre der Kredit nicht gewährt worden. Sobald ein solcher Abschluss Bedingung ist, müssen die Kosten dafür in den effektiven Jahreszins eingerechnet werden. Das wird aber meist unterlassen, denn dann würde der Zinssatz ziemlich hoch ausfallen: Die Kosten für die Restschuldversicherung eingerechnet, betrug der Effektivzins durchschnittlich 24,3 Prozent, in den Kreditunterlagen wurden im Durchschnitt aber nur 12,8 Prozent ausgewiesen. Extremwerte reichten bis zu 48,6 Prozent pro Jahr.

Bei Krediten sollten Sie also grundsätzlich auf die folgenden Punkte achten:
- Entscheidend ist einzig und alleine das für Sie individuell erstellte Angebot. Bei Angebotsvergleichen sollten Sie nicht die im Schaufenster angebotenen Konditionen der Banken beachten. Diese gelten oft nur für bestimmte Kreditbeträge, zudem für relativ kurze Laufzeiten und höchste Kreditwürdigkeit. Ihre Kreditwürdigkeit hängt übrigens von Gesichtspunkten wie Beruf, Alter, Familienstand, Wohnort, Anzahl der Wohnortwechsel in der Vergangenheit und nicht zuletzt von der Höhe Ihres Einkommens ab.
- Bei einem Vergleich verschiedener Kreditangebote ist der Effektivzins nur dann wirklich aussagekräftig, wenn alle anderen Konditionen (Betrag, Laufzeit, Rate) identisch sind.
- Manche Kosten sind im effektiven Jahreszins nicht enthalten.

Dazu gehören Schätzgebühren, Bereitstellungszinsen, Teilaus-
zahlungszuschläge und Kontoführungsgebühren.

– Sollte man Ihnen im Zusammenhang mit einem Ratenkredit
den Abschluss einer Restschuldversicherung nahelegen, sollten
Sie das ablehnen, wenn Sie bereits eine Lebensversicherung
in ausreichender Höhe besitzen. Lassen Sie sich nicht unter
Druck setzen. Wenn eine Restschuldversicherung eine wirklich
zwingende Voraussetzung für eine Kreditvergabe ist, sollten
deren Kosten in den effektiven Jahreszins des Kreditangebots
eingerechnet werden. Wichtig: In der Regel bekommen Sie den
Todesfallschutz günstiger über eine Risikolebensversicherung
als über eine Restschuldversicherung.

Kreditvermittler oder Scharlatan?

Irrtum: *Kreditvermittler können weiterhelfen, wenn die
Bank nicht mehr dazu bereit ist.*

Richtig ist: *Unter Kreditvermittlern gibt es eine Menge
schwarzer Schafe, die nicht daran interessiert sind, weiter-
zuhelfen – sondern nur an Ihrem Geld.*

In Deutschland gilt jeder zehnte Erwachsene als überschuldet,
kann also seinen finanziellen Verpflichtungen nicht mehr nach-
kommen. In diesen Fällen beträgt der Schuldenberg im Schnitt
etwa 30000 Euro. Wenn dann die Hausbank den Hahn zudreht, ist
die Verzweiflung groß. Ist die Kreditwürdigkeit nicht ausreichend,
lehnen auch andere Kreditinstitute eine Umschuldung ab. Verständlich, dass Kleinanzeigen und Videotext-Werbung für Kredite
»ohne Schufa« einigen Schuldnern als Rettungsanker in höchster
Not erscheinen.

Die Anzeigen halten aber nicht, was sie versprechen. Die Schufa
hat Testkäufer in ganz Deutschland zu Kreditvermittlern geschickt.
In 97 von 100 Fällen wurde am Ende gar kein Kredit vermittelt. Das
wirft die Frage auf, ob das Geschäftsmodell überhaupt darauf aus-
gelegt ist, Kredite zu vermitteln. Dies darf bezweifelt werden. An-

stelle eines Kredits erhält der Verbraucher nicht selten die Auffor-
derung, andere Verträge abzuschließen, zum Beispiel zur Anlage
vermögenswirksamer Leistungen. Oft wird auch eine Kostenpau-
schale in Rechnung gestellt, oder der aktuelle Bearbeitungsstand
kann unter einer kostenpflichtigen Rufnummer erfragt werden.
Eine weitere beliebte Masche: Vermittler schicken die erhofften
Kreditunterlagen per Post, allerdings müssen die »Gebühren«
per Nachnahme bezahlt werden. Diese Briefsendung kann teuer
werden und enthält freilich alles andere, nur keinen Kreditvertrag.
Solche Betrüger wollen niemandem aus der Patsche helfen. Sie
verdienen ihren Lebensunterhalt mit dem Leid anderer Menschen,
die verzweifelt einen Ausweg aus ihrer Situation suchen.

Wer überschuldet ist, braucht wirkliche Hilfe. Professionelle
kostenfreie Beratung bieten Schuldnerberatungsstellen zum Beispiel bei Landratsämtern und Sozialverbänden an. Wer bereits
Opfer von dubiosen Kreditvermittlern geworden ist, sollte sich an
die Verbraucherzentralen wenden, damit diese juristische Schritte
einleiten können.

Links:

*www.meine-schulden.de (Seite der Bundesarbeitsgemeinschaft
Schuldnerberatung; Adressen, Informationen, Musterbriefe, Rechen-
hilfen)*

*www.forum-schuldnerberatung.de (Adressen der Schuldnerbera-
tungsstellen in Deutschland; Diskussionsforen, Tipps)*

Zinsnachlass oder Barzahlung?

Irrtum: *Eine Null-Prozent-Finanzierung ist ein Schnäppchen.*

Richtig ist: *Die Null-Prozent-Finanzierung ist ein Marketinginstrument. Bar zahlen und einen Rabatt aushandeln
ist deutlich günstiger.*

Null-Prozent-Finanzierungen sind in Elektronikmärkten ebenso
verbreitet und beliebt wie in Autohäusern. Aber sie sind nur ein

Marketinginstrument, das den Absatz steigern soll, nicht mehr und nicht weniger, genauso wie Gratis-Komfort-Pakete oder Nachlässe auf den Listenpreis. Für den Anbieter ist eine Null-Prozent-Finanzierung nichts anderes als ein Preisnachlass. Wie hoch dieser Preisnachlass ist, hängt vom Zinsniveau, der Laufzeit und dem Kreditbetrag ab. Wird beispielsweise eine Null-Prozent-Finanzierung für ein Jahr angeboten, entspricht dies einem Rabatt auf den Kaufpreis von, über den Daumen gepeilt, der Hälfte des aktuellen Marktzinssatzes für Kredite, also zurzeit etwa 3 bis 4 Prozent. Barzahler können aber oft einen höheren Nachlass aushandeln. Wer sich auf eine Null-Prozent-Finanzierung einlässt, sprich, auf den Kaufpreis ohne Zinsen und über beispielsweise zwölf Monate verteilt, bezahlt nur scheinbar keine Zinsen, wenn er dadurch einen bei Barzahlung möglichen Preisnachlass verliert.

Wir geben Ihnen ein paar Zahlen an die Hand: Wie hoch ist der Kreditzins tatsächlich, wenn Sie eine Null-Prozent-Finanzierung in Anspruch nehmen und Ihnen dafür kein Preisnachlass gewährt wird? Hier die Ergebnisse für zwei Laufzeiten und entgangene Preisnachlässe von 5 bis 15 Prozent:

Tatsächlicher Kreditzinssatz je nach Laufzeit und entgangenem Rabatt			
Laufzeit	Preisnachlass bei Barzahlung 5%	Preisnachlass bei Barzahlung 10%	Preisnachlass bei Barzahlung 15%
Finanzierung über 12 Monate	10%	22%	36%
Finanzierung über 36 Monate	3%	7%	11%
Annahmen: Keine Anzahlung, vollständige Tilgung			

Die Tabelle zeigt: Schon ein Verzicht auf 5 Prozent Preisnachlass bedeutet, dass der Kredit in Wahrheit 10 Prozent Zinsen pro Jahr kostet. In diesem Fall wäre die Barzahlung mit Preisnachlass deutlich attraktiver. Ja, selbst mit einem Bankkredit, der 7 Prozent kostet, würde man noch besser fahren.

Leasen oder lassen?

Irrtum: *Einen Pkw zu leasen ist für Privatkunden eine interessante Sache.*

Richtig ist: *Die Kosten für Leasing werden regelmäßig unterschätzt.*

Wenn Sie sich einen Pkw anschaffen wollen und nicht genügend Bares auf der Hand haben – das ist bei über zwei Dritteln der Bevölkerung der Fall –, können Sie zwischen vier Möglichkeiten wählen.

1. Sie versilbern in irgendwelchen Sparverträgen gebundenes oder sonstiges Vermögen – das ist in vielen Fällen am vorteilhaftesten.
2. Sie nehmen einen herkömmlichen Kredit auf.
3. Sie entscheiden sich für eine Drei-Wege-Finanzierung oder einen sogenannten Ballon-Kredit: Das heißt, der Kunde leistet eine Anzahlung und stottert über einen vereinbarten Zeitraum die monatlichen Raten ab, die oft nur etwas höher als beim Leasing ausfallen. Am Ende kann er sich entscheiden, ob er den Wagen durch Zahlung einer Schlussrate – meist zwischen 30 und gut 50 Prozent des Kaufpreises – behält, ob er diese Summe durch eine Anschlussfinanzierung begleicht oder ob er den Wagen zurückgibt.
4. Sie leasen einen Wagen, was Sie nicht unbedingt billiger kommt.

Manchmal sind Finanzfragen wirklich einfach zu klären: Wer fortlaufend auf Leasing setzt, bezahlt im Laufe seines Lebens deutlich mehr als bei den anderen aufgeführten Alternativen. Denn der erste Schein trügt. Die monatliche Leasingrate fällt optisch deutlich niedriger aus als Zinsen und Tilgung für einen herkömmlichen Kredit. Aber am Ende der Laufzeit steht man erstmal ohne Fahrzeug da. Wer least, wird nicht Eigentümer, sondern mietet nur. Deshalb fallen die Raten so niedrig aus. Aber parallel zu den Leasingraten muss der Autofahrer Geld ansparen, um nach Vertrags-

ende die Anzahlung für einen neuen Vertrag aufbringen zu können
– und schon sind die Leasingkosten gar nicht mehr so niedrig.
Natürlich, wer seinen Wagen least, hat regelmäßig das neueste
Modell. Aber jeder weiß, dass in den ersten beiden Betriebsjahren
der Wertverlust eines Autos am höchsten ist. Diese Kosten tragen
nicht die Leasinggesellschaften, vielmehr sind sie bereits in die
Rate einkalkuliert, der Kunde trägt sie also indirekt mit.

Und das ist noch nicht alles. Wenn es während der Leasing-
dauer zu einem Totalschaden kommt oder der Wagen gestohlen
wird, erstattet der Kaskoversicherer nur den aktuellen Wieder-
beschaffungswert des Autos, der vom Alter und der Kilometer-
leistung abhängt. Wegen des hohen anfänglichen Wertverlusts,
aber auch wegen der Einrechnung der Vergütungen für die Lea-
singgesellschaft in die Raten klaffen Zeitwert des Wagens und
Restforderung der Gesellschaft im Schadensfall oft erheblich auseinander. Die Leasinggesellschaften münzen diesen offenkundi-
gen Nachteil für den Kunden noch in einen zusätzlichen Vorteil
für sich um und bieten als Lösung des Problems einfach den Abschluss einer sogenannten Gap-Versicherung in Verbindung mit
einer Kaskoversicherung an. Das bringt ihr gleich noch ein wenig
Zusatzgewinn.

Weitere Nachteile: Der Leasinggeber verlangt in der Regel den
Abschluss einer Vollkaskoversicherung und regelmäßige Inspek-
tionen. (Fairerweise muss angemerkt werden, dass Leasingfahr-
zeuge fast immer Neufahrzeuge sind und die Hersteller während
der Garantiezeit von üblicherweise zwei bis fünf Jahren auch beim
Pkw-Kauf auf regelmäßige Werkstattinspektionen bestehen, an-
dernfalls erlischt die Garantie.) Außerdem sind Leasingverträge
meist intransparent, denn anders als bei Krediten muss hier kein
effektiver Jahreszins angegeben werden. Und wer sein Auto per
Kredit anschafft, kann es in einer finanziellen Notlage wieder zu
Bargeld machen; aus Leasingverträgen kommt der Kunde hingegen meist nicht vorzeitig heraus. Last but not least: Private Auto-
käufer haben, anders als gelegentlich angenommen wird, keine
steuerlichen Vorteile.

Leasing ist theoretisch dann sinnvoll, wenn die Bank keinen
Kredit geben will. Leasing kann außerdem dann interessant werden, wenn die Konditionen im Rahmen von Verkaufsförderungen

besonders attraktiv ausfallen und Barzahlern keine ähnlichen entgegenkommenden Konditionen gewährt werden.

Unser Extratipp: Falls Sie sich statt fürs Leasing für eine Autofinanzierung über ein Kreditinstitut entscheiden, braucht es keine Restschuldversicherung. Dem Kreditgeber dient das Auto als Sicherheit. Achtung: Wenn Sie nichts sagen, wird in das Angebot trotzdem meist eine solche Versicherung mit aufgenommen.

Links:

www.biallo.de/kredite/index.php (enthält unter anderem umfassende Informationen zu Autokreditkonditionen sowie einen Autokredit-Rechner, der auch Leasingangebote berücksichtigt)

www.test.de/themen/auto-verkehr/rechner/-Autokauf/ (mit kostenlosem Excelrechner zur Autofinanzierung)

www.bwl-bote.de/20051002.htm (mit kostenlosem Excelrechner von Harry Zingel)

www.zinsen-berechnen.de (Leasingrechner)

Beratung bei der Eigenheimfinanzierung

Irrtum: *Seine Baufinanzierung kann man ohne weiteres an einen Berater delegieren.*

Richtig ist: *Baufinanzierungsberatungen sind oft von miserabler Qualität, von den Unterschieden in den Konditionen ganz zu schweigen.*

Der Erwerb von Wohneigentum ist in der Regel für viele Menschen die finanziell bedeutsamste Entscheidung ihres Lebens. Aber ohne einen kleinen oder größeren Berg an Schulden schaffen es die wenigsten. Um die Beratung der Kreditinstitute in Deutschland zu diesem Thema steht es leider nicht minder schlecht als um diejenige zur Altersvorsorge. Hier sind einige wesentliche Schwachstellen, die sich bei Tests der Beratungsqualität, etwa durch die Stiftung Warentest, immer wieder zeigen:

Zum einen wird die Sicherheit des Arbeitsplatzes beziehungs-

weise des Einkommens kaum erfragt, obwohl diese für das
Eingehen fester vertraglicher Darlehensverpflichtungen absolut
unerlässlich ist. Zum anderen wird auch die – unbedingt emp-
fehlenswerte – Absicherung des Einkommens für den Fall einer
Berufsunfähigkeit selten thematisiert. Fehlt diese Absicherung,
kann das Finanzierungskonzept, sollte tatsächlich der traurige
Fall einer Berufsunfähigkeit eintreten, scheitern. Ein Notverkauf
der Immobilie kann die Folge sein.

Bei der Zinsfestschreibung dann sind für manche Verkäufer und
Berater schlicht zehn Jahre Standard. Ob im Einzelfall eine abweichende Zinsbindungsdauer Sinn macht, wird gar nicht erör-
tert. Und einige Kreditinstitute erwähnen nicht einmal, dass auch
Tilgungsraten von über 1 Prozent möglich und gerade in Zeiten
niedriger Zinsen ratsam sind.

Im Zusammenhang mit dem Kauf einer Eigentumswohnung
sprach mehr als die Hälfte der Berater die Testkunden außerdem
nicht darauf an, dass sie auch ein günstiges KfW-Darlehen nutzen
könnten (KfW steht für Kreditanstalt für Wiederaufbau). Wer diese bisweilen sehr attraktiven Förderkredite in Anspruch nehmen
wollte, musste sich oft selbst kundig machen.

Unser Tipp: Machen Sie sich schlau, und zwar rechtzeitig. Staatliche Förderbanken übernehmen nämlich keine nachträglichen Finanzierungen. Wer mit den Bauarbeiten anfängt und erst danach
den Antrag stellt, bekommt kein Geld zu sehen.

Darüber hinaus gilt natürlich auch bei Baufinanzierungen der
alte Grundsatz: Vergleiche lohnen sich. Während eine Bank für ein
100 000-Euro-Darlehen vielleicht einen Zinssatz von 5,2 Prozent
verlangt, will ein anderer Finanzierer vielleicht nur 5,0 Prozent.
Die Differenz ist nur scheinbar klein. Innerhalb von zehn Jahren
summiert sich der Betrag auf fast 2500 Euro.

Auch über den wichtigsten Aspekt klären die wenigsten Berater auf: Ein unüberlegtes Finanzierungskonzept kann zu einer
Zwangsversteigerung führen. Diese droht immer dann, wenn kein
ausreichender monatlicher Überschuss aus den regelmäßigen
Einnahmen des Bauherrn vorhanden ist, um neben den Lebenshaltungskosten die Darlehensraten bezahlen zu können. Auf den
Überschuss hat man nur bedingt Einfluss. Zwar findet sich oft
noch die eine oder andere Einsparmöglichkeit, aber letztlich kann

man sich selbst kaum das Gehalt erhöhen, und die Preise beim Supermarkt sind ebenso wenig veränderbar. Es ist wichtig, den monatlichen Überschuss genau zu kennen, und zwar auch vor der Darlehensaufnahme. Denn er bestimmt die mögliche Darlehenssumme. Eine gute Schätzung des Überschusses stellt die Summe aus Ihrer bisherigen Kaltmiete und bisherigen Sparleistung dar.

Das folgende Berechnungsschema hat sich bewährt, um eine tragbare Darlehenssumme zu ermitteln:

Wie viel Eigenheim Sie sich leisten können	
Zukünftiger monatlicher Überschuss	800 €
Abzüglich aufrechtzuerhaltender Liquiditätsreserve	−100 €
Darlehensrate	= 700 €
Zinssatz	5,50 %
Gewünschter Tilgungssatz	+ 2,00 %
Jährliche Gesamtbelastung	= 7,50 %
Mögliches Darlehen	700 € × 12 Monate / (7,5/100) = 112 000 €
Eingesetztes Eigenkapital	+ 40 000 €
Obergrenze für die Anschaffungskosten der Immobilie inkl. Nebenkosten, Modernisierung, Möbel, Umzug etc.	= 152 000 €

Ausgangspunkt aller Überlegungen sollte also nicht der Kaufpreis eines Objekts sein, sondern der monatliche Überschuss eines Privathaushalts. Liegt der Überschuss im Beispiel auch nur 75 Euro niedriger, beträgt das Darlehen nur 100 000 €, und die Anschaffungskosten der Immobilie dürften maximal 140 000 € betragen.

Wichtig ist, dass die Finanzierung insgesamt und auf Dauer tragbar ist. Flexible Kreditbedingungen sind dabei Trumpf: Immer mehr Kreditinstitute erlauben während der Laufzeit eine Änderung des Tilgungssatzes auf Werte zwischen 1 und 10 Prozent und räumen jährliche Sondertilgungsrechte bis 10 Prozent der Darlehenssumme ein.

Eine solide Ermittlung der tragbaren monatlichen Belastung, eine entsprechende Begrenzung des Kaufpreises und eine flexible Finanzierung – darauf sollten Immobilienerwerber ebenso achten wie auf die Qualität der Bauausführung oder der Bausubstanz. Sonst wird der Wohntraum leicht zum Alptraum!

Links:

www.baufoerderer.de (Tipps und Informationen zum Thema Baufinanzierung inklusive staatlicher Förderangebote)

www.fmh.de (Honorarberatung, Zinsvergleiche)

www.verbraucherzentrale.de (Honorarberatung, Zinsvergleiche)

Achtung, Bausparfalle!

Irrtum: *Sofortfinanzierungen sichern günstige Zinsen.*

Richtig ist: *Finanzierungen mit Bausparverträgen als Tilgungsersatz täuschen eine Zinssicherheit vor, die es meist nicht gibt.*

Wer relativ kurzfristig ein Darlehen aufnehmen möchte, um den Traum vom eigenen Zuhause wahr werden zu lassen, bekommt oft eine Sofortfinanzierung angeboten. Hier wird parallel zur Aufnahme eines Darlehens ein Bausparvertrag abgeschlossen. Mutet es nur auf den ersten Blick etwas absurd an, einen Bausparvertrag abzuschließen, wenn man doch gar kein Geld anlegen, sondern Geld leihen möchte? Ist das nicht so, als würde man Ihnen im Elektrofachgeschäft eine Elektroheizung empfehlen, obwohl Sie eine Klimaanlage haben wollen?

Ein Beispiel hilft uns, den Fall zu beurteilen: Die Kreditsumme des Angebots beträgt 120000 Euro, der Zinssatz 5 Prozent. Wie bei einer Sofortfinanzierung üblich, wird die Tilgung in Höhe von 1 Prozent nicht für die Rückzahlung des Darlehens eingesetzt, sondern fließt in einen Bausparvertrag. Monatlich müssen folglich 500 Euro Zinsen und 100 Euro Bausparprämie bezahlt werden. Manchmal wird auch die Kreditsumme über den Kreditbedarf hinaus erhöht, um diesen zusätzlichen Betrag in den Bausparvertrag einzuzahlen, damit dieser schneller zuteilungsreif wird. Verkäufer dieser Kombination argumentieren: Der zuteilungsreife Bausparvertrag soll später das Darlehen ablösen und ab diesem Zeitpunkt gilt dann der sehr günstige Zinssatz des Bauspardarlehens – in diesem Fall 2,9 Prozent.

Erst 5 Prozent, später 2,9 Prozent Kreditzinsen – klingt günstig. Ist es aber häufig nicht. Wir stellen die beiden Varianten einmal nebeneinander und werfen einen Blick auf den Schuldenstand nach zehn Jahren:

Sofortfinanzierung versus herkömmliches Darlehen		
	Bausparkombination (Sofortfinanzierung)	**Herkömmliches Annuitätendarlehen**
Kreditsumme	120 000 €	120 000 €
Zins pro Monat	500 €	500 €
Tilgung pro Monat	0	100 €
Bausparrate pro Monat[1]	100 €	0
Restschuld nach zehn Jahren	120 000 €	104 470 €
Guthaben nach zehn Jahren[2]	11 300 €	0 €
Saldo ausstehende Schulden	108 700 €	104 470 €

Annahmen:
[1] Anlage in Bausparvertrag, Guthabenzinssatz 1,0 Prozent
[2] Verrechnung der ersten Raten mit Abschlussgebühr des Bausparvertrages über 1200 € (1 % der Bausparsumme)
Beträge gerundet auf volle 10 Euro.

Die Bausparkombination ist nach zehn Jahren also eindeutig teurer als das Annuitätendarlehen. Die Mehrkosten der Sofortfinanzierung betragen in unserem Beispiel rund 4000 Euro.

Tatsächlich ist die Sofortfinanzierung häufig teurer als ein herkömmlicher Kredit. Die Gründe: Zum einen fällt für den bei der

Sofortfinanzierung vorgesehenen Bausparvertrag eine Abschlussgebühr an. Noch wichtiger: Die 100 Euro Bausparrate werden bei der Sofortfinanzierung in unserem Beispiel zu lediglich 1 Prozent angelegt, während die monatlichen 100 Euro beim herkömmlichen Tilgungsdarlehen von Anfang an die Restschuld verringern und so zu einer Zinsersparnis von 5 Prozent führen. Natürlich ist es immer besser, Schulden zu tilgen, um dadurch weniger Schuldzinsen zu bezahlen, als stattdessen Geld zu 1 Prozent Guthabenzinsen anzulegen.

In den ersten Jahren ist eine Bausparkombination also teurer als eine herkömmliche Tilgung. Aber wie sieht es danach aus? Wie steht es mit dem Argument, dass die Bausparkombination langfristig günstige Zinsen sichert?

Auch das ist hier im Beispiel keineswegs der Fall. Denn die in den ersten zehn Jahren angesparten 11 300 Euro Guthaben reichen bei weitem nicht aus, um für den Restbetrag das Bauspardarlehen zu erhalten. Das maximale Bauspardarlehen beträgt etwa 20 000 Euro. Für den Restbetrag, 88 700 Euro, wird der dann gültige Kreditzins vereinbart.

Wenn Sie das Risiko ausschalten möchten, nach Ablauf der Zinsbindung in zehn Jahren unter Umständen deutlich mehr an Zinsen zahlen zu müssen, haben Sie drei Möglichkeiten:

1. Sie erhöhen bei der Bausparkombination die monatliche Bausparrate auf mindestens 360 Euro. Dann können die Bankschulden der ersten zehn Jahre komplett mit Guthaben und Bauspardarlehen getilgt werden. Aber Achtung: Bauspardarlehen müssen in der Regel viel schneller getilgt werden als herkömmliche Darlehen. Ein Zahlungsplan hilft gegen böse Überraschungen – wie einem Sprung der Rate nach oben.

2. Sie lassen sich eine Bausparkombination mit konstanter Rate anbieten. In diesem Beispiel wäre das möglich, indem etwa die Kreditsumme um 30 000 Euro erhöht und dieser Betrag in den Bausparvertrag als Guthaben eingezahlt wird. Ganz wichtig: Aus dem Zahlungsplan sollte eindeutig hervorgehen, dass die monatliche Rate über die gesamte Laufzeit konstant bleibt, unabhängig davon, wie sich die Marktzinsen entwickeln. Die Nebenkosten (Abschlussgebühr, Darlehensgebühr) sollten ebenfalls aufgeführt sein.

3. Oder Sie vereinbaren bei einem herkömmlichen Annuitätendarlehen einfach eine 15- oder 20-jährige Zinsbindung, je nachdem, welche Laufzeit erforderlich ist, um die Restschuld am
Ende der Zinsbindung in überschaubarer Höhe zu halten.

In diesen drei Fällen ist das Zinsrisiko ausgeschaltet. Um die Alternativen miteinander vergleichen zu können, sollten die Raten
und die Laufzeit des Kredits nicht allzu sehr voneinander abweichen. Welche Variante am attraktivsten ist, kann man dann am
Effektivzins ablesen. Dieser wird allerdings für Bausparkombina-
tionen selten angegeben, da dazu keine gesetzliche Verpflichtung
besteht. Will oder kann der Berater den Gesamteffektivzinssatz
nicht ausrechnen, sollten beim Kunden die Alarmglocken läuten.
Wer Wert auf Zinssicherheit legt, sollte darauf achten, dass er sie
auch erhält. Sie sollten den Preis sehen können, damit Sie beide
Alternativen gegeneinander abwägen können.

Bleibt noch das Argument, das Bauspardarlehen sei flexibler,
was die Rückzahlung angeht. Bei den meisten Annuitätendarlehen können Sie zwar in der Regel auch jederzeit Sondertilgungen
leisten (das muss im Vertrag vereinbart sein), aber die Summe ist
zumeist begrenzt auf jährlich maximal 10 Prozent des Darlehens-
betrags. Bauspardarlehen hingegen dürfen Sie jederzeit voll tilgen. Allerdings wurde das Bauspardarlehen zehn Jahre lang teuer
erkauft, weil die Schulden nicht direkt getilgt, sondern das Guthaben schlecht verzinst angelegt wurde. Tilgen Sie nun teilweise das
zinsgünstige Darlehen zusätzlich, dann waren die Kosten dafür
aus den ersten zehn Jahre in Teilen rausgeschmissenes Geld. Wer
Sondertilgungen in einigen Jahren für realistisch hält, dürfte daher
besser beraten sein, diese bei einem Annuitätendarlehen vertraglich zu vereinbaren, anstatt eine Bausparkombinationsfinanzie-
rung zu wählen.

Link:
www.test.de/themen/bauen-finanzieren/rechner (nützliche Excel-
rechner, auch zur Berechnung des Gesamteffektivzinssatzes bei Bau-
sparsofortfinanzierungen)

Vorsicht, Tilgungsfalle!

Irrtum: *Bei einem Prozent Tilgung bin ich nach 30 Jahren schuldenfrei.*

Richtig ist: *Je niedriger der Zinssatz, desto länger dauert die Zurückzahlung des Kredits.*

Wer ein Darlehen zu 5 Prozent Zinsen und mit einer anfänglichen Tilgung von 1 Prozent aufnimmt, ist nach 35,8 Jahren schuldenfrei. Dagegen ist ein Darlehen bei einem Zinssatz von 6,9 Prozent und ebenfalls 1 Prozent Tilgung schon nach 30 Jahren restlos zurückgezahlt.

Wie jetzt? Je niedriger der Darlehenszins, desto länger dauert die Tilgung? Genau! Das ist bei den üblichen Annuitätendarlehen der Fall. Der große Vorteil eines solchen Darlehens besteht darin, dass der Schuldner jeden Monat einen gleichbleibenden Betrag an seine Bank überweist. Diese Rate enthält Zinsen und Tilgung.

Anfangs ist der Zinsanteil an der Rate relativ hoch, entsprechend ist der Anteil für die Tilgung noch gering – häufig wird im ersten Jahr nur 1 Prozent der Kreditsumme getilgt. Mit jeder geleisteten Rate verringert sich dann die Restschuld. Je geringer die Schulden werden, desto weniger Zinsen müssen gezahlt werden. In der gleichbleibenden monatlichen Rate an die Bank steigt so der Tilgungsanteil nach und nach, bis schließlich die letzte an die Bank zu zahlende Rate praktisch nur noch aus einem Tilgungsanteil besteht.

Bei einem Zinssatz von 6 Prozent sind also die Kreditraten höher als bei einem Zinssatz von 5 Prozent, vorausgesetzt die anfängliche Tilgung (zum Beispiel 1 Prozent) ist gleich hoch. Mit jeder Tilgung, und sei sie anfangs auch noch so klein, ist die Zinsersparnis bei dem Darlehen zu 6 Prozent größer. Im Gegenzug steigt der Tilgungsanteil schneller.

Und das bewirkt eine kürzere Gesamtlaufzeit, je teurer das Darlehen ist:

So lange dauert die Tilgung [in Jahren]					
anfängliche Tilgung	Zinssatz				
	4%	5%	6%	7%	8%
1%	40,3	35,8	32,5	29,8	27,5
2%	27,5	25,1	23,1	21,5	20,2
3%	21,2	19,6	18,3	17,2	16,3
5%	14,7	13,8	13,2	12,5	11,9

Wer sich bei einem Zinsniveau von 4 Prozent auf nur 1 Prozent Tilgung einlässt, hat in den ersten zehn Jahren nur 13 Prozent seiner Darlehensschuld getilgt. Von 100000 Euro sind also nur 13000 abbezahlt. Sind die Zinssätze im Kreditvertrag nur für zehn Jahre festgeschrieben und steigen die Zinssätze danach gravierend, würde die vom Kreditnehmer zu tragende monatliche Rate deutlich ansteigen. Das Risiko von Zinserhöhungen trägt sich viel leichter, wenn der Kredit schneller getilgt wird. Wer schon anfangs mit 3 Prozent tilgt, reduziert seine Restschuld nach zehn Jahren bereits auf 61 Prozent der ursprünglichen Darlehenssumme und kann seine Kreditraten auch weiter bequem schultern, selbst wenn das Zinsniveau dann deutlich ansteigen sollte.

Unser Tipp: Bei einem Zinsniveau von 5 Prozent ist 1 Prozent Tilgung definitiv zu niedrig, es sei denn, Sie leisten zusätzlich von Zeit zu Zeit Sondertilgungen. Viele Kreditinstitute räumen ein solches Sondertilgungsrecht kostenlos ein. Achten Sie bei Vertragsabschluss auf diese Möglichkeit.

Links:
www.zinsen-berechnen.de/kreditrechner.php (Kreditrechner)
www.offerio.de/kredite.php (Kreditrechner)

Saftige Rechnung bei vorzeitiger Ablöse eines Immobilienkredits?

Irrtum: *Wer vorzeitig ein Immobiliendarlehen zurückzahlen möchte, kommt an einer Vorfälligkeitsentschädigung nicht vorbei.*

Richtig ist: *Keine Regel ohne Ausnahme!*

Erstens kommt es anders und zweitens als man denkt, freut sich Bodo Baumeister – er hat geerbt. Natürlich ist er alles andere als glücklich über das Ableben seiner Erbtante Marta. Aber da er gerade ein Haus gebaut hat, kommt ihm der warme Geldregen sehr gelegen. Als er die frohe Kunde mit pietätvoller Trauermiene seinem Bankberater mitteilt, ist er verdutzt, als dieser seinerseits eine ernste Miene aufsetzt und ein Wort ausspricht, dass Bodo zum ersten Mal in seinem Leben hört: Vorfälligkeitsentschädigung.

Kommt es vor, dass ein Kreditnehmer seine Schulden vorzeitig zurückzahlen möchte, weil er plötzlich zu Geld gekommen ist oder weil neue Karrieremöglichkeiten in einer anderen Stadt einen Verkauf der finanzierten Wohnung nahelegen, verlangen Kreditinstitute normalerweise einen Ausgleich für die Gewinne, die ihnen entgangen sind: eine sogenannte Vorfälligkeitsentschädigung. Es gibt aber drei Fälle, in denen ein Kreditnehmer einen Kredit kündigen und vorzeitig zurückzahlen kann, ohne dass eine Vorfälligkeitsentschädigung an die Bank zu leisten ist. Man kann das alles im Bürgerlichen Gesetzbuch, Paragraph 489, nachlesen.

– Beim ersten Fall handelt es sich um Kreditverträge ohne Zinsbindung. Die Zinssätze werden hier laufend an die Marktkonditionen angepasst, Kreditnehmer können jederzeit mit drei Monaten Kündigungsfrist aus dem Kredit aussteigen. Für eine Vorfälligkeitsentschädigung an die Bank gäbe es hier also gar keinen Grund.

– Auch bei Immobilienkrediten mit einer Zinsbindung von mehr als zehn Jahren hat der Verbraucher ein Sonderkündigungsrecht. Die Kündigungsfrist beträgt sechs Monate. Kredite mit einer 15-jährigen Zinsfestschreibung können Verbraucher also

bereits zehn Jahre nach Erhalt der Darlehenssumme kündigen.
Hier wird ebenfalls keine Vorfälligkeitsentschädigung fällig.

– Auch sonst kann eine Bank nur dann eine Vorfälligkeitsentschädigung berechnen, wenn ihr durch eine vorzeitige Kre-
ditkündigung ein Schaden entstanden ist. Hierzu ein Beispiel:
Wenn der Darlehenszins 4 Prozent beträgt und die Bank aktuell
ohne Risiko Geld zu 5 Prozent anlegen könnte, trägt sie überhaupt keinen Schaden davon und kann demnach auch nichts in
Rechnung stellen.

Sollte von Ihnen als Kreditnehmer eine Vorfälligkeitsentschädigung verlangt werden, können Sie darauf bestehen, eine ausführliche Berechnung des Schadens zu erhalten. Häufig ist eine solche
Berechnung nach folgendem Schema aufgebaut:

Berechnungsschema Vorfälligkeitsentschädigung	
Zinsschaden	Ergibt sich aus der Differenz von Darlehenszins und Wiederanlagezins zum Zeitpunkt der Rückzahlung. Für die Wiederanlage geht man meist von Hypothekenpfandbriefen aus. Vereinbarte Sondertilgungsrechte mindern den Zinsschaden.
Abzüglich ersparter Risikokosten	Durch die sofortige Kreditablösung entfällt für die Bank das Risiko, dass die Schulden nicht zurückbezahlt werden.
Abzüglich Verwaltungskosten	Für die Bank entfällt zukünftiger Verwaltungsaufwand.
Plus Bearbeitungskosten	Diese Berechnung verursacht Aufwand, das setzt die Bank mit diesem Posten an.

Darlehensnehmer, denen eine Vorfälligkeitsentschädigung berechnet wird, sollten sich diese ausführlich erläutern lassen. Und
wenn es Ihnen wichtig ist, können Sie einen Berater, etwa bei einer Verbraucherzentrale, gegen Entgelt nachrechnen lassen.

Bankwechsel bei Anschlussfinanzierung

Irrtum: *Bei einer Anschlussfinanzierung ist man an seine Bank gebunden.*

Richtig ist: *Gebunden ist man praktisch nie. Und die Kosten für den Wechsel des Darlehensgebers sind überschaubar.*

Spätestens nach Ablauf der Zinsfestschreibung steht es Darlehensnehmern frei, zu einer anderen Bank zu wechseln. Oft lohnt sich das, denn auch kleine Zinsdifferenzen können über die Jahre hinweg einige Tausend Euro Unterschied ausmachen. Doch viele Kreditnehmer verlängern blind den Kredit beim bisherigen Hypothekenfinanzierer.

Dabei spricht in der Regel überhaupt nichts dagegen, sich bei anderen Anbietern nach günstigeren Kreditkonditionen umzuschauen. Denn die Kosten, die bei einem Wechsel des Kreditgebers für eine notarielle Abtretung der Grundschuld anfallen, sind überschaubar. Die Gebühren von Notar und Grundbuchamt belaufen sich nur auf ein paar hundert Euro. Selbst bei kleinen Zinsunterschieden wird der Betrag durch die niedrigeren Kreditraten schnell wieder hereingeholt.

Die folgende Tabelle zeigt, welchen Unterschied es macht, ob ein Darlehen über 100 000 Euro 5 Prozent kostet oder ein paar Zehntel mehr:

Bei Krediten machen sich auch kleine Unterschiede im Zinssatz bemerkbar				
	0,05 %	0,15 %	0,30 %	0,50 %
10 Jahre	614 €	1852 €	3735 €	6294 €
15 Jahre	1025 €	3102 €	6285 €	10 660 €

Annahmen: Ausgangsdarlehen: 100 000 Euro, 5 % Zins, 1 % Tilgung, konstante Rate 500 € monatlich

Ein Wechsel des Kreditgebers ist nur dann problematisch, wenn ausnahmsweise die Zinsfestschreibung für das Darlehen zu unterschiedlichen Zeitpunkten ausläuft: Steht aktuell nur ein Teildarlehen zur Neuverhandlung an und ein zweites erst in fünf Jahren, ist ein Wechsel praktisch oft unmöglich. Der Grund: Die neue Bank würde die Immobilie nur nachrangig als Sicherheit erhalten. Sollte der Kredit in Schieflage geraten, würde der Erlös aus dem Verkauf des Objektes zuerst die Forderung der ersten Bank bedienen. Für die andere Bank blieben im ungünstigsten Fall nur die Krümel übrig. Die meisten Banken lassen sich deshalb darauf gar nicht erst ein.

Kündigung von Überziehungskrediten

Irrtum: *Die Bank darf einen Überziehungskredit nicht ohne weiteres kündigen.*

Richtig ist: *Die Kündigung eines Überziehungskredits durch die Bank ist jederzeit möglich, sogar ohne Kündigungsfrist.*

»Schatz, wir haben Post gekriegt, unsere Bank hat uns den Kredit gekündigt.«
»Das dürfen die doch gar nicht.«
»Laut AGB scheinbar schon.«
»Hast du denn das Kleingedruckte nicht gelesen?«
»Ich dachte, dafür bist du zuständig!«
So etwas würde Ihnen nie passieren? Sie lesen immer das Kleingedruckte? Gut, dann wissen Sie ja auch, dass in den Allgemeinen Geschäftsbedingungen in der Regel steht, dass Kredite und Kreditzusagen, für die weder eine Laufzeit noch eine abweichende Kündigungsregelung vereinbart ist, jederzeit ohne Einhaltung einer Kündigungsfrist durch die Bank gekündigt werden dürfen.
Der Grund für eine eventuelle Kündigung? Banken kündigen Überziehungskredite in erster Linie, wenn sie von einem negativen

Schufa-Eintrag erfahren. Schufa steht für »Schutzgemeinschaft für allgemeine Kreditsicherung«. Dieses Unternehmen liefert seinen Vertragspartnern Informationen über die Kreditwürdigkeit von Kunden, um sie so vor Verlusten zu schützen. Vertragspartner der Schufa sind vor allem Banken, Sparkassen und Kreditkartengesellschaften, aber auch kreditgewährende Unternehmen wie zum Beispiel Versandhandelsunternehmen, Kaufhäuser und Mobilfunkanbieter.

Aber man muss doch ziemlich was verbrochen haben, um einen Schufa-Eintrag zu bekommen, oder? Nicht unbedingt. Ein klassisches Beispiel für die Kündigung von Überziehungskrediten: Man hat die Handyrechnung trotz Zahlungserinnerung nicht beglichen – schon ist die Kreditlinie weg. Weitere Gründe können der Verlust des Arbeitsplatzes, ein gesunkenes oder unregelmäßiges Einkommen sowie der Wechsel vom Angestelltenverhältnis in die Selbständigkeit sein.

Wenn Ihnen das alles zu riskant klingt, weil Sie auf Ihre Kreditlinie angewiesen sind, müssen Sie mit der Bank eine besondere Vereinbarung treffen oder auf andere Produkte ausweichen. Nach Angaben von *Finanztest* sind ohnehin sogenannte Rahmen- oder Abrufkredite oft deutlich kostengünstiger. Die sind nicht bei allen Banken erhältlich, aber schauen Sie sich ruhig um. Ein Girokonto bei der kreditgebenden Bank ist dafür nicht erforderlich. Nur für den tatsächlich in Anspruch genommenen Kreditbetrag fallen dabei Zinsen an. Die Tilgung gestaltet sich aber meist ziemlich flexibel. Auch hier gilt natürlich: Die Kündigungsbedingungen sind im Einzelfall zu prüfen.

Kostenlose Girokonten für alle

Irrtum: *Es gibt keine kostenlosen Girokonten ohne Mindestgeldeingang, weder für Arbeitnehmer noch für Selbständige und Vereine.*

Richtig ist: *Es gibt kostenlose Girokonten – selbst für Selbständige und Vereine.*

Niemand ist heute noch gezwungen, ein kostenpflichtiges Girokonto zu führen. Die Zeitschrift *Finanztest* hat im Juni 2007 140 Girokonten bei 64 Banken und Sparkassen verglichen. Das Ergebnis: Mehr als zwei Drittel der Konten sind kostenlos zu haben, einige davon auch ohne Einschränkungen wie einen monatlichen Mindestgehaltseingang. Weil sich die Konditionen ständig ändern können, bitten wir Sie, auf den Vergleichsseiten im Internet selbst nachzuschauen. Die Preise für Girokonten liegen generell zwischen 0 und über 100 Euro pro Jahr. Es schadet nicht, zusätzlich Angebote in der Region einzuholen, denn Internet-Vergleichsrechner können unmöglich jedes Kontomodell in ganz Deutschland im Vergleich berücksichtigen.

Kostenlos ist aber nicht gleich kostenlos: Wenn Kunden einer kleinen Bank nur an wenigen Automaten kostenfrei Bargeld ziehen können, kann auch ein Gratiskonto teuer werden. Und möglicherweise sind Sie besser beraten, für Ihr Girokonto Gebühren zu bezahlen, zum Beispiel, weil Sie aus Liquiditätsgründen in der Regel 1000 bis 2000 Euro auf dem Girokonto stehen haben. Wenn Sie bei einem Anbieter für Ihr Guthaben auf dem Girokonto keine Zinsen erhalten, bei einem anderen hingegen schon, macht das beispielsweise bei 1500 Euro Durchschnittsguthaben und einem Zinssatz von 2 Prozent pro Jahr immerhin 30 Euro aus. Sind zusätzlich zu dem verzinsten Angebot Bank- und Kreditkarte kostenlos, kann das Angebot insgesamt attraktiv sein, auch wenn das Konto an sich 50 Euro pro Jahr kostet. Einige Vergleichsrechner berücksichtigen diese Informationen.

Die meisten kostenlosen Girokonten richten sich an Arbeitnehmer und Rentner. Für Selbständige und Freiberufler haben die Net-

bank und zum Teil auch die Deutsche Kreditbank (DKB) kostenlose
Girokonten im Angebot. Für Vereine bietet die Deutsche Skatbank
als Ableger einer Volks- und Raiffeisenbank im ostthüringischen
Altenburg kostenfreie Girokonten an.

Link:
www.biallo.de
www.boerse-online.de/finanzen/konto/girokonto/vergleich/(kosten-
lose Giro- und auch Geschäftskonten)
www.optimal-banking.de
www.direktbankvergleich.de
www.skatbank.de (kostenlose Girokonten für Vereine)

VERSICHERUNGEN

Welche Versicherungen der Mensch (nicht) braucht

Irrtum: *Die Deutschen sind überversichert.*

Richtig ist: *Häufig sind zwar kleinste Schäden abgesichert, die großen Risiken aber nicht.*

Welche Versicherungen kommen in Deutschland am häufigsten vor? Nein, wir meinen nicht die eidesstattlichen Versicherungen, auch wenn die Zahl der Offenbarungseide zunehmen mag. Also, auf Rang 1 liegt hierzulande die Hausratversicherung. 77 Prozent der Haushalte haben eine, weiß der Gesamtverband der Versicherungswirtschaft. Auf Rang 2 haben wir die Haftpflichtversicherung mit 71 Prozent. Auf Platz 3 folgt mit weitem Abstand die Rechtsschutzversicherung. Eine Berufsunfähigkeitsversicherung hat dagegen nur jeder vierte Haushalt.

Sind die Deutschen nun überversichert? Jein, eigentlich ist es schlimmer: Sie sind im Durchschnitt gleichzeitig über- und unterversichert. Kleinrisiken wie der Verlust eines Handys sind abgesichert, während Risiken, die die finanzielle Existenz eines Haushalts massiv gefährden können, etwa das Risiko der Berufsunfähigkeit, nicht abgesichert sind. Es gibt tatsächlich eine Reihe von Versicherungen, die Sie links liegenlassen können, wenn Sie kein Geld dafür übrig haben. Aber auch wenn Sie in Geld schwimmen, sollten Sie diese Versicherungen tunlichst nicht abschließen. Denn in diesem Fall können Sie die Kleinrisiken, die diese absichern sollten, ohnehin leicht selbst schultern. Auch wenn Sie dann gelegentlich einen Schaden selbst tragen müssen, kommt Sie das auf Dauer meist deutlich günstiger als die zu bezahlenden Versicherungsbeiträge.

Versicherungen, auf die Sie gut verzichten können, sind folgende:

* Glasbruchversicherung
* Elektrogeräteversicherung
* Handyversicherung
* Brillenversicherung
* Fahrradversicherung
* Reisegepäckversicherung
* Sterbegeldversicherung

Dagegen können größere finanzielle Schäden meist kaum durch finanzielle Reserven abgesichert werden. Daher ist es sinnvoll, auf folgende Versicherungen einen etwas genaueren Blick zu werfen:

* Die *Haftpflichtversicherung* sorgt dafür, dass Sie nicht ruiniert sind, wenn Sie zum Beispiel vor sich hinträumend aus Versehen bei Rot über die Ampel laufen und durch die dadurch hervorgerufene Vollbremsung diverser Fahrzeuge ein heilloses Unfallchaos verursachen. Bei günstigen Anbietern gibt es diesen Schutz für unter 70 Euro pro Jahr.
* Eine *Berufsunfähigkeitsversicherung* zahlt Ihnen eine Rente, falls Sie Ihren Beruf wegen einer Erkrankung oder eines Unfalls für mindestens sechs Monate nicht mehr ausüben können. Hier ein Kostenbeispiel: Für 1000 Euro monatliche Rente fallen bei einem 30-jährigen Bürokaufmann zurzeit rund 600 Euro Beitrag pro Jahr an. Je nach individuellen Voraussetzungen kann der Beitrag auch deutlich höher liegen.
* Eine *Risikolebensversicherung* bezahlt im Todesfall einen vereinbarten Geldbetrag aus. Damit können Sie verhindern, dass Angehörige in eine finanzielle Notlage geraten, weil Ihr Einkommen wegfällt oder Kreditraten nicht mehr bezahlt werden können. Für Singles ist diese Versicherung daher in der Regel wenig sinnvoll. Günstige Anbieter verlangen für eine Versicherungssumme von 150000 Euro bei einem 40-jährigen Mann rund 300 Euro jährlich, Frauen bezahlen rund 100 Euro weniger, weil bei ihnen das Risiko eines frühzeitigen Todes nach statistischen Berechnungen geringer ist.
* Die *Wohngebäudeversicherung* versichert kostspielige Schäden beispielsweise durch Feuer, Hagel, Sturm und Leitungswasser

an der eigenen Immobilie. Diese Versicherung für ein Einfamilienhaus gibt es je nach Region und Gebäudegröße bereits für unter 300 Euro jährlich.

• Eine Faustregel für die *Hausratversicherung* lautet: Sie versichert alles, was Sie aus der Wohnung heraustragen können – und zwar etwa gegen Brand, Blitzschlag, ausgelaufenes Leitungswasser, Einbruchdiebstahl oder Vandalismus. Die Versicherungsbeiträge für einen Haushalt mit einem versicherten Inventar von 80000 Euro betragen bei einer günstigen Gesellschaft etwa 80 Euro pro Jahr, bei teureren Anbietern aber auch deutlich über 200 Euro.

Ein Überblick, wie wir ihn hier nur in kurzer Form geben können, kann natürlich keine weitergehenden Informationen oder Beratungsangebote ersetzen. Mehr erfahren Sie unter den nachfolgenden Links.

Links:
www.bundderversicherten.de (Information und Beratung rund um Versicherungen; kostenlose Broschüre »Gut und günstig versichert« als Download)
www.bvvb.de (Bundesverband der Versicherungsberater)
www.verbraucherzentrale.de (Information und Beratung rund um Versicherungen)

Berufsunfähigkeitsversicherung: ja oder nein?

Irrtum: *Eine Berufsunfähigkeitsversicherung ist immer ratsam.*

Richtig ist: *Bei einer Berufsunfähigkeitsversicherung steckt der Teufel mitunter im Detail – und es gibt Alternativen.*

»Wann brauchen Sie mehr Rente: Wenn Sie durch einen Schlaganfall in den Rollstuhl kommen oder wenn ein Verkehrsunfall daran schuld ist?« So fragte jüngst der *map-Report*, ein vielbeachteter Informationsdienst für Finanzdienstleister. Die Frage zielt darauf ab, dass sich zwar viele Bundesbürger gegen Unfälle abgesichert haben, die Leute jedoch 30-mal häufiger durch eine Krankheit berufsunfähig werden. Neben Herzproblemen führen oft auch Rückenleiden, Allergien oder psychische Erkrankungen dazu, dass Menschen ihren erlernten Beruf nicht mehr ausüben können. Von einer Unfallversicherung gibt es dann keinen Cent. Hier springt die Berufsunfähigkeitsversicherung ein und bezahlt eine monatliche Rente in vereinbarter Höhe. Dennoch haben zwar über 30 Millionen Bundesbürger eine Unfallversicherung, aber nur 13 Millionen eine Berufsunfähigkeitsversicherung.

Und dann werden gerne noch zwei Begriffe verwechselt: Berufsunfähigkeit und Erwerbsminderung. Wer *berufsunfähig* ist, kann in seinem ausgeübten Beruf grundsätzlich nicht mehr tätig sein. Er könnte aber noch andere Tätigkeiten verrichten. Viele, aber nicht alle Berufsunfähigkeitsversicherungen verzichten freilich auf den Verweis auf Tätigkeiten, die der Stellung des Versicherten nicht angemessen erscheinen.

Wenn jemand weniger als drei Stunden am Tag arbeiten kann, trifft das Stichwort *Erwerbsminderung* zu. Bei einer teilweisen Erwerbsminderung sind es weniger als sechs Stunden. Man wird leichter berufsunfähig als erwerbsgemindert. Arbeitnehmer, die in den letzten fünf Jahren versichert waren und wenigstens drei Jahre in die gesetzliche Rentenversicherung eingezahlt haben, erhalten dann eine Erwerbsminderungsrente. Im Durchschnitt sind das etwas über 700 Euro monatlich. Für diejenigen, die vor dem 2. Januar 1961 geboren wurden, gilt noch ein Berufsschutz; sie erhalten Rente, wenn sie ihren Beruf nicht mehr ausüben können. Für alle Jüngeren ist dagegen eine Arbeitsaufnahme in jedem Beruf zumutbar – egal, ob dieser ihnen angemessen erscheint oder nicht.

Weil die Erwerbsminderungsrente im Normalfall nicht besonders hoch ausfällt und es für die Jüngeren dort keinen Berufsschutz gibt, ist eine private Berufsunfähigkeitsversicherung grundsätzlich sinnvoll. Ganz besonders ratsam ist diese Versicherung für Häuslebauer, die einen Hypothekenkredit abzahlen. Denn sonst kann sich zum Alptraum Berufsunfähigkeit noch der Horror einer Zwangsversteigerung gesellen, wenn durch den Einkommensaus-

fall das Geld für die Raten nicht mehr ausreicht. Auch für Berufsanfänger ist dieser Schutz wichtig. Denn sie bekommen in den
ersten fünf Jahren noch nicht einmal die bescheidene staatliche
Erwerbsminderungsrente.

»Schutz gibt es nur für gesunde Reiche«, brachte jüngst die *Süddeutsche Zeitun*g ein Manko dieser Versicherung auf den Punkt.
Denn für eine ausreichend hohe Berufsunfähigkeitsrente werden
auch hohe Beiträge fällig. So gibt es 1000 Euro Rente für einen
30-jährigen Bürokaufmann zurzeit ab 600 Euro Beitrag pro Jahr,
bei einem Industriemechaniker sind es bisweilen mehr als 1100
Euro. Und wer bereits Vorerkrankungen wie Rückenleiden oder
Allergien hat, stellt aus Sicht der Versicherungsgesellschaft ein
»schlechtes Risiko« dar. Dann erhält er nur gegen Aufschlag einen
Versicherungsschutz – manchmal auch überhaupt nicht.

Geringverdiener können sich bei einer Berufsunfähigkeitsrente
oft nur eine Monatsrente von wenigen hundert Euro leisten. Dann
ist es meist besser, ganz auf diesen Schutz zu verzichten. Im Zwei-
felsfall freut sich über so eine Mini-Rente nämlich nur das Sozialamt, weil es nicht in die Bresche springen muss. Tatsächlich beläuft
sich die Mehrzahl der versicherten Berufsunfähigkeitsrenten auf
weniger als 1000 Euro im Monat, was im Ernstfall kaum ausreicht.

Wer sich der finanziellen Unterstützung durch seine Familie
sicher sein kann oder bereits genügend Vermögen gebildet hat,
um zur Not über die Runden zu kommen, braucht ebenfalls nicht
zwingend eine Berufsunfähigkeitsversicherung. Auch für Normal-
und Besserverdiener kann es sich lohnen, Alternativen oder Er-
gänzungen zu prüfen:
– Eine Alternative besteht darin, eigenes Vermögen zu bilden,
  das dann ab etwa 55, wenn Fälle von Berufsunfähigkeit gehäuft
  auftreten, eine Absicherung bietet. Eine gesetzliche Erwerbsminderungsrente wird in der Mehrzahl der Fälle für weniger als
  sieben Jahre bezahlt, durchschnittlich rund fünfeinhalb Jahre.
  Danach sind die Erkrankten oder die Unfallopfer entweder
  wieder gesund, verstorben, haben einen anderen Job oder bekommen Altersrente. Manche Sparer schaffen es bis zum 55.
  Lebensjahr, eine Summe zurückzulegen, mit der sie fünf bis
  sieben Jahre einigermaßen komfortabel überbrücken können.
  Unser Tipp: Wer diesen Weg gehen und in jüngeren Jahren ab-

gesichert sein möchte, kann die Versicherungslaufzeit bei einer Berufsunfähigkeitsversicherung niedriger ansetzen, etwa nur bis 55 Jahre. Je kürzer die Laufzeit, desto größer freilich muss die Vermögensbildung sein. Der jährliche Versicherungsbeitrag fällt indes deutlich niedriger aus, und die eingesparten Zahlungen an die Versicherung können den Aufbau eines eigenen Vermögenspolsters unterstützen.

- Eine *Unfallversicherung* ist kaum eine echte Alternative, weil Berufsunfähigkeit nur selten die Folge von Unfällen ist. Und bei Arbeitsunfällen zahlt die gesetzliche Unfallversicherung. Immerhin: Bei einer Unfallversicherung wird jeder versichert, unabhängig davon, ob er bereits irgendwelche Vorerkrankungen hat.
- Eine weitere, preiswerte Alternative zur Berufsunfähigkeitsversicherung ist eine private *Erwerbsunfähigkeitsversicherung*. Sie zahlt nur, wenn der Versicherte so gut wie gar keine Arbeit mehr erledigen kann, ähnlich wie das bei der gesetzlichen Erwerbsminderungsrente der Fall ist. Diese Möglichkeit bietet sich all denjenigen an, die vor Umschulungen oder einem arbeitsplatzbedingten Umzug nicht zurückschrecken.
- Eine *Grundfähigkeitsversicherung* zahlt, wenn der Versicherte grundlegende Fähigkeiten wie Sehen, Hören, Gehen, Heben oder Tragen verliert. Die Ursache spielt dabei keine Rolle. Psychische Erkrankungen wie Depressionen, die eine bedeutende Ursache für Berufsunfähigkeit darstellen, sind nicht abgedeckt.
- Eine sogenannte *Dread-Disease-Versicherung* (in etwa zu übersetzen mit »schlimmste Erkrankungen«) deckt bestimmte schwere Krankheiten, etwa Krebs, Schlaganfall, Herzinfarkt oder Multiple Sklerose, mit der einmaligen Zahlung eines Geldbetrages ab. Andere häufige Ursachen wie Rückenleiden oder psychische Erkrankungen werden nicht berücksichtigt. Bei entsprechendem ärztlichen Nachweis zahlt die Versicherung in der Regel ohne viel Hickhack eine einmalige Summe, vereinzelt sind auch Rentenlösungen im Angebot. Trotz der vielen Ausschlüsse sind die Kosten oft nicht viel niedriger als bei einer Berufsunfähigkeitsversicherung.

Und dann gibt es noch zwei unorthodoxe Ansätze, das Risiko einer Berufsunfähigkeit zu senken:

Zum einen die Berufswahl. Leider machen sich dabei nur wenige Berufsanfänger oder deren Eltern Gedanken über das Risiko einer Berufsunfähigkeit. Das fällt nämlich je nach ausgeübtem Beruf völlig unterschiedlich hoch aus. So gehen zwei Drittel aller Eisenbahnschaffner wegen verminderter Erwerbsfähigkeit vorzeitig in Rente. Es belastet einfach die Nerven, wenn Fahrgäste vielfach ihren Ärger etwa über Verspätungen an unschuldigen Zugbegleitern auslassen. Auch Gleisbauer, Estrichleger und Dachdecker haben ein sehr hohes Risiko, vorzeitig aufhören zu müssen.

Keine Bange, selbst wenn alle Berufsanfänger dieses Risiko berücksichtigen würden, dürften sich trotzdem genügend Menschen für diese Berufe finden. Nur würden sie dann wohl besser bezahlt werden, denn anders ließen sich die Stellen einfach nicht besetzen.

Und der zweite Ansatz: Eine gesunde Lebensweise und Ausgleichssport sind ebenfalls eine Form der privaten Vorsorge, die eine Versicherung prima ergänzt. Denn damit lässt sich vielen körperlichen und zum Teil auch psychischen Erkrankungen vorbeugen und das Risiko der Berufsunfähigkeit verringern.

Hier noch einige Zusatztipps für den Abschluss einer Berufsunfähigkeitsversicherung:

1. Preis-Leistungsvergleiche in Finanzzeitschriften wie *Finanztest* geben Ihnen Orientierung. Achten Sie aber darauf, dass Sie bei der Versicherungsgesellschaft auch genau den getesteten Tarif bekommen. Im Gegensatz zu manchen anderen Versicherungsarten mit weitgehend standardisierten Versicherungsbedingungen ist es hier falsch, sich einfach für den preisgünstigsten Anbieter zu entscheiden.

2. Risikovoranfrage: Wenn Sie bereits eine Vorerkrankung haben, können Sie im Internet über eine anonyme kostenlose Risikovoranfrage herausfinden, wie Ihr Gesundheitszustand von Berufsunfähigkeitsversicherern beurteilt wird. Ein gutes Angebot findet sich zum Beispiel unter www.buforum24.de. Einen Antrag stellen Sie anschließend nur bei den Versicherern, die die anonym eingereichten Antworten zu den Gesundheitsfragen akzeptiert und grünes Licht für eine Versicherung gegeben haben. Auf diese Weise erhöht sich Ihre Chance, als Versichertenmitglied angenommen zu werden.

3. Holen Sie gleichzeitig Angebote mehrerer Versicherer ein. Wenn Sie von einem erst einmal abgelehnt wurden, bekommen Sie schwerer anderswo einen guten Schutz.

4. Vorerkrankungen: Nennen Sie alle Erkrankungen, nach denen im Antrag gefragt wird. Verschweigen Sie nichts aus Angst, keinen Versicherungsschutz zu bekommen. Nur dann haben Sie eine Chance auf einen verlässlichen Versicherungsschutz. Im Jahr 2005 wurde ein Drittel aller Anträge auf Leistung abgelehnt, weil der Versicherer vom Vertrag zurückgetreten ist. Das ist möglich, wenn der Versicherungsnehmer bei Vertragsabschluss unzureichende Angaben gemacht hat, beispielsweise indem er Krankheiten verschwiegen hat.

5. Können sich beispielsweise junge Leute in der Berufsausbildung anfangs einen ausreichend hohen Schutz nicht leisten, ist eine kleine versicherte Rente mit ausreichend hoher Nachversicherungsgarantie ratsam. Dann kann die Berufsunfähigkeitsrente ohne erneute Gesundheitsprüfung erhöht werden, etwa bei Heirat, Geburt, Hauskauf oder einem Einkommenssprung.

Links:

www.deutsche-renten-Versicherung.de (Stichwortsuche »Erwerbsminderungsrente« für Fragen und Antworten zum Thema Erwerbsminderung)

www.bmas.de/coremedia/generator/10376/erwerbsminderungsrente.html (Bundesministerium für Arbeit und Soziales, Broschüre Erwerbsminderungsrente)

www.finanztest.de, www.oekotest.de (kostenpflichtige Tarifvergleiche)

www.buforum24.de (Versicherungsmakler mit Angebot einer anonymisierten Risikovoranfrage)

www.map-report.com/gefährli.htm (Liste gefährlicher Berufe, bei denen es häufig zu vorzeitigem Rentenbezug wegen verminderter Erwerbsfähigkeit kommt)

Kinder absichern

Irrtum: *Zur Absicherung der Kinder gibt es nichts Besseres als eine Unfallversicherung und eine Ausbildungsversicherung.*

Richtig ist: *Kinder-Invaliditätsversicherungen bieten deutlich besseren Schutz, und zu Ausbildungsversicherungen gibt es günstigere Alternativen.*

»Drei Dinge sind uns aus dem Paradies geblieben: die Sterne der Nacht, die Blumen des Tages und die Augen der Kinder«, schwärmt der italienische Dichter Dante Alighieri. Für Eltern gibt es nichts Bedeutenderes als ihre Kinder. Das weiß auch die Finanzindustrie für sich zu nutzen und hat Produkte wie Kinder-Unfallversicherungen, Kinder-Invaliditätsversicherungen und eine bunte Vielfalt an Ausbildungsversicherungen entwickelt, mit hübschen Namen wie »EnkelPolice« oder »Junior Aktiv«. Und alles schön bunt gestaltet, zuweilen sogar mit Biene Maja und Fix und Foxi als Werbeträger der Policen. Aber was können Eltern wirklich Sinnvolles tun, um ihre Kinder finanziell abzusichern?

In vielen Fällen kann eine *Kinder-Invaliditätsversicherung* in Frage kommen. Die meisten Unfälle von Kindern sind harmlos. Und wenn es nicht ganz so glimpflich ausgeht, bezahlt die Arztrechnung ohnehin die Krankenkasse. Ernst wird es erst, wenn das Kind durch einen Unfall invalide und kaum noch in der Lage ist, irgendwann einmal einen Beruf auszuüben. Auch dann stellt unser Sozialstaat natürlich die Versorgung des Kindes sicher – es gibt hierzulande hervorragende Einrichtungen für behinderte Menschen. Wer aber nicht auf solche Leistungen angewiesen sein oder das Kind lieber bei sich zu Hause unterbringen möchte, muss dies großteils aus eigener Tasche bezahlen. In diesem Fall ist eine private Absicherung nützlich – umso mehr, wenn sie neben Unfällen auch die Risiken einer Krankheit einschließt. Denn ein Unfall ist nur in weniger als einem von 100 Fällen Ursache einer schweren Behinderung. Häufigste Ursachen sind Erkrankungen (60 Prozent der Fälle) sowie angeborene Behinderungen. *Finanztest* nimmt die Tarife von Kinder-Invaliditätsversicherungen immer wieder unter die Lupe. Gute Angebote sind unter anderem bei der DEVK, der HUK-Coburg und der R+V zu haben. Rund 40 Euro pro Monat kostet eine monatliche lebenslange Invaliditätsrente von 1000 Euro. Die Unfallversicherung ist dagegen kaum eine attraktive Alternative. Zwar betragen deren Kosten nur ein Viertel des Beitrags einer Invaliditätsversicherung, aber sie sichert nur einen Bruchteil der Risiken ab.

Ausbildungsversicherungen bestehen im Wesentlichen aus einer Risikoabsicherung und einem Sparplan. Die Risikoabsicherung ist aber meist Welten entfernt von dem, was wir als sinnvoll erachten. Sie besteht häufig aus viel zu geringen Leistungen bei Unfall oder Ableben der Eltern. Sind Eltern und Kind richtig versichert, ist der Risikoschutz einer Ausbildungsversicherung sogar überflüssig. Der dazugestrickte Sparplan entspricht dem von nicht sonderlich günstigen Kapital-Lebensversicherungen, in einigen Fällen ist sie auch mit teureren Investmentfonds kombiniert.

Stattdessen ist ein gutes Tagesgeldkonto – je nach Risikoappetit garniert mit einem günstigen Sparplan in Aktienfonds (siehe S. 160 zum Cost-Average-Effekt) – der vielversprechendere Weg, Vermögen für ein kostspieliges Studium aufzubauen. Für je 10 000 in heutiger Kaufkraft ausgedrückte Euro, die nach 18 Jahren Spardisziplin zu Buche stehen sollen, müssen die Eltern 40 Euro monatlich sparen, vorausgesetzt, sie erzielen nach Steuern und Preissteigerungen im Schnitt rund 2,5 Prozent Rendite pro Jahr, was aber machbar ist.

Bei aller Kinderliebe sollte man nicht vergessen, dass die Jüngsten finanziell am Tropf der Eltern hängen, zumindest bis sie erwachsen sind. Eine Absicherung der existentiellen Risiken der Eltern ist daher gerade auch im Interesse der Kinder mindestens ebenso wichtig. Dazu gehören in der Regel eine Risikolebensversicherung und eine Berufsunfähigkeitsversicherung.

Links:

www.bvkm.de (Bundesverband für Körper- und Mehrfachbehinderte, Broschüre »Mein Kind ist behindert – Hinweise auf finanzielle Hilfen für Familien mit behinderten Kindern«)
www.finanztest.de (Stichwortsuche »Kinderinvaliditätsversicherung«)
Günstige Sparplananbieter siehe S. 162

Die Versicherungsvergleichsfalle

Irrtum: *Versicherungsvergleiche im Internet sind meistens aussagekräftig.*

Richtig ist: *Viele Versicherungsvergleiche sind mit Vorsicht zu genießen.*

Um bei den Versicherungsausgaben zu sparen, hat ein privater Haushalt zwei Möglichkeiten: Einmal, indem er eher überflüssige Versicherungen gar nicht erst abschließt – darüber konnten Sie sich im vorhergehenden Kapitel bereits informieren. Oder indem er für den erforderlichen Versicherungsschutz die Versicherungsbeiträge vergleicht. Dabei kann es bei vergleichbaren Leistungen immense Beitragsunterschiede geben. Nach Analysen des Bundesverbandes der Versicherungsberater (BVVB) werden etwa Privathaftpflichtversicherungen mit einem Versicherungsschutz von 5 Millionen Euro ohne Selbstbeteiligung für 55 Euro, aber auch für bis zu 170 Euro jährlich angeboten. Für eine Hausratversicherung über 100 000 Euro kann man jährlich 85 oder im Extremfall auch 340 Euro auf den Tisch legen.

Da liegt es nahe, die zahlreichen Vergleichsrechner im Internet zu nutzen, um nach günstigen Angeboten zu suchen. Für Nutzer mit Vorkenntnissen bei Versicherungen können solche Seiten Gold wert sein. Wer aber auf dem Gebiet noch unerfahren ist, genießt sie besser mit Vorsicht. Bei Personenversicherungen wie privaten Kranken- oder Berufsunfähigkeitsversicherungen sind nämlich in erster Linie nicht die Preis-, sondern die Versicherungsbedingungen entscheidend. Kostenlose Versicherungsvergleiche im Internet ermöglichen da in der Regel keinen detaillierten Leistungsvergleich.

Aber auch bei relativ gut vergleichbaren Versicherungen wie Privathaftpflicht-, Hausrat-, Wohngebäude- oder Kfz-Versicherungen reicht es nicht aus, sich auf eine Vergleichsseite zu verlassen. Denn auf vielen Seiten werden besonders günstige Anbieter bisweilen gar nicht erst aufgeführt. Der Grund dafür ist einfach zu verstehen: Vergleichsrechner werden nicht von wohltätigen

Vereinigungen betrieben, sondern in der Regel von Maklern, die ihren Lebensunterhalt zu bestreiten haben. Da die Vergleichsseiten nicht über die Nutzer zu finanzieren sind, tragen oft die Versicherungsanbieter die Kosten dafür, etwa über Provisionen, wenn man direkt über die Vergleichsseite eine Versicherung abschließt, oder über andere Vergütungen. Gesellschaften, die nicht oder nicht angemessen zahlen, fliegen dann kurzerhand aus den Vergleichen. Das ZDF-Wirtschaftsmagazin *WISO* hat unlängst drei Vergleichsportale getestet und festgestellt, dass dort von über 100 Privat-Haftpflichtversicherungen am Markt mal nur 68, mal sogar nur 25 Anbieter berücksichtigt wurden.

Ein weiterer Schwachpunkt vieler Vergleichsportale ist, dass der Fokus auf der Beitragshöhe liegt. Denn oft unterscheiden sich die Tarife eben doch in einzelnen Leistungsmerkmalen voneinander. Solche Unterschiede fallen bisweilen unter den Tisch. Die Nutzer sparen dann schnell an der falschen Stelle. Bei einer Kfz-Haftpflichtversicherung spielt es beispielsweise schon eine Rolle, ob diese auch bei groben Fahrfehlern für Schäden aufkommt. So gehen Versicherte, die eine rote Ampel missachten, bei manchen Tarifen leer aus, während bei anderen Tarifen die Versicherung zahlt. Freilich werden auf manchen Seiten auch solche Leistungsmerkmale berücksichtigt.

Unser Fazit: Nur bei Sachversicherungen sind Internetvergleiche gut zu gebrauchen. Wer nach einem günstigen Versicherungsschutz sucht, sollte aber immer mehrere Vergleichsportale parallel nutzen.

Links (die folgenden Vergleichsportale kommen bei Tests oft relativ gut weg):
www.aspect-online.de (Vergleiche ohne Eingabe persönlicher Daten möglich)
www.fss-online.de
www.nafi-auto.de (besonders umfassender Vergleich von Kfz-Versicherungen; Vergleiche ohne Eingabe persönlicher Daten möglich)
www.test.de/themen/versicherung-vorsorge/analyse/ (Die Stiftung Warentest bietet kostenpflichtige Analysen.)

FINANZSYSTEM

Inflationsgeschichte(n)

Irrtum: *1923 war die erste große Inflation im deutsch-sprachigen Raum.*

Richtig ist: *Inflation in großem Ausmaß gab es schon zur Zeit der Schinderlinge und in der Kipper- und Wipperzeit.*

»Inflation ist, wenn du 15 Dollar für einen 10-Dollar-Haarschnitt bezahlst, den du – als du noch Haare hattest – für 5 Dollar kaufen konntest.« Diese treffende Definition stammt von dem Humoristen Sam Ewing. Inflation ist ein sehr altes Phänomen: Der berühmt-berüchtigte römische Kaiser Nero etwa ließ 63 n. Chr. Gewicht und Edelmetallgehalt der Münzen deutlich verringern, um mehr Münzen prägen zu können. Die Folge war die erste detailliert dokumentierte Inflation der Weltgeschichte. Plinius der Ältere hat darüber berichtet. Auch in spätrömischer Zeit, ab 200 n. Chr., folgten weitere Inflationsphasen. Neros Nachfolger Vespasian versuchte, die niederliegende Wirtschaft mit einer Rosskur zu sanieren: Er besteuerte einfach alles, was ihm so in den Sinn kam, sogar die städtischen Bedürfnisanstalten. Als daraufhin selbst aus den Reihen seiner Senatoren Kritik kam, soll er den bekannten Ausspruch getätigt haben: »Geld stinkt nicht.«

1457 bis 1460, in der Zeit der »Schinderlinge«, gab es die erste große Inflation im deutschsprachigen Raum. Für die betroffenen Menschen war das eine ungewohnte und erschreckende Erfahrung. Vor allem in Österreich und Süddeutschland nahm der Wert des Geldes dramatisch ab. Die Ursache waren Erbstreitigkeiten zwischen Kaiser Friedrich III. und seinem Bruder Herzog Albrecht.

Diese mündeten in einen kostspieligen Krieg, der die Mittel der beiden Brüder bei weitem überstieg. Also ließen sie minderwertige Münzen prägen und ersetzten das Silber in den Pfennigen nach und nach durch billiges Kupfer, das die Geldstücke auf Dauer grau bis schwarz färbte. Daher auch der Name »Schwarzpfennig« oder »Schinderling«. Mit dem herkömmlichen Geld hatte man bis dahin ordentlich einkaufen gehen können. Aber je weniger Silberanteile die Münzen enthielten, desto weniger waren sie wert. Die Folge? Eine saftige Inflation. Das lässt sich auch am Wechselkurs zum ungarischen Gulden ablesen: Ein Gulden war Anfang 1458 noch 270 Pfennige wert, Ende 1459 kriegte man erst für 960 Pfennige einen Gulden und nur vier Monate später, im April 1460, gar nur noch für 3686 Pfennige. Zuletzt bestanden die Pfennige fast nur noch aus Kupfer, und niemand wollte sie mehr annehmen. Der Handel kam ins Stocken, und die Bevölkerung verarmte, bis auf diejenigen, die noch alte, unverfälschte Pfennige in ihrem Sparstrumpf hatten – die konnten sich dafür alles kaufen. Erst als schließlich wieder Silberpfennige eingeführt wurden, war die erste große Inflation in Deutschland zu Ende. Es sollte nicht die letzte bleiben.

Die nächste größere Inflation kam in Deutschland zur sogenannten Kipper- und Wipperzeit. Sie begann mit dem Dreißigjährigen Krieg 1618 und hielt etwa fünf Jahre an. Auch hier war wieder wie so oft ein Krieg Auslöser für die Geldentwertung. Der Schriftsteller Gustav Freytag schreibt viel später darüber: »Von allen Schrecken des beginnenden Krieges erschien dem Volk keiner so unheimlich als eine plötzliche Entwertung des Geldes. Sie machte ehrsame Bürger zu Spielern, Trunkenbolden und Trossknechten, jagte Prediger und Schullehrer aus ihren Ämtern, brachte wohlhabende Familien an den Bettelstab, stürzte alles Regiment in heillose Verwirrung und bedrohte in einem dichtbevölkerten Land die Bewohner der Städte mit dem Hungertod.«

Überall im Reich waren Geldwechsler unterwegs. Sie luchsten den Menschen ihre alten, vollwertigen Silbertaler ab und jubelten ihnen dafür neues minderwertiges Geld unter. Die werthaltigen Münzen brachten sie zum Einschmelzen in amtliche oder illegale Münzstätten, deren Geschäftsgebaren sich ohnehin kaum voneinander unterscheiden ließ. Immer mehr Münzstätten schossen wie Pilze aus dem Boden, weshalb man bald auch von »Heckenmünzen« sprach – hinter jeder Hecke eine Münzstätte. Dort wurden die Silbermünzen eingeschmolzen, mit Kupfer gestreckt und neu geprägt. Um die guten von den schlechten Münzen zu unterscheiden, benutzten Händler und Agenten sogenannte »Wippen«. Das waren Waagen, mit deren Hilfe sie die vollwertigen Münzen schnell identifizieren konnten, um sie anschließend einzuschmelzen, auszusondern oder zu »kippen« – das ist Althochdeutsch und bedeutet »beschneiden«, da man bei den damals ungleichmäßig geprägten Münzen einfach etwas Silber von den Münzrändern abschnitt. Dieses Wort gibt der Kipper- und Wipperzeit ihren Namen.

Den Menschen erschien das Tauschgeschäft erstmal überaus attraktiv: Für einen alten Taler gab es zwei, drei oder noch mehr neue. Wie durch ein Wunder fühlten sie sich plötzlich reich. Doch der Zustand der Glückseligkeit hielt nicht lange an angesichts der zunehmenden Preissteigerungen. Bald weigerten sich Händler, Handwerker und Bauern, ihre Dienste und Waren gegen Bezahlung mit den gestreckten Kippermünzen anzubieten. Es kam zu Unruhen und Tumulten der notleidenden und hungernden Bevölkerung. Selbst die Regenten sahen, dass es so nicht weitergehen konnte. Sie begannen, das Kippergeld wieder einzuziehen und neue Münzen nach alter Machart zu prägen. Doch der Schaden war unwiederbringlich und die Folgen dieser Inflation verheerend. Über Generationen angesammelte Ersparnisse wurden vernichtet.

Auch die späteren Inflationen in Deutschland wurden fast immer durch Aufrüstung und Kriege hervorgerufen. Während des Siebenjährigen Krieges ließ Friedrich der Große in Preußen schlechtes Geld prägen. 1763 zog er die minderwertigen Münzen dann wieder ein. Gleichwohl verloren Geldbesitzer bis zu 75 Prozent ihres Vermögens.

Die große Inflation von 1923 hat ihre Wurzeln bereits im Ersten Weltkrieg. Eine unvorstellbare Materialschlacht forderte nicht nur Millionen von Menschenleben in den Schützengräben, sie verschlang auch Unsummen an Geld – Geld, das keiner hatte. Also nahmen alle beteiligten Regierungen massiv Kredite auf. Nachdem der Krieg verloren war, kamen für die Deutschen immense Reparationsforderungen der Kriegsgegner hinzu. An eine Rückzahlung der Staatsschulden war nicht zu denken. Endgültig lief das Fass über, als die Franzosen wegen verspäteter Reparationszahlungen 1923 das Ruhrgebiet besetzten. Die deutsche Regierung rief zu passivem Widerstand, zu Sabotage und Streik auf. Die Löhne an die Streikenden zahlte sie einfach weiter und ließ sogar noch mehr Geld drucken – Geld ohne Gegenwert, ohne Kaufkraft. Das leitete die letzte und heftigste Phase der Inflation ein: Die Preise kannten kein Halten mehr und stiegen schneller, als die Menschen jener Zeit zugucken konnten.

Die Folgen waren grotesk: In Restaurants konnte sich die Rechnung für ein Gericht während der Mahlzeit verdoppeln. Pfarrer hielten den Kirchgängern nach Gottesdiensten einen Wäschekorb für die Kollekte hin. So schnell, wie die Preise für Waren und Dienstleistungen anstiegen, konnten Löhne und Gehälter gar nicht folgen. Die Kaufkraft der Löhne fiel auf 40 Prozent des Vorkriegsniveaus – auf diesem blieb sie übrigens auch in den Jahren nach der Währungsumstellung Ende 1923.

Vermögenswerte schmolzen dahin. Weite Teile der deutschen Bevölkerung verarmten. Während man für den US-Dollar zu Beginn des Ersten Weltkriegs noch 4,20 Mark bezahlt hatte, waren es Mitte November 1923 schließlich 4,2 Billionen Mark. In den Städten kam es zu Hungerunruhen und Geschäftsplünderungen. Auf der anderen Seite gaben Profiteure der Inflation – Schmuggler, Schieber und Schwarzhändler – ihr schnell verdientes Geld ebenso schnell und verschwenderisch wieder aus. Luxus und Verelendung traten in einen krasseren Gegensatz als jemals zuvor. Nicht umsonst beschreibt man diese Zeit auch als »Tanz auf dem Vulkan.«

Größter Profiteur der Inflation war der Staat. Seine gesamten inländischen Kriegsschulden in Höhe von 164 Milliarden Mark beliefen sich nach der Währungsumstellung am 15. November 1923 auf gerade einmal 16,4 Pfennige – ein Weltkrieg für gut einen Groschen!

Börsengeschichte(n)

Irrtum: *1929 war der erste große Börsencrash.*

Richtig ist: *Die Geschichte ist voller Börsencrashs. Schon 1637 gab es einen in den Niederlanden – es ging um Tulpen.*

Der Börsencrash von 1929 und die darauffolgende Weltwirtschaftskrise haben sich in das Bewusstsein selbst der Menschen eingebrannt, die mit der Börse überhaupt nichts am Hut haben. Vielleicht weil sie noch von ihren Groß- und Urgroßeltern wissen, wie verheerend die Folgen waren.

Wie immer ging dem Crash ein Boom voraus: In den USA florierte die Wirtschaft und breite Bevölkerungsschichten kamen zu Wohlstand. Nicht umsonst sprach man von den Goldenen Zwanzigern. Die Aktienkurse an den US-Börsen waren steil nach oben gestiegen – dann verloren sie plötzlich in nur sieben Tagen, vom 22. Oktober bis zum 29. Oktober 1929, 30 Prozent ihres Wertes. Der zu Unrecht berüchtigte »Schwarze Freitag«, der 25. Oktober, war dabei übrigens der einzige Tag, an dem es mit den Kursen an der Wall Street nicht abwärtsging. Eigentlich müsste man deshalb von dem Tag davor als dem »Schwarzen Donnerstag« sprechen. Von ihren Höchstständen im Spätsommer 1929 bis zum absoluten Tief im Juli 1932 verloren die US-Aktien im Durchschnitt sogar 89 Prozent an Wert – aber keineswegs in einer einzigen kontinuierlichen Abwärtsbewegung. Es gab eine Handvoll Erholungsphasen, bei denen die Kurse 20, 30 oder gar 40 Prozent zulegten, allerdings nur, um danach jedes Mal auf noch tiefere Werte zu sinken.

Die Gründe? Zinserhöhungen spielten eine Rolle, ebenso das vorläufige Ende der seit Jahrzehnten voranschreitenden »Globalisierung«, ausgelöst durch hohe Schutzzölle, die von den USA und anderen Staaten eingeführt wurden. Und das war nicht der einzige wirtschaftspolitische Missgriff dieser Zeit. Die Folgen: Firmenzusammenbrüche, Bankenschließungen, Massenarbeitslosigkeit, und das nicht nur in den USA. Deshalb spricht man ja auch von der

Weltwirtschaftskrise. In Deutschland und auch in anderen Staaten brachte unter anderem diese Krise die rechtsextremen Parteien an die Macht.

Auch wenn sich die Schockwellen dieser Krise weltweit und mit katastrophalem Ausmaß ausbreiteten, war dieser Crash nicht der erste seiner Art. Die Geschichte ist voller Börsencrashs. Der erste fand um 1637 herum in den Niederlanden statt. Spekulationsobjekte und gleichzeitig Objekte der Begierde waren damals keine Aktien, sondern – o Wunder! – Tulpenzwiebeln.

Tulpen waren erst wenige Jahrzehnte zuvor aus der Türkei eingeführt worden und galten ihrer Farbenfreude und ihrer Seltenheit wegen als Statussymbol. Konnte anfangs noch eine Zwiebel für einen Gulden erstanden werden, so musste man bald 1000 Gulden und mehr dafür bezahlen. Wie bei jedem spekulativen Exzess – man spricht auch von Börsenblasen – ließ erst der Einstieg breiter Bevölkerungsschichten die Preise explodieren. Eine Zwiebel der sehr seltenen Sorte »Vizekönig« wechselte für 24 Wagenladungen Korn, acht Mastschweine, vier Kühe, vier Fässer Bier, 1000 Pfund Butter sowie einige Tonnen Käse den Besitzer. Ein Müller verkaufte gar seine Mühle für eine Zwiebel der Spezies »Mère brune«.

Der britische Journalist Mike Dash hat 2000 in seinem Buch *Tulpenwahn* das Treiben dieser Tage beschrieben. Für Normalbürger war die Aussicht auf schnellen Reichtum ohne harte Arbeit überaus verlockend. Ein wenig Startkapital, und schon konnte es losgehen mit dem Wohlstand. Selbst Dummheit schadete nicht, solange sich ein größerer Dummkopf fand, der einem die teuer erstandenen Zwiebeln für noch mehr Geld wieder abkaufte.

Doch eines Tages im Februar 1637 konnte bei einer Auktion in Haarlem zum ersten Mal kein noch größerer Dummkopf gefunden werden. Ein Pfund Zwiebeln blieb unverkauft. Der Händler blieb auf seinen Kontrakten sitzen.

Panik breitete sich aus. Die Preise brachen zusammen. Alle versuchten verzweifelt, ihre Zwiebeln loszuwerden. Die einst so begehrten Tulpen wurden innerhalb kürzester Zeit völlig wertlos. Ein berühmter Zeitgenosse, der unter der Tulpenspekulation gleich doppelt zu leiden hatte, war der Maler Rembrandt. Seine eigenen Tulpenkontrakte wurden wertlos, und weil auch seine

Kunden in der Spekulationsblase viel Geld verloren hatten, knauserten sie mit Aufträgen für Gemälde, so dass Rembrandt schließlich Konkurs anmelden musste.

»An der Börse wird immer das gleiche Theater gespielt, nur mit verschiedenen Darstellern«, meinte schon der legendäre Spekulant André Kostolany. Und tatsächlich hat sich dieses Drama der Börsencrashs noch Dutzende Male wiederholt, mal regional begrenzt, mal global ausgeweitet. In den letzten Jahren häuften sich die Blasen wieder: Bei der großen Technologie- und Internetaktienblase bis Anfang 2000 gab es Kurseinbrüche um 90 Prozent und mehr. Außerhalb der Börsen entwickelte sich nicht nur in den USA, sondern auch in vielen europäischen Ländern seit Mitte der neunziger Jahre bis 2007 eine Immobilienblase mit außergewöhnlichen Preissteigerungen. Die Bereinigung der Exzesse bei chinesischen und indischen Aktienwerten hat 2007 begonnen und muss noch lange nicht abgeschlossen sein. Bei Rohstoffen schließlich gehen trotz einer Vervielfachung der Notierungen die Meinungen auseinander, ob hier tatsächlich die Märkte übertreiben oder ob sich einfach die Verknappung der endlichen Ressourcen in den Preisen widerspiegelt.

An der Börse gibt es wenig Gewissheiten, aber diese hier gilt mit 100-prozentiger Sicherheit: Auch in Zukunft wird es Spekulationsexzesse geben. Zu verlockend bleibt der Traum, in kurzer Zeit und ohne eigene Anstrengung zu einem Vermögen zu kommen.

Link:
www.boerse.de (Hier findet sich unter anderem eine sehr anschauliche Geschichte der Börsencrashs der letzten 350 Jahre.)

Böse Banken, böse Börsen?

Irrtum: *Banken und Börsen sind Teufelszeug.*

Richtig ist: *Ohne Banken und Börsen wäre die Industrialisierung überhaupt nicht denkbar gewesen. Sie erfüllen in einer modernen Volkswirtschaft wichtige Aufgaben, selbst Börsenspekulanten sind nützlich.*

Ein Landwirt erntet Getreide oder produziert Milch. Ein PC-Hersteller produziert Computer. Das sind alles Dinge von Wert. Aber Banken und Börsen? Tragen die wirklich zu unserem Wohlstand bei? Nehmen die uns nicht nur aus?»Bankraub ist eine Unternehmung von Dilettanten. Wahre Profis gründen eine Bank«, meinte Bertolt Brecht einmal und polemisierte noch weiter, was denn schon ein Dietrich gegen eine Aktie sei.

Trotz des durch die aktuelle Finanzkrise noch verstärkten Argwohns und Unmuts gegenüber dem Finanzsektor steht eines fest: Ohne Banken und Börsen wäre die moderne Industriegesellschaft weder entstanden, noch ließe sie sich aufrechterhalten. Die Ausstattung von Handelsschiffen, die Erschließung von Bergwerksstollen oder der Bau von Eisenbahnlinien hätten die finanziellen Möglichkeiten einzelner Unternehmer wegen der hohen Risiken und des immensen Kapitalbedarfs weit überschritten. Erst Aktiengesellschaften und ein modernes Finanzwesen haben es erlaubt, die dafür notwendigen Kapitalbeträge aufzubringen.

Gerade der Bau von Eisenbahnen erforderte sehr hohe Investitionsmittel, die nur durch die Beteiligung vieler am Unternehmen aufgebracht werden konnten. Gleichzeitig ermöglichte eine Aktiengesellschaft die Begrenzung des unternehmerischen Risikos auf die Geldbeträge, die für die erworbenen Anteile eingezahlt worden waren. Zusätzlich stellten Banken über Kredite Mittel bereit. In unserer modernen Volkswirtschaft haben Banken und Aktienbörsen ähnliche Aufgaben: Viele relativ kleine Beträge, die Sparer oft nur kurzfristig und mit geringem Risiko anlegen wollen, werden gebündelt und in langfristig nutzbares Kapital umgewandelt, das wiederum Unternehmen für risikobehaftete Investitionen zur Verfügung gestellt wird. Losgrößen-, Fristen- und Risikotransformation nennen die Volkswirte das jeweils.

Und dann gibt es neben den Aktionären, die ihre Papiere langfristig halten, noch die Spekulanten. Selbst diese Spielernaturen erfüllen im Finanzsystem eine positive Funktion: Mit ihren häufigen Käufen und Verkäufen bewirken sie, dass der Markt liquide bleibt. Das heißt: Anleger können ihre Aktien jederzeit wieder verkaufen, wenn sie das Geld benötigen oder ihre Anlageentscheidung revidieren wollen. Bei Unternehmen mit anderer Rechtsform, etwa bei Gesellschaften mit beschränkter Haftung, gestaltet sich das schwieriger, bei Investitionen in Immobilien übrigens auch.

Leider gibt es keine Wirkung ohne Nebenwirkung: Spekulanten verstärken oft auch Trends, so dass die Kurse von Wertpapieren stärker steigen und tiefer fallen, als sie dies ohne das Zutun der Spekulanten tun würden.

Auch wenn Banken kein Teufelszeug sind, barmherzige Samariter sind sie ebenso wenig. Nicht nur einzelne Geschäftspraktiken, nein, gleich eine ganze Reihe von Geschäften sind sehr fragwürdig. Die *Financial Times Deutschland* titelte unlängst:»So viele Banker – so wenig Mehrwert.« Vor dem Hintergrund der aktuellen Finanzkrise stellt nicht nur sie die Frage nach dem volkswirtschaftlichen Nutzen einiger Bankbereiche wie der Vermögensverwaltung. Wir fügen hinzu: Egal ob Zertifikate, Dachhedgefonds oder private Rentenversicherungen – viele Produkte der Finanzindustrie beruhen in ihrem Kern darauf, ein Renditefeuerwerk in Aussicht zu stellen, um dann Nebelkerzen zu werfen, damit der Kunde nicht so genau sehen kann, was aus den Versprechen geworden ist und was ihn der ganze Spaß kostet. Belege hierzu finden Sie in vielen Kapiteln dieses Buches.

Zwischen Autos und Finanzdienstleistungen gibt es einen großen Unterschied. Marc Brost und Marcus Rohwetter haben das in ihrem Buch *Das große Unvermögen* sehr anschaulich erklärt: »Wenn ein Ehepaar mit zwei Kindern und einem Hund ein neues Auto braucht, wählt es einen Kombi und kein Sportcoupé mit Anhängerkupplung und Wohnwagen. Wenn ein überzeugter Single ein paar Euro übrig hat, legt er sich ein Cabrio zu – und keinen siebensitzigen Minivan. Und wenn ein selbständiger Malermeister ein neues Firmenfahrzeug braucht, nimmt er bestimmt keinen Smart.«

Auch ohne die technischen Details eines Turbodiesels oder einer Servolenkung zu kennen, treffen Käufer meist die richtige Wahl.

Bei Geldanlagen ist das leider anders, vielleicht weil man Finanzanlagen nicht anfassen kann und Fehlentscheidungen sich oft erst nach Jahren bemerkbar machen. Da wird Leuten, die eigentlich in einigen Jahren eine Wohnung kaufen wollen, eine fondsgebundene Rentenversicherung verkauft. An das Geld kommen sie ohne Ertragseinbußen erst mit Rentenbeginn wieder heran. Und wohl nur bei Finanzanlagen werden lahme Kröten reihenweise als Sportwagen verkauft beziehungsweise eine mit Kosten überfrachtete Geldanlage als das Renditewunder schlechthin. Nein, die Börse ist kein Teufelszeug, und ja, wir brauchen Banken. Aber: Wir brauchen vor allem bessere Banken.

FINANZIELLE FREIHEIT

Geld und Glück

Irrtum: *Geld macht nicht glücklich.*

Richtig ist: *Wer glaubt, dass Geld nicht glücklich macht, wird jedenfalls nie zu Geld kommen.*

Schon in Bertold Brechts *Dreigroschenoper* wurde geträllert: »Ist das nötige Geld vorhanden, ist das Ende meistens gut.« Und da soll Geld nicht glücklich machen? Das Konto laufend im Minus und elf Monate im Jahr auf vier Wochen Urlaub zu sparen macht jedenfalls auch nicht glücklich. Der Denkfehler besteht darin, dass viele Menschen Geld und Luxus gleichsetzen. Luxus scheint tatsächlich nicht glücklich zu machen, jedenfalls nicht auf Dauer – Geld schon. Spitzfindig? »Das Wichtigste ist Unabhängigkeit. Und wahre Unabhängigkeit gibt es nur durch Geld«, meint Martin Walser in seinem Roman *Angstblüte*. Mario Adorf stimmt ihm zu: »Der einzige Wert von Geld liegt darin, dass es unabhängig macht. Und es gibt kein größeres Glück als Unabhängigkeit.« Dem schließt sich auch Audrey Hepburn an: »Luxus interessiert mich nicht. Ich habe mein Geld benutzt, um mir Freiheit zu kaufen.« Geld macht diese Promis also nicht glücklich, weil sie sich damit die neueste Mode auf der 5th Avenue in New York statt im Versandhaus kaufen können, sondern weil es der Schlüssel zur Freiheit ist: etwa zu einer Freiheit, einem Chef Lebewohl zu sagen, der Ihnen das Leben zur Hölle macht, zu einer Freiheit, einen Job zu beenden, der Sie nicht mehr erfüllt. Geld kann Sie auch von Existenzängsten befreien, wenn die nächste Entlassungswelle anrollt. Und dafür braucht es keineswegs Millionenbeträge.

In jungen Jahren kann man auch mit wenig Geld glücklich sein, zumal wenn die Freunde auch nicht üppig damit ausgestattet sind. Rad statt Roadster, Skateboard statt Scala – der Lebensfreude tut das ganz und gar keinen Abbruch. Doch mit fortschreitendem Alter kommen weitere Vorzüge des Geldes zum Vorschein: Es ermöglicht nicht nur Komfort und Reisen, sondern auch beste medizinische Versorgung und Pflege und vermag die nachlassenden eigenen Kräfte zu ersetzen. »Geld zu haben heißt, sich 30 Jahre Würde zuzulegen«, sagt eine chinesische Weisheit über die Wohltat eines kleines Vermögens im Alter.

Gut, Geld macht also unabhängig und verschafft seinem Besitzer weitere Annehmlichkeiten. Aber macht es auch glücklich? Zumindest wächst Untersuchungen zufolge bei steigendem Einkommen auch die Zufriedenheit mit dem Einkommen. (Das ist nicht selbstverständlich, denn oft heißt es, ein höheres Einkommen werde schnell für selbstverständlich gehalten, man gewöhne sich rasch an das gestiegene Niveau.) Und: Ein höheres Einkommen steigert auch die allgemeine Lebenszufriedenheit, wenn auch nur als ein Faktor unter vielen.

Lange Zeit hat die Forschung angenommen, dass Glück und Zufriedenheit der Menschen nicht zunehmen, nur weil die Wirtschaft und unser Einkommen wächst. Lediglich wenn es uns im Vergleich zu unseren Nachbarn bessergeht, würden wir uns gut fühlen. Der niederländische Soziologe Ruut Veenhoven hat nun eine weltweite Glücksdatenbank aufgebaut, in der er alle Erhebungen zum menschlichen Wohlbefinden sammelt. Er kommt zu dem Schluss, dass sich Menschen in Ländern mit niedrigen Einkommen im Durchschnitt auch weniger glücklich fühlen als Menschen in Ländern mit mittleren oder hohen Einkommen. Und Daten aus einer Gallup-Umfrage zeigen auf einer Skala von eins bis zehn, dass jede Verdopplung des Einkommens die Lebenszufriedenheit um fast einen Punkt steigert. Die armen, aber glücklichen Südländer sind eine Legende. Nicht sie, sondern die Dänen sind in Europa das glücklichste Volk.

Der Satz »Geld macht nicht glücklich« ist also nicht ganz richtig. Er ist sogar gefährlich. Er sorgt dafür, dass Menschen das Thema finanzielle Vorsorge auf die leichte Schulter nehmen oder verdrängen. Er hindert Menschen geradezu daran, sich um ihre Finanzen zu kümmern, sich Gedanken zu machen, wie sie ihr Einkommen erhöhen, ihre Ausgaben verringern und ihre Rücklagen erfolgreich investieren können. Die Konsequenz: Sie bleiben mittellos und müssen sich weiter mit dieser Weisheit trösten.

Ist Sparen wirklich schwer?

Irrtum: *Es ist für den Durchschnittshaushalt schwer, 10 Prozent weniger auszugeben.*

Richtig ist: *Es gibt für jeden normalen Haushalt eine Vielzahl an Sparmöglichkeiten.*

Viele Leser wissen: 100 eingesparte Euro sind oft doppelt so viel wert wie 100 dazuverdiente Euro. Denn bei Zusatzverdiensten hält Vater Staat regelmäßig seine Hand auf. Wer nur ein paar Stunden im Jahr darauf verwendet, Sparpotentiale in seinem Haushalt zu entdecken und zu nutzen, verdient in dieser Zeit traumhafte Stundenlöhne, nicht selten dreistellig – und das völlig steuer- und abgabenfrei. Und noch etwas spricht dafür, auf seine Ausgaben zu achten: der Zinseszinseffekt. Bei realen 5 Prozent jährlichem Ertrag werden aus 100 Euro, die Sie heute nicht ausgeben, nach 14 Jahren 200 Euro, nach 22 Jahren 300 Euro und nach 33 Jahren gleich 500 Euro. Und wer durch cleveres Ausgabenmanagement monatlich nur 20 Euro weniger ausgibt, kommt nach 20 Jahren auf ein nettes Sümmchen von 8150 Euro. Nicht schlecht, oder?

Da der Mensch ein Gewohnheitstier ist, sind für uns folgende Einsparmöglichkeiten besonders interessant: die ohne Komforteinbußen und die, die schnell und ohne großen Zeitaufwand umgesetzt werden können. Davon gibt es jede Menge. Lohnend sind natürlich auch die Einsparungen, die vielleicht einmalig einen gewissen Zeitaufwand erfordern, etwa um sich zu informieren, wenn man dafür Monat für Monat satte Eurobeträge auf die Seite legen kann.

Sparen können Sie im Großen wie im Kleinen – zuerst geht es an die großen Brocken ran.

Optimieren Sie

- Verträge
- Anschaffungen
- Mobilität und Reisen
- Heizkosten und Stromverbrauch
- Freizeit
- Wohnkosten

Verträge

Haben Sie schon folgende Einsparpotentiale abgegrast?

1. Gesetzliche Krankenversicherung
2. Private Versicherungen
3. Bankverbindung
4. Strom- und Gasversorger

Bei Versicherungen gibt es zwei Wege, um Kosten zu verringern: eher überflüssige Versicherungen überhaupt vermeiden und notwendige Versicherungen kostengünstiger abschließen. Und allein beim Wechsel zu einem günstigeren Stromanbieter lassen sich im Durchschnitt rund 100 Euro je Haushalt und Jahr sparen, wie Verbraucherschützer ausgerechnet haben. Ein weiterer Vorteil bei der freien Wahl des Versorgers: Die Verbraucher können die Art der Energieerzeugung selbst beeinflussen – zum Beispiel, indem sie sich für einen Ökostromanbieter entscheiden. Stromanbietervergleiche auf stromtarife.de, verivox.de, stromwechsel-jetzt.de oder energienetz.de geben hierfür eine erste Orientierung.

Des Weiteren können Sie an Ihrem Internetprovider, Telefon- und Mobilfunkanbieter sparen: Bei teltarif.de, billiger-surfen.de und smartsurfer.de finden Sie Vergleiche. Für den Mobilfunk sind insbesondere die Angebote der Prepaid-Discounter interessant.

Weitere laufende Verträge mit Einsparpotential können Zeitschriftenabonnements sein, wenn sich die Blättchen ohnehin ungelesen in der Ecke stapeln, aber auch Pay-TV-Abos oder der Vertrag mit dem Fitnessstudio, in dem man sich seit Wochen nicht mehr hat blicken lassen. Auch Mitgliedschaften in Vereinen und anderen Organisationen gehören von Zeit zu Zeit auf den Prüfstand.

Generell ändern sich die Tarife insbesondere bei Telekommunikationsanbietern und Versorgern laufend, so dass spätestens alle zwei Jahre eine erneute Durchsicht der Verträge fällig ist.

Anschaffungen

»Manche Menschen geben Geld aus, das sie nicht haben, für Dinge, die sie nicht brauchen, um Leuten zu imponieren, die sie nicht mögen«, spottet der Komiker Danny Kaye. Hand aufs Herz, wie oft haben wir schon eine übereilte Kaufentscheidung getroffen? Touché?

Wenn bei Ihnen das nächste Mal größere Einkäufe ins Haus stehen, versuchen Sie es mal mit folgenden sieben Fragen:

1. Brauchen Sie die Anschaffung wirklich? Brauchen Sie sie wirklich sofort? Gibt es vielleicht ein Alternativprodukt?
2. Braucht wirklich jeder Haushalt einen eigenen Tapeziertisch, eine Aluleiter, einen Vertikutierer? Könnten Sie sich das Wunschprodukt nicht vielleicht ausleihen? Leihmöglichkeiten finden sich bei Verwandten, Nachbarn, in Büchereien (dort gibt es meist auch eine Vielzahl an Zeitschriftentiteln, Spielen, CDs, Filmen auf DVD), Tauschringen, gewerblichen Vermietern oder auch Internetanbietern wie Erento.com. Ausleihen spart nicht nur Ausgaben, sondern auch Platz in Ihrer Wohnung.
3. Können Sie ein Produkt vielleicht selbst herstellen? Manches geht ganz einfach, etwa Mineralwasser mit einem Trinkwasser-Sprudler oder Brot im Brotbackautomaten.
4. Können Sie das Wunschobjekt vielleicht auch gebraucht kaufen? Hier bieten sich eBay, Flohmärkte, Kleinanzeigen, Secondhand- und Umsonstläden sowie Warentauschtage an. Sogar bei unseren Kleinsten können wir etwas einsparen. Denen ist es nämlich ziemlich egal, ob ihre Klamotten neu oder vom Babybasar sind. Fahrräder gibt es beispielsweise günstig bei Versteigerungen des örtlichen Fundbüros oder der Polizei. Ein Telefonanruf genügt, um den nächsten Termin zu erfragen.
5. Wie steht es um die Haltbarkeit des Produkts? Wird es eine angemessene Zeit halten? Lohnt sich der Kauf?
6. Was sagen die Produktvergleiche, die man in Biblioheken, über Verbraucherzentralen oder im Internet erhält? Unter testeo.de finden Sie knapp 60000 Markentests aus rund 170 Zeitschriften

und über 100 000 Nutzermeinungen aus Internetforen. Auch test-berichte.de bietet verwertbare Informationen. Die im Energie-verbrauch sparsamsten Geräte finden Sie unter spargeraete.de.

7. Was ergeben Preisvergleiche? Bei größeren Anschaffungen soll-ten mindestens drei verschiedene Angebote eingeholt werden. Von den betreffenden Internetseiten schneiden in vielen Tests besonders gut guenstiger.de, evendi.de und idealo.de ab. Ein Tipp: Es lohnt sich, in mehreren Preissuchmaschinen parallel zu suchen, weil jede mit anderen Händlern kooperiert. Besonders bei Computer- und Elektronikgeräten lohnen sich Preisverglei-che im Internet. Ein Flachbildfernseher kann locker ein paar 100 Euro günstiger sein. Für Medikamenten-Preisvergleiche können Sie sich medizinfuchs.de verordnen.

Mobilität und Reisen

Besonders große Einsparungen sind bei Pkws möglich. Allem vor-an stehen die Fragen:

1. Ist Ihnen überhaupt ein Auto beziehungsweise ein Zweitwagen wichtig? Könnte Carsharing eine Alternative sein?

2. Kommt es wirklich auf die Größe an? Der sparsamste Wagen der oberen Mittelklasse verbraucht knapp 60 Prozent mehr Sprit als der sparsamste Kleinwagen. Muss es wirklich ein Geländewa-gen mit Allradantrieb sein? Die Betriebskosten von über 1300 Automodellen finden Sie unter www1.autozeitung.de/online/render.php?render=0071755

3. Wie viele Mehrausgaben sind mir gute Beschleunigungswerte und eine hohe Spitzengeschwindigkeit wert? Auch die Motor-leistung kann eine Rolle spielen beim Sparen. So wird der Opel Astra mit zwölf unterschiedlichen Motorisierungen angeboten, zum Beispiel mit 1,4 Litern Hubraum, 66 kW Leistung, 178 km/h Spitzengeschwindigkeit und 6,1 l Verbrauch oder mit 1,8 Litern, 103 kW, 208 km/h und 7,5 l Verbrauch. Bei 15 000 Kilometern Fahrleistung macht das bei den augenblicklichen Spritpreisen einen Unterschied von rund 300 Euro Benzinkosten pro Jahr. Gleichwohl: In den letzten Jahren ist in Deutschland die Motor-leistung der zugelassenen Pkws weiter angestiegen: von 1991 bis 2006 um 21 Prozent auf nunmehr 74 kW.

4. Sparen kann man auch bei der Wahl der Antriebsart wie Benzin, Diesel, Erdgas, Autogas oder Strom. Einen Vergleichsrechner finden Sie unter: www.thema-energie.de/media/article004378/benzin-diesel-kalkulator.xls.

5. Gebraucht- oder Neuwagen? Auch das ist eine Frage, die sich für Sie lohnen könnte. Die Wertminderung bei einem Neuwagen liegt in den ersten zwei Jahren bei mindestens 20 Prozent. Die Reparaturen nehmen bei einem Auto in der Regel erst ab dem achten Nutzungsjahr zu. In den USA heißt es, wer sein Leben lang gebrauchte statt Neuwagen kauft, kann mit den Ersparnissen samt Zinseszinsen fünf Jahre früher in Rente gehen.

6. Wie hoch ist die jährliche Fahrleistung? Und muss sie so hoch bleiben? Hier sind Einsparungen möglich, indem man auf manche Autofahrten, etwa Kurzstrecken, ganz verzichtet und stattdessen Fahrrad fährt. Im Alltagstrott vergisst man gelegentlich, Alternativen wie die Bahn, Mitfahrzentralen oder Fahrgemeinschaften auch nur in Erwägung zu ziehen.

7. Was lässt sich bei der Fahrweise optimieren? Tipps dazu werden Sie problemlos in Autozeitschriften und im Internet finden. Es gibt viel mehr Autofahrer, die glauben, dass sie spritsparend und ausgeglichen fahren, als es tatsächlich der Fall ist. Eine geringere Geschwindigkeit und weniger Beschleunigungs- und Bremsmanöver schonen nicht nur die Umwelt, sondern auch den eigenen Geldbeutel. Mal ganz abgesehen von Ihren Nerven! Wer auf der Autobahn 150 Stundenkilometer oder schneller fährt, mag Zeit sparen. Die Mehrkosten für den höheren Spritverbrauch liegen aber für jede einzelne eingesparte Stunde bei 8 bis 20 Euro. Es gibt kaum einen einfacheren Weg, Geld zu verdienen, als auf der Autobahn Tempo 100 oder 120 statt 160 zu fahren. Und oft wird vergessen, dass selbst so banale Dinge wie ein zu niedriger Reifendruck, ein nicht genutzter Dachgepäckträger oder ein Kofferraum voller Gerümpel den Kraftstoffverbrauch erhöhen. Und das Beste: Bei all diesen »Nebenverdiensten« kann der Finanzminister keinen Cent abzwacken.

Heizkosten und Stromverbrauch

Auch hierzu gibt es sehr nützliche Internetseiten, etwa www.ea-nrw.de/haushalt/energiecheck/. Mit dem »Stromcheck für den Haushalt« der Energieagentur Nordrhein-Westfalen können Sie problemlos den individuellen Stromverbrauch einschätzen sowie die Höhe des Einsparpotentials, das bislang unentdeckt in Ihrem Haushalt schlummert. Nach Erfahrungen der NRW-Energieagentur lässt sich der Stromverbrauch in den meisten privaten Haushalten mit geringem Aufwand um 10 bis 15 Prozent reduzieren. Finanziell interessante Einsparmöglichkeiten finden Sie auch unter co2online.de oder klima-sucht-schutz.de.

Es gibt viele Möglichkeiten, die Energiekosten zu senken:

- Bei PC- und Unterhaltungselektronik hilft es schon, den Stecker herauszuziehen oder eine Steckdosenleiste mit Netzschalter anzuschaffen: Allein der Stand-by-Betrieb von HiFi-Anlage, Fernseher und Videorekorder kostet jährlich 90 bis 120 Euro.
- Ist es vielleicht auch mal wieder an der Zeit, den Kühlschrank abzutauen? Eine ein Zentimeter dicke Eisschicht erhöht den Stromverbrauch Ihres Kühlschranks um satte 30 Prozent.
- Wenn Sie Kaffee nicht stundenlang auf der Heizplatte warmhalten, sondern in eine Thermoskanne umfüllen, sparen Sie nicht nur Strom, der Kaffee schmeckt auch besser.
- Die Warmwasserbereitung muss nicht unbedingt den ganzen Tag auf hoher Temperatur mitlaufen. Viele Heizungsanlagen für Warmwasser lassen sich so programmieren, dass sie nur bei Bedarf, beispielsweise morgens und abends, rasch heißes Wasser zur Verfügung stellen.
- Wussten Sie, dass ein Grad weniger Raumtemperatur 6 Prozent Heizkosten spart? Abgesehen davon schläft es sich bei einer Schlafzimmertemperatur von nur 18 Grad ohnehin besser.
- 60-Grad- statt 95-Grad-Wäschen sparen 45 Prozent Strom und töten nachweislich alle Keime.

Mit der ganzen Familie könnten Sie doch auch mal folgendes Spiel spielen: Schaffen Sie es, den Energieverbrauch des Vorjahrs zu unterbieten? Damit sensibilisieren Sie Ihre Kinder für ein wichtiges Thema. Wenn es gelingt, kann natürlich ordentlich gefeiert werden.

Freizeit

Kaufen Sie sich öfter mal »etwas Schönes«, um sich abzulenken oder zu belohnen? Vielleicht finden Sie andere Wege, das zu erreichen? Viele Dinge, mit denen man früher ganz ohne Kosten Spaß haben konnte, sind heute eigenartigerweise wenig populär. Lieber gibt man ordentlich Geld aus auf der Suche nach dem Kick.

Ist ein mit Freunden verbrachter Spieleabend oder eine gemeinsame Wanderung einem 150-Euro-Event auf jeden Fall unterlegen? Gibt es in Ihrer Region mit offenen Augen nicht genauso viel zu entdecken wie in irgendeinem orientalischen Bazar? Steigern sich der Spaßfaktor oder die Erholung im Urlaub wirklich im Quadrat zu den zurückgelegten Kilometern?

Klar, uns geht es nicht um ein Entweder-Oder, sondern um ein paar Denkanstöße. Was einem individuell wichtig ist, muss ohnehin jeder mit sich selbst ausmachen.

Wohnen

Wer bisher noch nicht genügend Sparpotentiale ausgeschöpft hat, kann als Mieter auch über einen Wohnungswechsel nachdenken, um die Mietkosten zu senken. Bekanntlich hängen die Mietkosten stark von Region, Lage, Baujahr und Zustand der Wohnung sowie von der Wohnungsgröße ab. Durch die geschickte Wahl der Wohngegend kann ein Pkw oder Zweitwagen im Haushalt manchmal überflüssig werden. Wenn Sie sich fragen, wie es einkommensschwächere Haushalte schaffen, mit deutlich weniger Geld zurechtzukommen als Sie selbst: Die Posten, bei denen es im Vergleich zu den Besserverdienern die größten Unterschiede gibt, sind gerade diese Kosten für das Wohnen und für die Mobilität. Hier verbergen sich fast immer Einsparpotentiale, und nicht immer muss dabei der Gürtel enger geschnallt werden.

Diese sechs Ausgabengruppen sind die großen Rädchen, an denen Sie drehen können, um entsprechend Ihrer individuellen Lage, Ihrer Bedürfnisse und Prioritäten Kosten in Ihrem Haushalt einzusparen.

Das *Manager-Magazin* hat es neulich auf den Punkt gebracht:

»Viele denken: Wenn man nicht reich werden kann, dann muss man sich einschränken. Aber es ist umgekehrt: Wenn Sie bereit sind, zu sparen, dann werden Sie reich.«

Viele Ratgeber zum Thema »Kosten im Haushalt optimieren« schlagen vor, erst einmal für ein paar Monate oder sogar auf Dauer ein Haushaltsbuch zu führen, um zu sehen, wofür das Geld im Einzelnen ausgegeben wurde. Nun haben wir alle aber nur begrenzt Zeit. Die knappe Zeit können wir verwenden, um gründlich alle Kassenzettel und Kontoauszüge zu sortieren, aufzuaddieren und auszuwerten. Der Zeitaufwand, der dafür erforderlich ist, wird leicht unterschätzt. Stattdessen können wir uns gleich an die großen Brocken machen, uns informieren, Angebote vergleichen und neue Verträge abschließen. Spar-Profis nehmen sich realistischerweise nur jedes Quartal einen dieser großen Brocken vor. Wenn das getan ist, kann man immer noch anfangen, Kassenbons auszuwerten.

Links:
www.geldsparen.de
www.haushaltsgeld.net
www.geizkragen.de/magazin/verbrauchernews
www.frag-mutti.de
www.derknauserer.at

Vermögen durch hohe Einnahmen?

Irrtum: *Reichtum entsteht in erster Linie durch hohe Einnahmen.*

Richtig ist: *Die entscheidenden Stellhebel sind neben den Einnahmen die Sparquote und der Erfolg beim Investieren.*

Chefärzte heiraten Krankenschwestern – allerdings nur in Romanen (ja, sogar dazu gibt es wissenschaftliche Untersuchungen). Und auch die Blaublütigen ehelichen eher selten Buchhalterinnen oder einen Omnibusfahrer. Sechs Richtige im Lotto sind seltener als Blitzeinschläge in Lottospieler. Und selbst Erbschaften sind nicht sicher – schließlich ist niemand zu alt, um einem Pflegeheim als Goldesel zu dienen. Vermögensübertragungen in attraktivem Ausmaß sind also für die meisten von uns nicht der Schlüssel zu finanzieller Freiheit.

Aber wer gut verdient, der kann es doch zu ordentlichem Reichtum, zu finanzieller Freiheit bringen, oder? Tatsache ist: Die Hälfte des Bundesligakaders von Eintracht Braunschweig aus dem Jahr 1985 lebt heute von Sozialhilfe. Nach Angaben der Rostocker Vermögensberater Steffen Christian und Michael Daudert, die sich auf Fußballprofis spezialisiert haben, beenden heute 26 Prozent der Spieler ihre Karriere mit mehr Schulden als Guthaben. Wie ein Millionär zu leben verhindert eben oft, irgendwann selbst einer zu werden.

Mit Anekdoten alleine sind Sie nicht zufriedenzustellen? Gut, hier ein paar Beispiele: Norbert Normal, Kathy Karriere, Steffen Sparfuchs und die Finanz-Franzi sind alle 28 Jahre alt und arbeiten in der Personalabteilung eines Industriebetriebs in Köln. Bis auf Kathy Karriere sind sie alle ausgebildete Industriekaufleute und haben ein Bruttoeinkommen von 2450 Euro, Weihnachts- und Urlaubsgeld bereits eingerechnet. Das entspricht einem eher durchschnittlichen Gehalt in Deutschland. Unsere Youngsters sind Single und haben keine Kinder. Netto fließen so monatlich 1500 Euro auf ihre Bankkonten, nur bei Kathy Karriere sind es 1800 Euro. Sie hat studiert.

Die folgenden, erstaunlichen Erkenntnisse aus den Berechnungen sind natürlich auf Paare und Familien übertragbar: Im Zeitraffer schauen wir Norbert Normal, Kathy Karriere, Steffen Sparfuchs und der Finanz-Franzi die nächsten 40 Jahre zu, wie sie ihre Vermögen bilden. Wir treffen ein paar Annahmen, die so eintreten können, aber nicht müssen: Alle erhalten während dieses Zeitraums im Durchschnitt Jahr für Jahr 2 Prozent mehr Einkommen, Kathy Karriere 3 Prozent. Darin spiegeln sich berufliches Fortkommen und regelmäßige tarifliche Gehaltssteigerungen wider. Allerdings beträgt auch die angenommene Inflationsrate 2 Prozent.

Die vier verfolgen unterschiedliche finanzielle Strategien: Norbert Normal spart jeden Monat, was vom Einkommen eben so übrigbleibt. Im Durchschnitt sind das 5 Prozent seines Nettoeinkommens. Die Erträge seiner Ersparnisse tastet er, wie alle seine Kollegen, nicht an. Er legt sein Geld in eine private Rentenversicherung, einen Bausparvertrag und in einen Investmentfonds zu einem trendigen Thema an – alles Dinge, die ihm sein Banker und Finanzberater halt so empfohlen hat. Dann liegt noch ein ganz schönes Sümmchen auf kurzfristigen Geldanlagen wie seinem Sparbuch oder Girokonto. Jahr für Jahr erwirtschaftet er so nach Steuern durchschnittlich 3 Prozent Rendite. Wenn man die angenommene Inflationsrate von 2 Prozent berücksichtigt, sind es real 1 Prozent Rendite. Viele Anleger erreichen tatsächlich nicht mehr. Mit dieser Strategie hat Norbert Normal nach 20 Jahren und in heutigen Preisen bemessen ein Vermögen von rund 19000, nach 40 Jahren von rund 43000 Euro angespart. Das ergibt später etwa 200 Euro monatliche Zusatzrente.

Kathy Karriere, Steffen Sparfuchs und die Finanz-Franzi wollen finanziell mehr erreichen. Ihre Voraussetzungen gleichen denen von Norbert Normal. Aber jeder verfolgt eine andere Strategie, um mehr Rücklagen zu bilden.

Kathy Karriere setzt auf eine bessere Ausbildung und damit auf ein höheres Einkommen. Sie hat gerade ihr Betriebswirtschaftsstudium abgeschlossen und ist für besondere Aufgaben in der Abteilung eingestellt worden. Mit 3150 Euro brutto verdient sie monatlich 700 Euro mehr als ihre Kollegen. Netto bedeutet das allerdings lediglich ein Einkommen von 1800 statt 1500 Euro. Im Gegensatz zu ihren Kollegen steigt ihr Nettoeinkommen allerdings auch etwas schneller an: um 3 statt 2 Prozent jährlich. Auch sie legt 5 Prozent ihres Nettoeinkommens zurück.

Steffen Sparfuchs setzt auf ein intelligentes Ausgabenmanagement und spart mehr als die anderen: Er hat einen günstigen Stromversorger, einen preiswerten Telefon- und Handyvertragspartner und weiß, wie man den Strom-, Gas- und Spritverbrauch verringert. Bei seiner Bankverbindung und Versicherungen meidet er teure Finanzirrtümer. Zum Teil schränkt er sich auch einfach etwas ein, ohne deshalb als geizig zu gelten. Er kauft sich etwa einen kleineren, gebrauchten Pkw und bildet mit Kollegen eine Fahrgemeinschaft. Es gelingt ihm, die monatlichen Ausgaben um 150 Euro zu senken. Seine Sparquote erhöht er damit von 5 auf 15 Prozent seines Nettoeinkommens.

Finanz-Franzi setzt voll auf vorteilhafte Geldanlagen: Sie belässt es wie Norbert Normal und Kathy Karriere bei einer Sparquote von 5 Prozent, kümmert sich aber verstärkt um ihre Geldanlagen (auch, indem sie ein paar der Tipps aus diesem Buch beherzigt). Es gelingt ihr, im Durchschnitt statt 3 jährlich 5 Prozent Rendite nach Steuern einzufahren. Dafür lässt sie sich weder Dollarzeichen auf ihre Netzhaut tätowieren, noch beschäftigt sie sich täglich mit Börsenkursen (was sogar eher schädlich wäre, siehe S. 22 ff.). Wichtig ist, dass ihr Risiko nicht einmal drastisch höher ist als das der anderen, weil Finanz-Franzi ihr Vermögen breit streut und zudem auf Geldanlagen mit deutlich niedrigeren laufenden Kosten setzt. Manche reißen 5 Prozent Rendite nicht vom Hocker. Wir halten es indes für unseriös, Ihnen auf Dauer deutlich höhere Renditen nach Kosten und Steuern in Aussicht zu stellen.

Jetzt interessiert Sie natürlich, welche Strategie sich am meisten auszahlt. Dazu schauen Sie sich die gesparten Vermögen in heutigen Preisen an, also bereinigt um die angenommene Inflationsrate. Nur so sind die Angaben aussagefähig. Die Unterschiede zwischen den Strategien sind gewaltig! Wir ziehen einmal nach 20 und einmal nach 40 Jahren Bilanz – in der Tabelle auf der folgenden Seite.

Das Ergebnis: Nach 20 Jahren führt Steffen Sparfuchs, der Monat für Monat mehr spart als die anderen, deutlich. Er hat 58 000 Euro auf dem Konto. Im Mittelfeld liegen dicht an dicht Kathy Karriere mit ihrem deutlich höheren Einkommen und Finanz-Franzi mit ihrer Renditestrategie. Norbert Normal ist das Schlusslicht.

Nach 40 Jahren führt weiterhin Steffen Sparfuchs mit seiner Ausgabensenkungsstrategie. Er verfügt nun nach heutiger Kaufkraft über 129 000 Euro. Auf dem zweiten Platz liegt jetzt die Finanz-Franzi. Deren Renditestrategie führt zu 66 000 Euro Vermögen. Kathy Karriere ist ihr gegenüber mit 62 000 Euro etwas zurückgefallen. Norbert Normal bleibt mit 43 000 Euro Vermögen weiterhin am Ende der Tabelle.

Müsste bei Finanz-Franzis Renditestrategie nicht mehr herauskommen? Immerhin hat sie nach 40 Jahren die Hälfte mehr angespart als Norbert Normal, der Jahr für Jahr immer gleich viel Geld zurücklegt, aber 2 Prozentpunkte weniger Rendite erzielt. Tatsächlich fällt der Unterschied zwischen 3 und 5 Prozent Rendite

Vermögensentwicklung bei unterschiedlichen Strategien

Strategie	Norbert Normal	Kathy Karriere	Steffen Sparfuchs	Finanz-Franzi	Kombination
	keine besondere	höheres Einkommen (Sparquote in % bleibt unverändert)	mehr Sparen	mehr Rendite	höheres Einkommen + mehr Sparen + mehr Rendite
Anfangseinkommen netto	1500	**1800**	1500	1500	**1800**
Gehaltssteigerung/Jahr	2 %	**3 %**	2 %	2 %	**3 %**
Rendite nach Steuern und Kosten	3 %	3 %	3 %	**5 %**	**5 %**
Sparquote aus Arbeitseinkommen	5 %	5 %	**15 %**	5 %	**15 %**
Monatliche Ausgaben	1425	1710	1275	1425	1530
Anfänglicher monatlicher Sparbetrag	75	90	225	75	270
Vermögen zu heutigen Preisen nach 20 Jahren	19 000	26 000	58 000	24 000	92 000
Vermögen zu heutigen Preisen nach 40 Jahren	43 000	62 000	129 000	66 000	277 000

umso dramatischer aus, je höher die monatlichen Sparraten sind. Sparfuchs Steffen hätte nach 40 Jahren dann sogar 197 000 statt 129 000 Euro. Der Zinseszinseffekt braucht eben erst mal Futter – und viel Zeit.

Was sind die Ergebnisse einer Strategie, die die Ansätze von Kathy Karriere, Steffen Sparfuchs und Finanz-Franzi vereint? Bei einem höheren und jährlich etwas stärker ansteigenden Nettoeinkommen wird pro Monat mehr gespart und zudem eine höhere Rendite erwirtschaftet. Die Resultate sind phantastisch! Das Vermögen nach heutigen Preisen gerechnet beträgt nach 40 Jahren 277 000 Euro.

Auch Normalverdiener können also ein Vermögen bilden, indem sie ihre Finanzen zu einem gar nicht so zeitintensiven Hobby machen, mit einer angemessenen Sparquote den Autopiloten zur Vermögensbildung einschalten und mit einer attraktiven Rendite den Turbo aktivieren. Das schafft nicht nur mehr Komfort im Alter, sondern auch Freiheiten. Sie wissen schon: etwa um einen Job zu beenden, wenn man über die Witze des Chefs einfach nicht mehr lachen mag.

Sicher: Bei höherem Einkommen fällt es natürlich leichter, Rücklagen zu bilden. Aber jeder weiß, dass das keineswegs automatisch geschieht. Um Vermögen zu bilden, existieren drei großartige Werkzeuge: Einnahmen erhöhen, Sparquote erhöhen und den Erfolg beim Investieren verbessern. Es ist ein äußerst kostspieliger Irrtum, nur auf das erste Werkzeug zu achten.

Links:
www.lexikon-der-finanzirrtuemer.de
www.sueddeutsche.de/jobkarriere/4/300002/uebersicht/ (Seite der Süddeutschen Zeitung *mit Gehaltsspiegel und Nettolohnrechner)*
www.lohnspiegel.de (Informationen zu Löhnen und Gehältern in 181 Berufen)
www.tarifarchiv.de (Tarifvergütungen für über 200 Berufe)
www.nebenjob.de (Die Anzeigen dort sind mit Vorsicht zu genießen, der redaktionelle Inhalt ist jedoch brauchbar, etwa die Informationen zu Hunderten von Nebenjobs mit Verdienstmöglichkeiten.)
www.globalrichlist.com (Englischsprachige Seite: Wie reich sind Sie in Relation zur Weltbevölkerung?)

www.schoenherr.de/download/download.php (überwiegend kostenlose Downloads von teils sehr interessanten Ratgebern zu Themen wie Erfolg, Strategie, Marketing, Selbst- und Zeitmanagement)

IQ und Reichtum

Irrtum: *Schlaue Leute sind wohlhabender.*

Richtig ist: *Intelligenz führt zu höherem Einkommen, aber nicht zu mehr Vermögen.*

Müssen Sie intelligent sein, um einen gewissen Wohlstand zu erlangen? Die Antwort lautet ganz klar: Nein. Zwar ist unbestritten, dass intelligentere Leute im Durchschnitt mehr verdienen. Menschen mit einem sehr hohen Intelligenzquotienten von 130 haben in den USA etwa 12 000 Dollar mehr im Jahr auf ihrem Gehaltsscheck als die Durchschnittsbevölkerung, die mit einem IQ von 100 ausgestattet ist. Intelligentere Leute legen aber offenbar nicht so viel auf die Seite, berichtet das Team um Jay Zagorsky von der Ohio State University. Deshalb verfügen sie über kein höheres Vermögen.

Damit nicht genug: Sehr intelligente Menschen geraten sogar etwas häufiger in finanzielle Schwierigkeiten. Die Forscher ermittelten Zahlungsengpässe ihrer Probanden (über 2000 Personen) anhand dreier Kriterien: Hatten sie mindestens eine ihrer Kreditkarten überzogen? Häuften sich unbeglichene Rechnungen? Hatten sie schon einmal Konkurs anmelden müssen?

Ihre finanziellen Angelegenheiten am besten im Griff haben laut dieser Studie Menschen, deren IQ leicht, aber nicht zu weit über einem Schnitt von 100 liegt. 14 Prozent der Superschlauen hingegen (also der Menschen mit einem IQ von über 140 – 2 Prozent der Weltbevölkerung) waren schon einmal insolvent. Das ist dicht dran an der Quote von Menschen, die mit einem IQ von lediglich 80 schon einmal pleite waren – nämlich 15 Prozent.

Menschen mit durchschnittlicher oder sogar etwas unterdurchschnittlicher Intelligenz sind also nicht benachteiligt, wenn es darum geht, ein Vermögen zu bilden. Für den Weg zum Wohlstand benötigen Sie nicht in erster Linie einen schlauen Kopf, sondern andere Dinge: vielleicht eine gute Idee, einen durchdachten Plan, ganz sicher aber die Bereitschaft, sich für Ihre Träume anzustrengen, den unbedingten Willen, Ergebnisse zu erzielen, Ersparnisse zu bilden und vernünftig zu investieren.

Schaffe, schaffe, Häusle baue – der sparsame Schwabe: Dichtung oder Wahrheit?

Irrtum: *Schwaben sind am sparsamsten.*

Richtig ist: *Rekordhalter im Sparen ist ein Volk in Übersee.*

Von wem, wenn nicht von den Schwaben, kann man das Sparen lernen? Sicher nicht von den Schotten, das sollen ja wegen ihrer Verschwendungssucht des Landes verwiesene Schwaben sein ... Wenn man der privaten Webseite von Peter Mangold Glauben schenken will (www.petermangold.de), werden Zahnpastatuben im Ländle »sauber gladdgschdricha ond zammagrollt« – so dass man staunt, wie viel ein Schwabe noch aus vermeintlich leeren Tuben rausholen kann. Auch bei defekten Bügeleisen weiß der Schwabe Rat:»Wenns Biegeleisa hee isch, s'Kaabl abschneida ond guad aufheba!« Denn damit kann er die Reichweite des Rasenmähers noch um einen guten Meter verlängern. Beim Auto denkt der Schwabe frühzeitig an den Wiederverkaufswert und überzieht in seinem Daimler »d' Läädrsitz mit wiaschde Schoonbeziag« – auf Deutsch: mit unansehnlichen Schonbezügen. Dass der Schwabe seiner Frau zum Geburtstag »an scheena Spaziergang schengt«, mit der Begründung: »No kaa se sich dr Bloamastrauss selbr bfligga«, ist aber natürlich nur ein Gerücht.

Da sollten die Schwaben doch gute Chancen auf einen Sieg bei unserer Sparsamkeitsolympiade haben. Folgende Disziplinen haben wir festgelegt:

- Plastiktütenverbrauch
- Anteil der Haushalte, die über ihre Ausgaben Buch führen
- Verbreitung von Konsumschulden
- Sparquote der Haushalte

Beim Plastiktütenverbrauch zeigte sich die Drogeriemarktkette dm freundlicherweise kooperativ und ließ uns in ihre Zahlen schauen. Freilich liegen nicht für jedes Bundesland Daten vor. Hier die Anzahl der ausgegebenen Plastiktragetaschen je 100 Kassenbons für den Zeitraum Januar bis Februar 2008:

6,46 Berlin

6,19 Brandenburg

6,04 Saarland

5,86 Nordrhein-Westfalen

5,72 Hessen

5,46 Thüringen

5,32 Sachsen-Anhalt

5,27 Baden-Württemberg

5,25 Bayern

5,17 Rheinland-Pfalz

4,92 Sachsen

4,35 Niedersachsen

»D' Gugga ned emmer glei wegschmeißa« sagt der Schwabe dazu – Plastiktüten also aufheben! Den ersten Platz nehmen in dieser Disziplin allerdings die Niedersachsen ein, wie man sieht.

In der nächsten Disziplin führen dann aber wieder die Schwaben und die anderen Bewohner des Ländles: Um den Überblick über die monatlichen Einkünfte und Ausgaben zu behalten, führt jedes siebte Paar in Deutschland ein Haushaltsbuch. Im Südweststaat ist es mehr als jeder vierte Haushalt (28 Prozent), ergab eine Umfrage im Auftrag des Deutschen Sparkassen- und Giroverbands. Es folgen mit gewaltigem Abstand die Bayern mit 17 sowie die Thüringer und Sachsen mit 16 Prozent.

Bei den Konsumentenkrediten ergibt sich folgendes Bild: In den süddeutschen Bundesländern Bayern und Baden-Württemberg nehmen nur 12 beziehungsweise 11 Prozent der Haushalte Konsumentenkredite in Anspruch. In Nordrhein-Westfalen und in Hessen liegt dieser Anteil mit 16 Prozent beziehungsweise 14 Prozent deutlich höher. Für die anderen Bundesländer weist die alle fünf Jahre vorgenommene Einkommens- und Verbrauchsstichprobe 2003 des Statistischen Bundesamtes wegen zu geringer Fallzahlen keine Daten aus. Auch hier also: Ein Sieg für das Ländle!

Und jetzt die Königsdisziplin: Wie hoch ist der Anteil des verfügbaren Einkommens, den die Haushalte sparen – die sogenannte Sparquote? Hier die Zahlen von 2006:

Die Sparquoten in den Bundesländern	
7,3 %	Bremen
8,3 %	Berlin
8,5 %	Mecklenburg-Vorpommern
8,6 %	Sachsen-Anhalt
8,8 %	Thüringen
8,9 %	Sachsen
9,0 %	Saarland
9,5 %	Niedersachsen
9,7 %	Brandenburg
9,8 %	Hamburg
10,3 %	Nordrhein-Westfalen
10,5 %	Deutschland gesamt
10,6 %	Rheinland-Pfalz
10,7 %	Schleswig-Holstein
11,4 %	Bayern
11,5 %	Hessen
11,8 %	**Baden-Württemberg**

Quelle: Arbeitskreis »Volkswirtschaftliche Gesamtrechnungen der Länder«. Die Angaben beziehen sich auf das Jahr 2006.

Es führt auch hier das »Ländle« – offensichtlich auch dann, wenn die wichtigsten Einflussfaktoren auf die Sparquote, wie die von

Bundesland zu Bundesland unterschiedlichen Haushaltsgrößen und Nettoeinkommen, herausgerechnet werden.

Auch wenn man diese Sparolympiade nicht bierernst nehmen sollte: In drei von vier Disziplinen liegen die Baden-Württemberger vorne. Damit stehen die Schwaben und die anderen Bewohner des Ländles auf dem Siegertreppchen der Sparsamkeit.

Aber obwohl man es kaum für möglich halten will: Es gibt tatsächlich Bürger anderer Staaten, die sie noch übertrumpfen. In Europa sparen die Portugiesen, die Belgier und insbesondere die Italiener mehr, Letztere sogar 15 Prozent ihres Einkommens. Und in Übersee fallen besonders die Chinesen auf. Mehr als 40 Prozent der verfügbaren Einkommen landen auf der hohen Kante – die Goldmedaille geht an das Reich der Mitte.

Zum Schluss: Das Stockholm-Syndrom und acht Regeln rund ums Geld

Dieses Lexikon hat Ihnen sicher das eine oder andere Auge geöffnet. Sollten Sie beim Lesen auf einen Irrtum gestoßen sein, der Ihnen bereits widerfahren ist, ärgern Sie sich nicht zu sehr. Die wenigsten Entscheidungen sind unabänderlich. Natürlich fällt es uns oft nicht leicht, Fehler einzugestehen. Manchmal tritt noch ein Effekt hinzu, den Kriminalisten als »Stockholm-Syndrom« bezeichnen: Entführte fangen bisweilen an, Sympathien für ihre Entführer zu entwickeln. Wir sehen bei einigen Finanzirrtümern eine ähnliche Gefahr: Die Verführten verteidigen ihre Verführer. Wer bereits seit 15 Jahren in eine fondsgebundene Lebensversicherung einzahlt, wird manchmal versuchen, Gründe zu finden, warum diese Geldanlage für ihn selbst Sinn macht – auch wenn Verbraucherschützer dieses Produkt wegen oft horrender Kostenbelastungen kritisieren. Die Verdrängung eigener Irrtümer hilft aber nicht weiter, sondern führt dazu, dass man darauf verzichtet, Lecks in der eigenen Geldfluss-Pipeline zu schließen.

Wir wollen Ihnen abschließend ein paar grundsätzliche Tipps für Ihren finanziellen Erfolg mit auf den Weg geben:

Erstens: Ihre Sichtweise und innere Einstellung ist entscheidend: Solange das Thema Geld für jemanden negativ besetzt ist, werden viele unserer Tipps wirkungslos verpuffen. Ist Geld für Sie eher ein Symbol für Oberflächlichkeit, Gier und Kälte oder eher ein Schlüssel zu Ihrer persönlichen Unabhängigkeit und ein Mittel, Träume wahr werden zu lassen? »Geld hat einen Eid geschworen, dass niemand es haben soll, der es nicht liebt«, sagt man in Irland.

Zweitens: Bauen Sie Ihre finanzielle Kompetenz ruhig noch weiter aus: Lesen Sie von Zeit zu Zeit Bücher, Zeitschriften oder Internetartikel von unabhängigen Autoren zum Thema Finanzen. Auch die in diesem Lexikon angeführten Links unterstützen Sie dabei. Werfen Sie gelegentlich auch mal wieder einen Blick in dieses Buch, um Ihr Finanzwissen aufzufrischen und um sich vor teuren Irrtümern zu schützen. Der »Stundenlohn«, den Sie auf diese Weise langfristig für sich einspielen können, wird fast immer stark unterschätzt. Vielleicht wollen Sie sich sogar zu einem Finanzexperten weiterentwickeln, der von Freunden und Bekannten um Rat gefragt wird.

Drittens: Wenn Sie vom hohen Stellenwert des Sparens bei Ihrer Vermögensbildung überzeugt sind, setzen Sie sich konkrete Sparziele, zum Beispiel 10 Prozent vom Einkommen, 50 Prozent von den Sonderzahlungen, 100 Prozent der Vermögenserträge.

Viertens: Erfassen Sie einmal im Jahr anhand Ihrer Kontoauszüge die Höhe Ihrer Gesamtausgaben. Jeder Kontoauszug zeigt bereits die Summe der Auszahlungen an. So ist das in einer Viertelstunde zu schaffen. Nur wenn es Ihrem Typ entspricht: Führen Sie für drei Monate oder dauerhaft Buch über Ihre Ausgaben. Entsprechen die Ausgaben, die Sie tätigen, Ihren individuellen Prioritäten?

Fünftens: Nehmen Sie sich für jedes Quartal oder Jahr andere Schwerpunkte vor, um Ihre laufenden Ausgaben zu optimieren. In diesem Buch finden Sie dazu viele Anregungen.

Sechstens: Achten Sie bei Ihren Geldanlagen auf die laufenden Kosten. Ihr Erfolg bei der Geldanlage wird davon ganz wesentlich bestimmt. Wenn Sie pro Jahr eine Kostenbelastung von 2 Prozent haben, ist nach 25 Jahren die Hälfte des ursprünglichen Anlagebetrags aufgezehrt. Das Lexikon der Finanzirrtümer zeigt Ihnen eine ganze Reihe überteuerter Geldanlagen und genauso Anlagemöglichkeiten mit niedrigen Kosten und attraktiven Ertragschancen.

Siebtens: Machen Sie bei der Geldanlage einen großen Bogen um Modethemen. Die »heißen Tipps« und die von den Medien hochgejubelten Branchen halten selten das, was sie versprechen.

Und *achtens*: Erstellen Sie jährlich eine Auflistung Ihres Vermögens. Ist das Vermögen optimal auf die verschiedenen Vermögensklassen verteilt? Um wie viel hat es zugenommen? Sind Sie mit der Entwicklung zufrieden?

Ganz wichtig erscheint uns schließlich, dass Geld niemals zum Selbstzweck werden sollte. Das Leben hat eine Menge mehr zu bieten als Geld. Gleichwohl kann finanzielle Unabhängigkeit uns dabei helfen, einige unserer Träume wahr werden lassen.

Wir wünschen Ihnen viel Erfolg bei der Umsetzung der Tipps aus diesem Lexikon.

Literaturauswahl

Allgemeine Monographien

Becker, Andreas: *Das Risiko Privatvorsorge*. Norderstedt 2004

Bortenlänger, Christine; Ruh, Sabina Theodora: *Kompass Geldanlage*. Stuttgart 2005

Brost, Marc; Rohwetter, Marcus: *Das große Unvermögen*. Weinheim 2003

Buffett, Mary; Clark, David: *Buffettology*. München, 2. Auflage 2002

Bundesverband der Investmentgesellschaften: *Investment 2008. Daten, Fakten, Entwicklungen*. Frankfurt/Main 2008

Commerzbank-Ideenlabor: *Kanon der finanziellen Allgemeinbildung*. Frankfurt/Main 2004

Dash, Mike; Peschel, Elfriede: *Tulpenwahn. Die verrückteste Spekulation der Geschichte*. München 2001

Eker, T. Harv: *So denken Millionäre. Die Beziehung zwischen Ihrem Kopf und Ihrem Kontostand*. Kulmbach 2006

Elgeti, Rolf: *Der kommende Immobilienmarkt in Deutschland: Warum kaufen besser ist als mieten*. München 2008

Fisher, Ken: *Das zählt an der Börse*. München 2007

Gesamtverband der deutschen Versicherungswirtschaft e.V.: *Jahrbuch 2007. Die Deutsche Versicherungswirtschaft*. Berlin 2007

Götte, Rüdiger: *Finanzgenie oder Bankrotteur. Wie psychische Effekte an der Börse wirken*. Stuttgart 2006

Hill, Napoleon: *Denke nach und werde reich*. München, 3. Auflage 1995

Klimenta, Harald: *Die 12 Aktienirrtümer*. Stuttgart, München 2001

Kommer, Gerd: *Souverän investieren mit Indexfonds Indexzertifikaten und ETFs*. Frankfurt/Main, 2. Auflage 2007

Kostolany, André: *Die Kunst über Geld nachzudenken*. München 2000

Lynch, Peter: *Der Börse einen Schritt voraus*. Kulmbach 2004 (Originalausgabe 1990)

North, Michael: *Kommunikation, Handel, Geld und Banken in der frühen Neuzeit*. München 2000

Otte, Max: *Der Crash kommt. Die neue Weltwirtschaftskrise und wie Sie sich darauf vorbereiten*. Berlin 2006

Shiller, Robert J.: *Irrationaler Überschwang. Warum eine lange Baisse an der Börse unvermeidlich ist*. Frankfurt/Main 2000

Trapp, Wolfgang; Fried, Torsten: *Handbuch der Münzkunde und des Geldwesens in Deutschland*. Stuttgart, 2. Auflage 2006

Weber, Martin u. a.: *Genial einfach investieren*. Frankfurt/Main 2007

Weimer, Wolfgang: *Geschichte des Geldes*. Frankfurt/Main, 2. Auflage 1994

Themenbezogene Quellen (Zeitschriften und Internet)

(Anmerkung: *FAS* = *Frankfurter Allgemeine Sonntagszeitung*; *FAZ* = *Frankfurter Allgemeine*; *FTD* = *Financial Times Deutschland*; *SZ* = *Süddeutsche Zeitung*; o.V. = ohne Verfasser. Die Datumsangaben beziehen sich zum Teil auf das Erscheinungsdatum der Printausgabe, zum Teil auf das Erscheinen des Artikels auf der jeweiligen Internetseite.)

ERFOLGREICH INVESTIEREN

Brost, Marc; Rohwetter, Marcus: Wir alle – finanzielle Analphabeten, *Die Zeit*, 45/2002

Büro für Altersvorsorge- und Sozialforschung: Finanzielles Wissen, *www.basof.de*, 27.9.2004

Gigerenzer, Gerd: Forschungsschwerpunkt Eingeschränkte Rationalität (Bounded Rationality), *www.mpib-berlin.mpg.de*

Hagelüken, Alexander: Einlagensicherung – Vor dem Crash den Gurt straffziehen, *SZ*, 24.7.2008

Henrich, Anke: Einlagensicherung – Wie sicher ist Ihr Geld auf der Bank?, *Wirtschaftswoche*, 31.1.2008

Hoffmann, Catherine: Zertifikate – Geldideen für alle Fälle, *FAS*, 16.4.2006

Hussla, Gertrud: Das beste Investment sind Sie selbst, *Handelsblatt*, 7.4.2008

Karpf, Jürgen: Provisionsabhängiger Verkauf – Werden Millionen von Versicherungskunden abgezockt?, *Wirtschaftswoche*, 30.4.2008

Kuhn, Johannes: Wirtschaftsmagazine erkennen Trends zu spät – Lukrativer Verriss, *SZ*, 29.5.2008

Mohr, Daniel: Börse – Die Zahl der Aktionäre steigt wieder, *FAZ*, 8.8.2007

Röpcke, Angelika: Arbeitsmarkt für Akademiker – Welches Studium bares Geld wert ist, *SZ*, 16.1.2008

Schade, Silke: Vermögenswirksame Leistungen – Sparen mit dem Chef, *Die Welt*, 30.4.2007

von Arnim, Matthias: Kontinuierlich Vermögen aufbauen, *Handelsblatt*, 13.2.2006

Watermann, Brigitte: Die Aktie ist männlich, *SZ*, 28.4.2007

o.V.: Anlageentscheidungen – Wer zu spät kommt, zahlt die Zeche, *FAZ*, 26.6.2007

o.V.: Behavioral Finance – Frauen machen weniger Anlagefehler als Männer, *FAZ*, 12.3.2001

o.V.: Investmentfonds – Deutsche wissen über Fonds nur oberflächlich Bescheid, *FAZ*, 10.5.2007

o.V.: Mäßiges Vermögenswachstum in Deutschland, *FAZ*, 6.9.2007

o.V.: Staatsanleihen – Investmentgrade vom Aussterben bedroht, *FAZ*, 25.1.2007

o.V.: Wie sicher ist das Geld bei den Banken?, *FAZ*, 27.3.2008

FINANZDIENSTLEISTER

Bergermann, Melanie: Banken – Bankberater packen aus:»Ich habe Sie betrogen«, *Wirtschaftswoche*, 4.2.2008

Gottschalck, Arne: Anlageberatung – Das Prinzip Eintrittskarte (Honorarberatung), *Manager Magazin*, 26.5.2008

Hetzer, Jonas; Palan, Dietmar: Bankentest – Vernichtendes Urteil, *Manager Magazin*, 21.6.2007

Heuser, Uwe Jean: Vorsicht, Manipulation – Geldanleger sind viel beeinflussbarer, als sie glauben, *Die Zeit*, 24.5.2006

Seiwert, Martin: Verbraucherzentralen-Studie: Wie Allianz und Dresdner bei der Beratung patzen, *Wirtschaftswoche*, 29.3.2008

Watermann, Brigitte: Die wahren Beraterbanken – großer Bankentest, *Börse-Online*, 47/2007

Winter, Thorsten: Wer Anlagetipps will, muss zahlen (Honorarberatung), *FAZ*, 5.6.2008

o.V.: Bei Immobilienkauf um Maklerprovisionen verhandeln, *www.bestzins.de/index_frame.html?vorteile.html* 26.7.2006

o.V.: Honorarberatung – Alle Kosten auf den Tisch, *finanztest*, 1.2.2008

ANLEIHEN

Boehringer, Simone: Die USA schönen ihre Daten, *SZ*, 30.5.2008

Hirmer, Robert: Renten-ETF – Schwer zu überwinden, *Capital*, 15.11.2006

Reimer, Hauke: Es bringt nichts, sich nach Analysten zu richten, *Wirtschaftswoche*, 5.8.2006

o.V.: Das Kapital: Gratulation zur Preisstabilität, *FTD*, 15.5.2008

o.V.: Das Kapital: Der nicht enden wollende Basiseffekt [Kritik an Ermittlung der US-Inflationsraten], *FTD*, 19.2.2008

RUND UM AKTIEN

Hus, Christoph: Portfolio: Anlegerschützer warnen vor Vorzugsaktien, *FTD*, 27.5.2007

Kahlmeier, Claudia: DAX-Jubiläum – Ausländer sorgen für Gros der Umsätze, *Manager Magazin*, 29.6.2008

Sommer, Ulf: Dax-30-Konzerne gehören mehrheitlich Ausländern – Deutsche Firmen in fremder Hand, *Handelsblatt*, 17.12.2007

o.V.: Aktienarten – Vorzugsaktien kommen aus der Mode, *FAZ*, 8.10.2005

BÖRSENSTRATEGIE

Baden, Kay: Glücksspirale, *Manager Magazin*, 1.2.1995

Buchholtz, Ulrich: Vermögensaufbau – Sicherheit und Dividende, *Manager Magazin*, 16.6.2005

Eckert, Daniel: Analystenprognosen – Lieblinge der Profis schlechter als der Dax, *Die Welt*, 3.7.2007

Fugger, Horst: Portfolio: Aktive Steuerung gewinnt, *FTD*, 19.4.2006

Lange, Kai: Dax-Geflüster: Das Märchen vom richtigen Zeitpunkt, *Manager Magazin*, 8.12.2006

Maier, Jürgen; Stehle, Richard: Berechnung des RexP für alternative Steuersätze, *http://edoc.hu-berlin.de/series/sfb-373-papers/1997-35/PDF/35.pdf* 1.4.1997

Malkiel, Burton G.: Reflections on the Efficient Market Hypothesis: 30 Years Later, *Financial Review*, 1.2.2005

Mayer, Thomas: Noch 14 Jahre Bärenmarkt?, *Manager Magazin*, 12.6.2002

Mikosch, Bernd: Portfolio – Das Irren der Optimisten, *FTD*, 22.4.2008

Pieper, Ute; Schiereck, Dirk; Weber, Martin: Die Kaufempfehlungen des »Effecten-Spiegel« – eine empirische Untersuchung im Lichte der Effizienzthese des Kapitalmarktes, *Zeitschrift für betriebswirtschaftliche Forschung*, Jg. 45, 1993, S. 487–509

Salz, Jürgen: Pfizer – »Immer wieder Rückschläge«, *Wirtschaftswoche*, 24.3.2005

Storbeck, Olaf: Aktienempfehlungen – Besser nur auf erfolglose Analysten hören, *Handelsblatt*, 21.8.2006

Zschäpitz, Holger: Fehlprognosen 2007 – Analysten liegen beim Dax völlig daneben, *Die Welt*, 22.12.2007

o.V.: Aktien schlagen Anleihen – Mehr als fünf Prozent jährlich – auf hundert Jahre, *FAZ*, 30.5.2006

IMMOBILIEN UND WEITERE SACHWERTE

Bayer, Tobias: Dossier: Gold ist keine sichere Bank mehr, *FTD*, 6.3.2007

Doll, Frank: Gold – Greenspans Liebling, *Wirtschaftswoche*, 16.10.2007

Doll, Frank; Riedl, Anton: Stille Flucht – So schützen Sie Ihr Vermögen, *Wirtschaftswoche*, 15.1.2008

Eichelburg, Walter K.: Wie verhalten sich Goldminen während eines Aktiencrashs? *Goldseiten.de*, 29.1.2007

Groos, Michael: Standort-Rating – Wo sich Immobilien lohnen, *Focus*, 30.7.2007

Henrich, Anke: Immobilien - Wenn der Traum vom eigenen Heim platzt, *Wirtschaftswoche*, 16.7.2008

Reimann, Axel: Die Goldkäfer krabbeln, *Die Zeit*, 21.2.2008

INVESTMENTFONDS

Atzler, Elisabeth: Portfolio: Auf der Suche nach Orientierung, *FTD*, 26.6.2007

Beck, Hanno: Der Fondsmarkt – Warum wollen die Deutschen keine Hedge-Fonds?, *FAZ*, 17.7.2007

Daum, Renate: Geschlossene Fonds - Der graue Bodensatz nimmt zu, *www.graumarktinfo.de*, 6.2.2008

Eckert, Daniel; Zschäpitz, Holger: Dax-Rückblick – Einbrüche haben Anlegern die Laune verdorben, *Die Welt*, 28.12.2007

Haimann, Richard: Mit dem Risiko eines Unternehmers, *Hamburger Abendblatt*, 29.4.2006

Jacobs, Heiko; Müller, Sebastian; Weber, Martin: Wie diversifiziere ich richtig? Eine Diskussion alternativer Asset Allocation. Ansätze zur Konstruktion eines Weltportfolios, Working Paper, 6.5.2008

Loipfinger, Stefan: Modelle für den Müll, *Die Zeit* 30/2002

Mikosch, Bernd: Portfolio: Schiffsfonds schöngerechnet, *FTD*, 3.6.2008

Oberhuber, Nadine: Nachhaltig anlegen – Vorsicht, Renditefalle!, *Die Zeit*, 12.4.2007

Perina, Udo: Spiel ohne Regeln, Die Zeit, 30.11.2006

Reichel, Reiner: Geschlossene Fonds – Wie im Irrgarten, *Handelsblatt*, 10.2.2008

Roettger, Jürgen; Weber, Jörg: Portfolio: Schlaffes Investment in den Wind, *FTD*, 6.11.2007

Rosenbush, Steve: Fonds – Unmut über hohe Hedge-Fonds-Gebühren, *FAZ*, 26.4.2007

Söhnholz, Dirk: Investmentfonds: Hedge-Fonds sind keine Renditewunder, *FTD*, 18.10.2005

Stark, Gunnar: Zur Rentabilität deutschen Investmentsparens, *Finanz Betrieb*, 9/2006

Storbeck, Olaf: Wirtschaftswissenschaft – Wie sich Fondsgesellschaften eine gute Presse kaufen, *Handelsblatt*, 21.3.2006

Wittrock, Olaf: Selbstgebaute Sicherheit, *Die Zeit*, 3.11.2007

o.V.: Analyse – Ratingagentur Moody's kritisiert Private-Equity-Branche scharf, *Der Spiegel*, 9.7.2007

o.V.: Fonds – Wer braucht eigentlich Garantiefonds?, *FAZ*, 19.11.2007

o.V.: Fondsvergleich – Auf Spitzenfonds ist kein Verlaß, *FAS*, 9.10.2006

o.V.: Immobilie, Flugzeug & Co, *Fondsprofessionell*, 26.3.2008

o.V.: Macro- und marktneutrale Fonds entwickeln sich positiv, *FAZ*, 9.7.2008

o.V.: Outperformance am Weg der Besserung, *http://de.e-fundresearch.com*, 8.7.2008

o.V.: Private Equity – Schlechter als der Aktienmarkt, *FAZ*, 27.11.2007

o.V.: Verlustfreie Garantiefonds?, *http://de.e-fundresearch.com/article.php?aID=10399&pg=2#pg*, 14.4.2008

LEBENSVERSICHERUNG UND PRIVATE RENTENVERSICHERUNG

Beise, Marc; Schäfer, Ulrich: Hilfspaket verabschiedet – Regierung will Versicherungen vor Pleite retten, *SZ*, 15.10.2003

Fromme, Herbert: Gier, Inflation und Krieg erschüttern die Assekuranz, *FTD*, 26.12.2002

Hussla, Gertrud A.: Die Vorsorgekolumne – Neue Rechnung, *Handelsblatt*, 9.7.2007

Luther, Thomas: Bindungsangst – Lebensversicherungen halten immer seltener ein Leben lang, *Die Zeit*, 13.9.2006

Reiche, Lutz: Abgeltungsteuer – Fondssparplan schlägt Fondspolice, *Manager Magazin*, 25.10.2007

Schuster, Frank: Lebensversicherungen – Kunden verschenken Milliarden, *Geldidee*, 1.5.2008

Sigmund, Thomas; Schmitt, Thomas: Steinbrück droht neues Milliardenloch – Fiskus hilft Versicherungskunden, *Handelsblatt*, 4.8.2008

o.V.: Finanztest-Untersuchung – Erhebliche Unterschiede bei privaten Renten-Versicherern, *Handelsblatt*, 19.9.2006

o.V.: Lebensversicherungen – Der schöne Schein trügt, *FAS*, 31.7.2005

RIESTER UND RÜRUP

Bundesregierung: Deutscher Bundestag, Drucksache 16/8016, 11.2.2008, Antwort der Bundesregierung auf die kleine Anfrage der Fraktion »Die

Linke«, Drucksache 16/7829, »Riesterrente auf den Prüfstand stellen«, 11.2.2008

Katzenstein, Bernd: Rentenlücke wird häufig unterschätzt – Risikoscheu der Deutschen liegt an mangelndem Finanzwissen, *Handelsblatt*, 14.3.2006

Looman, Volker: Die Vermögensfrage: Klassische Basisrenten bringen hohe Renditen, *FAZ*, 19.4.2008

Sternberger-Frey, Barbara: Stirb langsam, *Ökotest*, 25.7.2008

Wolff, Philip: Demographie – »Ein Höchstalter gibt es nicht«, *SZ*, 13.2.2006

Zydra, Markus: Die Riester-Räuber, *SZ*, 23.7.2008

KAPITALANLAGEBETRUG UND ANDERE REINFÄLLE

Blank, Ingo; Krauss, Dietrich: Göttinger Gruppe – Alptraum ohne Ende, *Plusminus*, 08.7.2008

Gorbatschow, Michail: Unfreiwilliges Opfer, *Der Spiegel*, 21.2.1994

o.V.: Falschberatung – So holen Sie Ihr Geld zurück, *FAZ*, 3.1.2008

o.V.: Wohnungsbaugesellschaft Leipzig-West AG hat am 19. Juni 2006 Insolvenzantrag gestellt, *www.vzhh.de*, 7.7.2006

KREDIT UND GIRO

Autenrieth, Matthias: Automobil-Leasing – Privat fehlt der Steuervorteil, *SZ*, 30.11.2007

Van der Velden, Frank: Girokonto – Ein Wechsel rechnet sich, ARD *Ratgeber Finanzen*, 16.10.2007

Zingel, Harry: Wirklich so günstig? Warum Leasing sich nicht lohnt, *www.bwl-bote.de*

o.V.: Immobilienfinanzierung: Die eklatantesten Fehler, *Focus*

o.V.: Kaufen statt Leasen, *Geldidee*, 1.8.2007

o.V.: Ratenkredite mit Restschuldversicherungen, *Verbraucherzentrale Bundesverband*, 29.1.2007

VERSICHERUNGEN

Grosch, Hanns-Stefan; Maack, Ricarda: Vergleichsportale – Richtig sparen im Netz, *Geldidee*, 1.7.2008

Nick, Matthias: Oft zu wenige Angebote für Nutzer – Auf dem Prüfstand: Vergleichsportale im Internet, *Wiso* 16.7.2007

Paulus, Herta: Berufsunfähigkeitsversicherung – Schutz gibt es nur für gesunde Reiche, *SZ*, 13.2.2008

Poweleit, Manfred: Fallen für Verbraucher – Zum Beispiel: Unfallversicherungen, *http://www.map-report.de*

Statistisches Bundesamt: Statistik der schwerbehinderten Menschen 2005, 2007 (PDF-Dokument)

o.V.: Test: Versicherungsportale, *Ökotest*, 22.5.2006

FINANZSYSTEM

o.V.: Das Kapital: So viele Banker – so wenig Mehrwert, *FTD*, 2.3.2008

FINANZIELLE FREIHEIT

Brandstetter, Barbara: Sparer-Studie – Jeder vierte Schwabe führt ein Haushaltsbuch, *Die Welt*, 28.2.2008

Freiberger, Harald; Hagelüken, Alexander: Reden wir über Geld (5): Martin Walser – »Ich habe nie genug«, *SZ*, 22.2.2008

Kaiser, Arvid: Fußballer und Geld – Wie Profisportler ihre Millionen verspielen, *Der Spiegel*, 13.2.2007

Mangold, Peter: Der Spar-Kurs, *www.petermangold.de*

Norberg, Johan: Das hat er sich verdient, *FTD*, 20.4.2008

o.V.: Intelligenz macht nicht reich, *Psychologie heute*, 2.5.2007

Register